방언이란 무엇인가

- 방언에 대한 다섯 가지 질문과 구속사적·교회론적·예배론적 이해 -

개혁신앙강해 4
방언이란 무엇인가

초판 1쇄 2016년 12월 19일
지 은 이 권기현 목사
펴 낸 이 장문영
펴 낸 곳 도서출판 R&F
등   록 제2011-03호(2011.02.18)
주   소 경북 경산시 하양읍 대학로298길 20-9, 110동 2003호 (하양롯데아파트)
연 락 처 054. 251. 8760 / 010. 4056. 6328
이 메 일 hangyulhome@hanmail.net
디 자 인 김진희, 박경은, 유아셀, 이은지
I S B N 978-89-966360-5-2
가   격 13,000원

R&F (Reformed and Faith)는 종교개혁의 유산을 이어받아 개혁신앙을 바탕으로 이 땅의 교회가 바르고 건강하게 세워져 가기를 소망합니다.

방언에 대한 다섯 가지 질문과
구속사적·교회론적·예배론적 이해

방언이란 무엇인가

권기현 목사

RnF

방언이란 무엇인가
CONTENTS

약어표　8

서문　11

시작하면서　20

**제1장
바벨 & 교회**

방언은 신비로운
천국 언어인가,
아니면 외국어인가?

30　신비로운 천국 언어?

31　구약의 방언: 그 기원과 구속사적 용례

34　다니엘서의 구름 타고 오시는 인자와 방언

42　사도행전의 방언 1: 오순절

43　사도행전의 방언 2: 백부장 고넬료의 집

48　사도행전의 방언 3: 에베소교회의 제자들

53　방언과 함께 무너진 바벨, 방언과 함께 세워진 교회

55　계시록의 방언

56　고린도교회의 방언

제2장
드러난 비밀

방언은 비밀로
말하는 은사인가,
아니면 비밀을
말하는 은사인가?

64 비밀로 말함? 비밀을 말함
69 비밀과 계시
71 계시로서의 방언
74 드러난 복음의 비밀
85 복음을 말함

제3장
하나님의 큰 일

방언은 설교적
은사인가, 아니면
송영(頌詠)적
은사인가?

92 연결하는 다리
98 다리 입구에 세워진 표지판
99 사랑은 제일 큰 은사?
102 탁월한 길
103 제일 큰 은사? 더욱 큰 은사? 더욱 큰 은사들
105 말씀을 설교하고 가르치는 은사들
110 예상 밖의 답변
113 기도와 찬송으로서의 방언
116 말씀과 긴밀하게 연결된 찬송과 기도
120 하나님의 큰 일
130 다함께 화답하는 예배

제4장
심판의 불

방언은
불처럼 뜨거운
열정적 은사인가,
아니면 불과 같은
심판의 표적인가?

140 또 다른 차이

145 표적으로서의 방언과 예언

146 '믿지 아니하는 자들'은 누구인가?

147 이사야의 예언: 패역한 옛 이스라엘에 대한 경고와 언어 심판

155 이사야 예언의 성취로서의 방언: 패역한 옛 이스라엘에 대한 경고와 언어 심판

165 심판의 표적(sign)으로서의 방언: 언약적 특권의 박탈

172 시대의 전이(transition)와 촛대의 이동

181 마샬에서 비유로, 비유에서 방언으로

190 고린도교회의 무서운 범죄와 예상되는 수치

제5장
예언과 방언의 시대에서 예배개혁을 향하여

방언의 은사는
오늘날에도
여전히 존재하는가,
아니면
폐지되었는가?

196 옛 언약과 새 언약의 중첩: 과도기적 은사

198 방언의 성격과 특징에 대한 요약

200 불연속성(Discontinuity)

200 1) 구속사의 시기에 있어서의 불연속성

210 2) 직분에 있어서의 불연속성

213 3) 계시의 수여에 있어서의 불연속성

219 교회사와 신앙의 선조들

219 1) 초대교회사의 속사도, 변증가, 교부들

221 2) 16세기 개혁자들과 그 후예들

	225	3) 개혁주의와 복음주의 신학자들
	227	예언하기를 사모하며, 방언 말하기를 금하지 말라
	231	연속성(Continuity): 예언과 방언의 시대에서 예배 개혁을 향하여
	232	1) 공예배의 필요성
	233	2) 공예배에서 설교적 은사의 필요성
	238	3) 공예배에서 기도와 찬송의 필요성
	241	4) 공예배에서 언약의 양면성이 나타나야 할 필요성
부록 1	250	더 이상 사도는 없습니다: 사도시대에서 사도적 복음의 시대로 고전15:3~8; 엡2:20; 벧전1:8
부록 2	256	말세 언제인가? 히1:1
부록 3	262	꿈과 환상에서 완성된 계시로: 성경의 절대적 중요성 히1:1~2
부록 4	269	율법의 세 기능: 금령에서 감사로
참고 문헌	282	
성구색인	291	

Abbreviations
약어표

ATR	*Anglican Theological Review*
BECNT	*Baker Exegetical Commentary on the New Testament*
BHS	*Biblia Hebraica Stuttgartensia*, ed. by K. Elliger and W. Rudolph, Stuttgart: Deutsche Bibelgesellschaft, 1990.
BS	*Bibliotheca Sacra*
BSC	*Bible Student's Commentary*
CBQ	*Catholic Biblical Quarterly*
CNTUOT	*Commentary on the New Testament Use of the Old Testament*, ed. by G. K. Beale and D. A. Carson, Grand Rapids, MI: Baker Academic, 2007.
DJG	*Dictionary of Jesus and the Gospels*, ed. by J. B. Green, I. H. Marshall, and S. McKnight, Downers Grove, IL: Inter Varsity Press, 1992.
DPL	*Dictionary of Paul and His Letters*, ed. by G. F. Hawthorne, R. P. Martin, and D. G. Reid, Downers Grove, Illinois: Inter Varsity Press, 1993.
ESV	*English Standard Version*
GSC	*The Geneva Series of Commentaries*
IBCTP	*Interpretation: A Bible Commentary for Teaching and Preaching*
ICC	*The International Critical Commentary on the Holy Scriptures of the Old and New Testament*
KJV	*King James Version*
MT 2	*The Greek New Testament: According to the Majority Text*, Second

	revised ed. by Zane C. Hodges and Arthur, L. Farstad, Nashville: Thomas Nelson Publishers, 1985.
NA 27	*Novum Testamentum Graece*, 27th rev. ed. by B. Aland, K. Aland, J. Karavidopoulos, C. M. Martini, and B. M. Metzger, Deutsche Bibelgesellschaft, 1993.
NASB	*New American Standard Bible*
NICNT	*The New International Commentary on the New Testament*
NIGTC	*The New International Greek Testament Commentary*
NIVAC	*The NIV Application Commentary*
NKJV	*New King James Version*
NSBT	*New Studies in Biblical Theology*
NTC	*New Testament Commentary*
NTCWH	*New Testament Commentary by William Hendriksen*
TB	*Tyndale Bulletin*
TDNT	*Theological Dictionary of the New Testament*, ed. by G. Kittel and G. Friedrich, Vols I-X. Grand Rapids, MI: Eerdmans, 1964-1976.
TNTC	*Tyndale New Testament Commentaries*
UBS 4	*The Greek New Testament*, 4th rev. ed. by B. Aland, K. Aland, J. Karavidopoulos, C. M. Martini and B. M. Metzger, eutsche Bibelgesellschaft/United Bible Societies, 1993.
WARFS	*Westminst Assembly and the Reformed Faith Series*
WBC	*Word Biblical Commentary*

일러두기

1. 이 책에서 인용한 한글 성경 말씀은 '개역 한글판 성경전서'(1961년 대한 성서공회 발행)를 사용하였습니다.
2. 각 장 마지막에 내용 이해를 돕기 위한 '함께 생각할 문제'를 수록하였습니다.
3. 각주에서 idem은 앞서 언급한 저자와 동일한 저자를 지칭할 때 사용되는 용어이며, ibid는 라틴어 'ibidem'(같은 자리에서)의 축약어로서 앞서 사용한 동일한 문헌을 연속해서 재인용할 때 사용되는 용어입니다.
4. 각주에서 언급된 외국어 도서명 및 논문 제목들은 약어를 이용하여 표기하였으며 정확한 문헌명과 저자명은 이 책 말미에 수록된 '참고 문헌'에서 확인할 수 있습니다.

서 문

체험

한국 교회에서 방언을 주제로 신학적 글을 쓰는 일은 큰 부담을 동반합니다. 특히, 오늘날 개인적으로 또는 교회 안에서 일어나고 있는 방언 현상에 대하여 찬성하는 입장에 서지 않으면 더욱 그러합니다. 필자가 다른 분들에게 이 주제에 대하여 언급할 때, 자주 들어온 상투적인 말이 여럿 있습니다.

"방언을 한 번이라도 해보고 그런 말을 하십니까?"

"기도하지 않는 사람들이 꼭 그런 식으로 방언을 폄훼하거나 신학적 잣대로 평가하려고 합니다."

그럴 때마다 그런 말을 하는 분들이 미워지기보다는 오히려 마음이 아파 뒤돌아서서 눈물을 삭인 적이 한두 번이 아닙니다. 우리의 신앙과 삶은 언제나 성경에 기초해야 하며, 성경의 점검을 받아야 합니다. 오직 하나님의 말씀이 우리가 그분을 영화롭게 하고 즐거워하는 방법을 가르쳐주는 유일한 법칙이기 때문입니다(웨스트민스터 소교리 제 2문답).

필자는 어릴 때부터 기도원 집회에 참석하곤 했습니다. 학교를 다니기 전부터 모친을 따라 기도원의 각종 집회에 참석했고, 저녁 집회가 끝나면 그 자리에 그대로 누워 잠을 자다가 다시 일어나 새벽 집회에 참석하곤 했습니다. 10대 후반부터는 몇 년간 매일 예배당 바닥이나 의자에 누워 잠을 잤습니다. 고등학교 3학년 수험생 시절에도 매일 새벽 기도회에 참석했고, 주일 공예배뿐 아니라 교회의 모든 모임에 참석했습니다. 예배당 마룻바닥에 누워 잠을 자고 있으면, 집사님들과 권사님들이 제 옆에 오셔서 자주 기도해주셨습니다. 이분들 중에는 방언으로 기도하는 분들이 여럿 계셨습니다. 약간의 방황 시기를 제외하면, 전도사가 되어 다른 교회로 떠나기 전까지 필자는 그 교회에서 가장 열성적으로 예배하고 봉사하고 기도하는 대표적인 젊은이 중 한 명이었습니다.

중고등부 시절 어느 날, 기도하는 중에 (흔히 말하는 표현대로) 방언이 터졌습니다. 신기해하면서도 마치 몸에 맞는 옷을 입듯 금방 거기에 적응했습니다. 방언으로 기도하면 하루종일 기도해도 피곤하지 않고 행복하다더니 정말 그랬습니다. 이 재미에 맛들이니 처음엔 방언을 하고 싶은 마음과 행동을 절제하기 힘들었습니다. 그러다 사람들과 함께 있는 공개적인 모임에서는 절제하고, 그 대신 혼자 있을 때 방언을 하는 것에 점점 익숙해졌습니다.

고민

그런데 한 가지 고민이 생겼습니다. 사실 이 고민은 방언을 하면서도 혼자 마음속에 조심스레 감추어둔 것이기도 했습니다. 처음에는 필자가 하고 있던 방언이 성경에 기록된 방언과 동일한 것이라고 으레 생각했습니다. 그런데 점점 아니라는 생각이 들기 시작했습니다. 누군가에게 그런 말을 들었기 때문이 아닙니다. 성경을 읽으면 읽을수록 본문과 체험 사이의 간격이 점점 더 크게 느껴졌습니다. 아무리 성경을 다시 읽어봐도 사도행전의 방언은 분명 당대 특정한 지역에서 특정한 사람들이 사용하던 언어, 즉 일종의 외국어였습니다. 그러나 고린도전서의 방언은 그런 것 같기도 하고, 또 아닌 것 같기도 했습니다.

'내가 지금 하고 있는 방언은 성경이 증언하는 방언과 정말 같은 것일까?'

'사도 바울이 고린도교회에 교훈한 방언이, 그의 동역자이자 그의 가르침을 가장 잘 이해한 사람 중 하나인 누가가 사도행전에서 증언하는 방언과 다를 수 있는가?'

교역자분들께도, 그리고 장로님들과 다른 직분자들께도 여쭈어보았으나, 돌아오는 대답은 대동소이했습니다.

"하나님께서 주시는 영적 체험과 성경 말씀을 인간인 우리가 어떻게 다 이해하겠니? 다만 우리는 이 영적 체험들이 성경의 원리에 벗어나지 않게 잘 활용하는 것이 중요하지."

"그러면 성경의 원리에 벗어나지 않게 하려면 어떻게 해야 하나요? 예를 들어 방언의 경우에는 어떻게 하는 것이 좋을까요?"

"글쎄, 그건 바울이 '방언 말하기를 금하지 말라'고 했으니 금하면 안 되고, '통역하는 자가 없거든 교회에서는 잠잠하라'고 했으니 아무도 모르게 혼자서 하면 되겠지."

"그럼 통역하는 자가 있으면 교회에서 해도 되나요? 고린도전서 14장 26절에 의하면, 교회에서 전체가 모일 때 방언과 통역하는 시간이 있어야 할 것 같은데요? 오순절파 어느 큰 교회의 목사님께서는 예배 시간에 자기가 방언을 하고 자기가 통역을 하십니다."

"아, 그건 위험하지. 그 방언과 통역이 진짜인지 가짜인지 누가 알겠니? 그것을 판단할 기준이 없는데, 그것을 일반화시키기는 곤란하지."

"그렇게 말씀하시니 고린도전서 14장에서 사도 바울이 한 그 명령은 성경 말씀이긴 하지만, 오늘날 우리에게 실제적인 의미나 효력은 갖지 못하는 것처럼 느껴집니다."

"아, 그건 아니지. 그러니까 교회의 건덕을 훼손하지 않으면서 방언으로 은혜 받는 방법은 역시 골방에서 혼자 하는 것이지. 결국 그렇게 이해하고 적용하면 가장 안전하고 건전하게 되지. 네가 아직 어려서 그렇지 나중에 점점 신앙도 자라고 나이도 들면 내 말을 이해할 수 있을 거다."

솔직히 50살이 다 되어가는 이 시점에도 필자는 아직 그 대답을 이해할 수 없습니다. 핵심에 접근하지 못하고, 뭔가 제자리를 빙빙 도는 그 느낌…. 개혁신앙을 본격적으로 접하여 조금씩 알아가면서도 이 문제는 도무지 해결될 기미가 보이지 않았습니다.

성경

그러던 어느 날, 양파 껍질이 조금씩 벗겨지듯 성경 말씀이 점점 이해되기 시작했습니다. 개혁주의 신학자들의 글은 필자가 방언을 성경적으로 이해하는데 큰 도움이 되었습니다. 그들의 글은 성경 본문에 대한 깊은 주해, 그리고 계시 역사의 진전에 대한 바른 인식에 바탕을 두고 있었습니다. 물론 그들이 미처 생각하지 못하여 간과한 부분도 있었습니다(특히 이 책 제 3장 중 많은 내용이 그러합니다). 하지만 정통신앙을 가장 잘 계승하고 있는 그들의 글은 방언에 대한 필자의 잘못된 생각과 행동을 교정하기에 충분했습니다. 그러나 다른 무엇보다도 필자에게 근본적인 영향을 미친 것은 성경 본문이었습니다. 성경을 반복해서 읽고 묵상하고 기도하는 가운데, 오랫동안 얼마나 잘못된 생각에 빠져 있었는지 여실히 깨닫게 되었습니다. 필자의 체험이 기준이 되어 만들어낸 선입관으로 성경을 곡해해왔다는 사실을 인정하지 않을 수 없었습니다. 신적 권위를 가진 그 말씀의 자증 앞에 필자의 모든 체험과 자존심이 무너졌습니다.

동기

원래는 필자가 방언에 대하여 깨달은 내용을 글로 써서 출간할 계획이 없었습니다. 단지 필자보다 훨씬 더 신학적 깊이가 있는 경건한 신학자가 방언에 대한 책을 출간해주기를 기다렸을 뿐입니다. 그러나 직접 글을 쓰게 된 계기는 전혀 예상치 못한 가운데 다가왔습니다.

필자는 20대 초중반부터 개혁신앙으로 함께 교제하고 연대할 사람들을 찾아다녔습니다. 약 10년이 지난 후, 성경과 신학을 연구하며 함께 기도하기 위해 10여명이나 되는 동역자들이 정기적으로 모이게 되었습니다. 필자를 포함한 몇몇은 이미 목회를 시작한 상태였습니다. 정기적으로 모여 연합예배를 드렸고, 부정기적으로 공개강좌를 개최했습니다. 교회를 개척할 꿈을 키우며 부교역자들과 신학 준비생들을 개혁신앙으로 훈련했습니다. 회보 형태의 정기간행물을 발간했으며, 도서 출간 계획을 세워 출판사 등록과 재정 확보를 위해 준비했습니다. 인터넷 홈페이지를 만들어 조금씩 글을 올렸으며, 성경을 배우는 수련회도 개최했습니다.

그러나 동시에 이 기간은 개혁신앙으로 연대하는 일이 얼마나 어려운지 뼈저리게 체험한 시기이기도 했습니다.

어떤 이는 기존 교회를 거짓 교회로 여겨 교단을 탈퇴했습니다. 개혁신앙을 사모한다면서 찾아온 어떤 이는 기존 교회를 헐뜯고 비난했습니다. 또 어떤 이는 당회에서 다루어야 할 교회의 사안을 다른 이들에게 말하면서 자신이 속한 교회의 목회자와 여타 직분자들을 비난하기도 했습니다. 교회를 사랑한다 하지만, 그 속에 참된 사랑과 인내를 발견하기 힘들었습니다. 권위를 업신여기고, 교회의 질서를 무시하는 일이 발생했습니다.

그 반대의 경우도 있었습니다. 개혁신앙을 위해 평생 함께 동역하자고 해놓고, 결국 자신이 그렇게 비판하던 목회 관행으로 돌아간 이들이 있었습니다. 가족이 반대한다는 이유로, 또는 시골 교회나 작은 규모의 교회로 임지를 옮기면 따라올 미래에 대한 불안과 염려로 꿈을 접는 이들도 있었습니다. 기존 관행의 벽이 너무 높고 두꺼워 도저히 바꿀 엄두가 나지 않아 포기하는 이들도 있었습니다. 개혁신앙에서 조금씩 이탈하여 다른 목적지를 향해 나아간 이들도 있었습니다.

그러나 무엇보다도 가장 큰 시련은 교만과 미움에서 시작하여 분열이라는 이름으로 다가왔습니다. 개혁신앙을 참 교회를 수호하는 방패로 삼기보다는 오히려 다른 이들을 찌르는 무기로 사용하는 모습이 종종 나타났습니다. 신앙고백이라는 말 뒤에 시기와 미움, 열등감과 자존심을 교묘히 숨기는 모습이 나타났습니다. 이러한 현상이 가장 절정에 달했을 때는 필자가 영국에서 이제 막 박사과정을 시작하던 참이었습니다. 그 정신적 충격으로 두 달 반가량 침대 위에서만 생활해야 할 정도로 건강이 악화되었습니다. 어느 누구에게도 말할 수 없는 큰 고통이 몸과 마음을 지배했습니다. 약 40년을 사는 동안 이렇게 큰 고통을 당해본 적이 없었습니다. 15년 넘게 노력해온 모든 일이 허사로 돌아간 것처럼 보였습니다.

그러던 어느 날, 이 모습이 고린도교회의 모습과 비슷하다는 생각이 들었습니다. 여기에 창세기 11장의 바벨 사건이 오버랩(overlap)되었습니다. 이와 함께 오순절 성령 강림의 의미가 새롭게 다가왔습니다. 방언으로 교만한 무리를 흩으신 심판의 하나님께서, 방언으로 그분의 새 백성을 모으시는 구원의 하나님이시라는 사실이 새롭게 다가왔습니다.

침대에서 일어나 밤낮으로 글을 썼습니다. 두 달 뒤, 이 책 전체 내용의 약 70%가 완성되었습니다. 그 후, 후원하던 교회에서 필자를 초청했습니다. 귀국하여 '방언이란 무엇인가?'라는 주제로 2박 3일 내내 강의를 했습니다. 그리고 R&F 출판사로부터 이 주제로 책을 출간하도록 요청을 받았습니다. 이것이 필자가 방언을 주제로 글을 쓰고 출간하게 된 계기입니다.

감사

그러나 여러 가지 사정으로 그 뒤로도 수년간 탈고하지 못했습니다.

교회와 출판부로부터 은근한 사랑의 압박을 받던 중, 로뎀교회(가칭)로부터 청빙을 받았습니다. 이 교회의 성도들은 지난 2년 반 동안 필자와 함께 큰 시련의 광야 길을 걸어왔습니다. 하늘에 계신 새 모세(New Moses)는 필자의 우둔함을 넘어 이들을 인도하셨습니다. 성부께서 이들을 이 교회로 보내주셨고, 성자께서 이들을 지켜주셨고, 성령께서 이들을 살려주셨습니다(요6:37,39~40,44,63). 그러니 모든 감사는 우선적으로 삼위 하나님께 돌려져야 마땅합니다.

필자는 로뎀교회의 스승이 되어 각종 은사들이 향하는 방향, 즉 "하나님은 어지러움의 하나님이 아니시요 오직 화평의 하나님"(고전14:33)이심을 가르쳐왔습니다. 그리고 성도들은 한 마디 불평 없이 이에 순종함으로 필자의 스승이 되었습니다. 이들은 이 책의 모든 내용을 듣고 배워 순종한 증인들이며, 그 열매이기도 합니다. 그러므로 이들이 없었다면, 이 책을 탈고하지 못했을 것입니다.

또한 샘터교회 역시 이 원고의 숨은 조력자입니다. 강현복 목사는 올해 12월에 이 책을 온 교회가 읽고 토론할 계획을 세움으로 출간을 위한 사랑의 압박에 성공했습니다. 샘터교회는 10년 가까이 기다려준 인내로 필자를 독려해주었습니다.

출판위원회를 비롯한 여러 숨은 조력자들에게 감사한 마음을 전합니다. 이들은 오타와 교정, 디자인과 편집, 색인 등을 비롯한 모든 힘든 작업을 큰 기쁨으로 감당해주었습니다.

이 책의 내용과 관련하여, 모든 오류의 책임은 필자에게 있습니다. 그러나 모든 영광과 칭송은 하나님의 것입니다. 그리고 그 열매는 위의 두 교회 성도들의 몫입니다. 그리고 미래는 우리 언약의 자녀들이 이 책을 먹고 자라 하나님의 전사(戰士)가 되어 채워나가야 합니다.

전사(戰士)의 후예

전사(戰士)의 후예는 붉은 젖을 먹고 자란다
머릿속 뻥 뚫린 구멍 사이로
화약 냄새 흠뻑 받아내어
거친 목 줄기 타고
활활 타오를 듯 검붉게 흘러내리는
그 아비의 뜨거운 젖을 먹고 자란다

전사(戰士)의 후예는 이슬을 마시며 자란다
두 눈 속 천 길 넘는 샘 근원에서
짭짜름하니 부드럽게 간 배여
관자놀이 언덕 살짜기 무등 타고
평화로운 시내처럼 투명하게 흘러내리는
그 어미의 차가운 이슬을 마시며 자란다

전사(戰士)의 후예는 가슴 속에서 자란다
하얀 창살 같은 얼기설기 갈빗대 사이로
행여나 들킬까 꾸욱 꾹 묻어놓고
끊임없이 진동하며 그 소리 점점 커져
마침내 천둥처럼 거대하게 터지고야 말
동지의 시뻘건 심장의 박동을 들으며 자란다

전사(戰士)의 후예는 시간을 품고 자란다
무뎌진 기억의 뭉툭한 칼날 위로
아비 젖, 어미 이슬 함께 뿜어내어
쉬익 쉭 날카롭게 각을 세워
썩은 세상 도려내어 동지의 심장으로 수술해버릴
새파랗게 날 선 비수 하나 품고 자란다

시작하면서

> 기록된바 보라 내가 **부딪히는 돌과 거치는 반석**을 시온에 두노니 저를 믿는 자는 부끄러움을 당치 아니하리라 함과 같으니라
> (롬9:33)

동기와 중요성

오늘날 한국 교회에서 개인 기도 시간에, 혹은 함께 모여 기도하는 가운데 방언으로 기도하는 모습은 이제 그리 낯선 현상이 아닙니다. 이는 보수적인 성향을 가진 장로교회 내에서도 상당히 친숙한 광경이 되었습니다.

돌이켜보면, 지금으로부터 한 세대 전까지만 해도 그렇지 않았습니다. 적어도 장로교회 내에서는 공적 모임에서뿐 아니라 개인기도 시간에서조차 방언을 금기시하는 – 또는 제한하는 – 경향이 강했습니다. 요즘과는 달리, 그때는 방언 현상을 경험했다고 교회 안에서 공개적으로 밝히는 이가 그다지 많지 않았습니다. 그러나 지난 한 세대 동안, 그리스도인들 가운데 방언을 체험하는 사람들의 수가 상당히 많아졌습니다. 그 중 어떤 이들은 정기적으로 방언을 체험하고 있으며, 또 어떤 이들은 자신이 원할 때마다 방언으로 기도하기도 합니다. 이제 그리스도인들 중에, 그리고 장로교인들 중에 방언 체험은 더 이상 먼 곳의 이야기가 아닙니다.

그러나 정작 문제는 이것입니다. 방언을 체험했거나 하고 있다는 사람은 많지만, 의외로 성경에 나타난 방언이 어떠한 의미를 지니고 있는지에 대해 잘 알고 그것을 설명할 수 있는 사람은 상대적으로 매우 적다는 사실입니다. 자신의 체험을 정당화하기 위해 성경의 한두 구절을 가져와 견강부회(牽强附會)하는 사람들이 많습니다.

또한 이러한 문제는 방언을 금기시하는 사람들에게서도 동일하게 발견됩니다. 이들 역시 "예언하기를 사모하며 방언 말하기를 금하지 말라"(고전14:39)는 말씀 앞에서 (어쩌면 당황하는 기색을 감추기 위해) 바로 그 다음 구절인 "모든 것을 적당하게 하고 질서대로 하라"는 말씀으로 이를 얼버무리려 할 때가 많습니다.

그리스도인의 모든 영적 체험들은 항상 성경의 검증을 받아야 합니다. 그리스도교 신앙은 체험적인 성격을 지니고 있으나, 그 체험조차도 우선적으로 성경이라는 확고한 반석 위에 기초해 있어야 하기 때문입니다. 성경이야말로 분명하고 정확한 하나님의 말씀이며, 신뢰할만한 것이기 때문입니다. 그러므로 우리 그리스도인들은 체험이 성경의 내용을 결정지어주는 것이 아니라 성경이 우리의 체험을 바른 방향으로 인도해줄 것을 믿어야 합니다. 이러한 의미에서, 성경에 나타난 방언의 의미를 묵상하는 일은 오늘날 한국의 성도들, 특히 신앙과 삶의 표준인 '오직 성경'을 강조하는 장로교회 성도들에게 매우 의미 있는 일이 될 것입니다.

또 하나의 문제가 있습니다. 그것은 한국 교회가 그동안 방언을 개인의 체험으로 간주하면서[1] 계시 역사적(구속사적)으로 그 중요성과 의미

---

1) 이러한 주장을 하는 근거로 흔히 사용되는 말씀은 "방언을 말하는 자는 자기의 덕을 세우고 예언하는 자는 교회의 덕을 세우나니"(고전14:4)입니다. 방언은 그것을 말하는 개인의 덕을 세우는 은사이므로 공동체적인 유익이 없는 것처럼 간주되곤 합니다. 그러나 26절 이하 - "너희

를 이해하는 일에는 인색해왔다는 점입니다. 이러한 잘못은 오늘날의 방언 현상을 금기시하거나, 혹은 그것을 장려하는 양편 모두가 범해왔습니다. 전자는 방언이 교회의 유익에 별 도움이 되지 않는 개인의 체험일 뿐이라는 말로써 그 구속사적 중요성과 의미[2]를 희석시켰습니다. 이에 반해, 후자는 방언의 의미를 계시 역사적으로 접목시키려는 노력보다는, 현상과 체험을 더 강조함으로써 개인화, 탈(脫) 교회화, 탈(脫) 교리화, 신비주의화를 촉진시켰습니다.

성경에 나타난 방언은 구속사적으로 매우 중요한 의미를 지니고 있습니다. 방언은 단순한 개인적인 체험을 넘어서는, 주후 1세기 당대의 공(公) 교회적, 공(公) 예배적 의미[3]를 지니고 있었으며 동시에 옛 언약과 새 언약을 연결하고 나누는 시대의 표적이었습니다.

만일 우리가 이 놀라운 사실을 알게 된다면, 2천 년 전의 그 의미가 오

가 모일 때에… 방언도 있으며" – 에 의하면, 방언이 당시 고린도교회의 공적인 예배 모임 가운데 시행되고 있었음이 분명합니다. 이 문맥에 의하면, 39~40절의 "방언 말하기를 금하지 말라"와 "모든 것을 적당하게 하고 질서대로 하라"는 말씀은 공적 예배시간에 방언을 질서 있게 시행하라는 뜻입니다. 만일 방언이 공동체의 유익과 아무런 관계가 없었다면, 공적인 예배 모임 안에서 통역까지 하도록 할 필요가 없었을 것입니다(고전14:27~28).

2) 고린도전서 14:21의 "율법에 기록된 바 주께서 가라사대 내가 다른 방언하는 자와 다른 입술로 이 백성에게 말할찌라도 저희가 오히려 듣지 아니하리라 하였으니"(참고. 사28:11)라는 말씀에 의하면, 방언은 옛 언약에 속한 이사야 선지자의 예언을 새 언약시대에 성취하는 시대적 표적(고전14:22)이었습니다. 방언은 구속사와 동떨어져 무시간적, 무차별적으로 적용할 수 있는 개인의 체험적 현상이 아니라 옛 언약의 예언(prophecy)과 새 언약의 성취(fulfillment)라는 하나님의 거대한 구원 계획을 보여주는 강력한 도구였습니다.

3) 방언이 비록 그것을 말하는 자의 덕을 세우는 것일지라도(고전14:4) (적어도 고린도교회에서는) 교회 전체의 유익을 위해 공적 예배시간의 한 순서로 할애되었을 정도이니(고전14:26 이하) 방언의 의의를 단순히 개인적인 체험 정도로 치부해서는 안 됩니다. 즉 교만하지 않기 위해 골방에서 몰래 방언으로 기도해야 한다는 식의 개인주의적인 가르침에 머물러서는 안 됩니다. 방언은 가히 개인을 넘어서는 공(公) 교회적인 것이었으며, 동시에 교회 밖의 믿지 않는 자들 – 고린도전서의 문맥에서는 특히 믿지 않는 유대인들 – 을 향한 시대의 "표적"이기도 했습니다(고전14:22).

늘날의 교회와 그리스도인들에게 어떻게 연결되는지에 관한 중요한 실마리와 해답을 얻을 수 있습니다. 그래서 이를 통해 그리스도께서 친히 자신의 몸과 피를 주어 세우신 교회가 얼마나 귀하며, 또한 이 교회가 그분으로부터 얼마나 큰 구원과 심판의 칼을 위임받았으며, 마지막으로 이 교회가 성경 위에 굳건히 서는 일이 얼마나 중요한지에 대해 실감하게 될 것입니다.

이 글의 구성

이 글에서 '방언'과 관련된 모든 주제들을 다 다룰 수는 없습니다. 제한된 지식과 지면의 한계는 글 쓰는 이가 항상 맞닥뜨릴 수밖에 없는 장벽입니다. 이 장벽은 너무 크고 높아서 그것을 쳐다보는 사람으로 하여금 도전해보기도 전에 이미 깊은 낙심을 품게 만듭니다. 그러나 이로 인해, 성령님께서 지혜 주시기를 겸손한 마음으로 기도하게 하시며, 모든 찬양과 영광과 존귀를 삼위일체 하나님께 올려드리도록 하시니 이 또한 감사할 조건이 됩니다. 이렇게 얻은 감사는 소망을 낳고, 이 소망은 비록 그 장벽의 꼭대기까지는 아니더라도 오르는 이로 하여금 그것을 힘차게 부여잡아 이를 악물고 올라갈 힘을 제공해줍니다. 그리고 이 다음 누군가가 그 어깨를 발판으로 삼아 점점 더 높은 곳으로 올라가기를 또다시 소망하게 해줍니다.

이 글은 모두 다섯 장으로 구성되어 있습니다. 각 장들은 암벽 등반을 위해 단계적으로 밟고 올라갈 수 있도록 벽에 박아놓은 조그만 징입니다. 이 징에 로프를 살짝 걸쳐서 조심스럽게, 그리고 아주 조금씩 올라가려고 시도할 것입니다. '제 1장 바벨 & 교회'는 성경 전체에 나타난 하나님의 구속사적 청사진 속에서 방언이 어떠한 위치와 의미를 지니는지를 보여줍니다. 이는 방언이 어떤 종류의 언어였는지에 대한 질문과 불가분의 관계 속에 있습니다. '제 2장 드러난 비밀'에서는 방언의 계시적 성격과 그 내용을 다룹니다. '제 3장 하나님의 큰 일'은 방언과 예언의 공통점과 차이점에 대한 논증입니다. 이 둘은 모두 하나님의 계시이긴 하지만, 동시에 각각 지니고 있는 성격과 목적에 있어서 차이가 있습니다. '제 4장 심판의 불'에서는 방언이 본질적으로 가질 수밖에 없는 언약의 양면성, 즉 구원과 심판의 측면이 논의됩니다. '제 5장 방언과 예언의 시대에서 예배 개혁을 향하여'에서는 방언의 매우 독특한 기능, 즉 옛 언약과 새 언약이 동시에 존재하던 시기의 특성과 관련한 방언의 기능을 다루며, 그와 함께 그것이 오늘날 어떻게 적용되어야 할 것인지에 대해 설명하고 있습니다. 이는 필히 오늘날에도 방언 – 그 현상과 권위와 성격과 목적에 있어서 성경과 동일한 – 이 존재하는가에 대한 질문과 대답을 수반합니다.

　방언에 관하여 이 글에서 다루지 못한 또 다른 여러 중요한 주제들과 이슈들이 있겠지만, 그것은 이 땅 위에서 개혁신앙을 이어가야 할 여러 신학자들과 목회자들 그리고 뭇 성도들의 몫으로 남겨둡니다. 비록 다섯 가지 주제만을 다루고 있으나, 이 주제들이 방언에 관한 가장 핵심적인 신학적 내용들을 대부분 포괄하고 있다고 필자는 확신합니다.

소망

　어떤 이들은 이 글을 읽으면서 그 마음에 거리낌, 혹은 상당한 불쾌감을 느끼게 될지도 모릅니다. 아니 더 나아가서, 자신의 마음에 깊은 상처의 자국을 남기게 될지도 모릅니다. 왜냐하면 이 글의 내용은 한국 교회 성도들이 대체로 그동안 방언에 대해 말하고 듣고 생각해온 대답,

그래서 그들이 원하고 기대하는 대답과는 거리가 아주 멀 가능성이 높기 때문입니다. 그러나 그것이 글을 읽다가 도중에 책을 덮어버리는 이유가 되지 않기를 간절히 소망합니다.

바울이 전한 복음은 아무런 부담 없이 들을 수 있는 내용이 아니었습니다. 오히려 유대인들에게는 거리끼는 것이요 이방인들에게는 미련한 것이었습니다.

"우리는 십자가에 못 박힌 그리스도를 전하니 유대인에게는 **거리끼는 것**이요 이방인에게는 **미련한 것**이로되"(고전1:23)

또한 하나님께서 방언을 통해 그 백성들에게 말씀하실 것을 예고(사 28:11; 참고. 고전14:21)한 선지자 이사야는 그 예언 바로 다음 단락에서 장차 오실 메시아를 "시험한 돌"로 묘사했습니다(사28:16).

"그러므로 생소한 입술과 다른 방언으로 이 백성에게 말씀하시리라[11] … 그러므로 주 여호와께서 가라사대 보라 내가 한 돌을 시온에 두어 기초를 삼았노니 곧 **시험한 돌**이요 귀하고 견고한 기초 돌이라 그것을 믿는 자는 급절하게 되지 아니하리로다[16]"(사28:11,16)

그런데 '시험한 돌'이라는 이 표현은 그 내용에 있어서 이사야 8:14~15의 "거치는 돌과 걸리는 반석"이라는 표현과 연결되어 있습니다(참고. 롬9:33; 벧전2:6~8).

"그가 거룩한 피할 곳이 되시리라 그러나 이스라엘의 두 집에는 **거치는**

돌, 걸리는 반석**이 되실 것이며 예루살렘 거민에게는 **함정, 올무가** 되시리니,14 많은 사람들이 그로 인하여 거칠 것이며 넘어질 것이며 부러질 것이며 걸릴 것이며 잡힐 것이니라15"(사8:14~15)

이사야의 예언대로, 그리스도께서는 건축자의 버린 돌로서 모퉁이의 머릿돌이 되어(시118:22; 참고. 마21:42; 막12:10; 눅20:17; 행4:11; 엡2:20; 벧전2:7) 사람들을 깨어 가루로 만들어 흩어버리려고 오셨습니다(마21:33~46; 막12:1~12; 눅20:9~19; 벧전2:6~8). 예수 그리스도와 복음은 이교도들뿐 아니라 그 언약 백성들에게까지도 매우 큰 부담으로 다가옵니다. 달콤한 속삭임과 아름다운 사랑의 노래(참고. 겔33:32~33) 대신 막다른 골목으로 그들을 몰아가 결단과 헌신을 요구합니다. 그러나 그것을 믿는 자는 결단코 부끄러움을 당치 않을 것입니다(롬9:33; 벧전2:6; 참고. 사28:16).

이사야가 방언에 대한 예고와 복음에 대한 부담을 한데 묶어서 예언한 것은 우리에게 시사하는 바가 큽니다. 관심은 있으되 부담스러우면 말하지 않고, 가르치지 않고, 배우려 하지 않고, 믿으려 하지 않는 태도는 불신앙적인 것입니다. 이는 독자들뿐 아니라 연구하고 가르쳐야 할 사명과 직무를 맡은 신학자들과 목회자들에게도 똑같이 주어진 시험입니다. 성도들이 듣고 싶어 하는 것만을 설교하고 가르치는 목회자나 신학자는 (적어도 그 순간만큼은) 그리스도의 신실한 종이라고 할 수 없습니다. 물이 바다를 덮음같이 여호와를 아는 지식이 세상에 충만(사11:9; 참고. 합2:14)해지는 것, 바로 그것이 신학자들과 목회자들, 그리고 성도들의 소망이어야 합니다. 하나님의 아들이신 그리스도를 참되게 알고, 참되게 믿고, 참되게 행하는 것. 바로 이것이 하나님의 자녀요, 그리스도의 신부이며, 성령의 전으로 부르심을 입은 교회의 소망이어야 합니다(엡4:13~16). 하나님의 자녀들이 진리 안에서 행하는 것이야말로 말씀을 맡은 모든 이들의 소망과 기쁨이어야 합니다(요삼4).

제1장
바벨 & 교회

방언은 신비로운 천국 언어인가,
아니면 외국어인가?

신비로운 천국 언어? | 구약의 방언: 그 기원과 구속사적 용례 | 다니엘서의 구름 타고 오시는 인자와 방언 | 사도행전의 방언 1: 오순절 | 사도행전의 방언 2: 백부장 고넬료의 집 | 사도행전의 방언 3: 에베소교회의 제자들 | 방언과 함께 무너진 바벨, 방언과 함께 세워진 교회 | 계시록의 방언 | 고린도교회의 방언

그러므로 그 이름을 바벨이라 하니 이는 여호와께서 거기서 온 땅의 언어를 혼잡케 하셨음이라 여호와께서 거기서 그들을 온 지면에 흩으셨더라

창11:9

저희가 다 성령의 충만함을 받고 성령이 말하게 하심을 따라 다른 방언으로 말하기를 시작하니라

행2:4

방언은 신비로운 천국 언어인가 외국어인가[1]

제1장
바벨 & 교회

그러므로 그 이름을 **바벨**이라 하니 이는 여호와께서 거기서 **온 땅의 언어를 혼잡케 하셨음**이라 여호와께서 거기서 **그들을 온 지면에 흩으셨더라**(창11:9)

저희가 다 성령의 충만함을 받고 성령이 말하게 하심을 따라 **다른 방언으로 말하기를 시작**하니라(행2:4)

신비로운 천국 언어?

오늘날 상당수의 그리스도인들은 방언을 천국 언어로 이해합니다. 그래서 지상의 언어 체계로는 알아들을 수 없는 신비로운 천상의 언어일 것이라고 생각합니다. 이러한 생각의 바탕에는 다음과 같은 선입관이 전제되어 있을 때가 많습니다. 방언은 세속에 속한 사람 – 비기독교인 – 들이 사용하지도, 할 수도 없는 하늘나라[2] 언어이므로 (특별한 통역

---

1) 필자는 제 1장의 주제와 관련하여 예전에 이미 모 학술지(『진리와 학문의 세계 23』)에 소논문을 개제한 바 있습니다(권기현, "방언은 지상에서 사용되지 않는 천상의 언어인가?", 156~175).

2) 한국 교회 대다수의 성도들은 천국을 내세 개념으로만 이해하는 경향이 있습니다. 성경이 말하는 '하늘나라', 즉 '천국'은 단지 죽음 이후의 내세만을 의미하지 않습니다. 천국은 예수 그리스도와 함께 이미(already) 이 세상에 임했고(마12:28; 눅11:20), 현재 복음 선포 및 선교를 통해 확장되고 있으며, 장차 완성될 것입니다. 그러므로 그리스도인들은 장차 그리스도의 재림과 함께 올 육체의 부활을 소망하는(요5:28~29; 고전15장) 동시에, 그리스도를 믿음으로 말미암아 이미 부활했으며(요5:24~25; 엡2:1,5) 그분의 나라로 옮겨져(골1:13) 하늘 보좌에

이 없이는) 결코 알아들을 수 없다는 생각입니다. 그러나 이러한 개념은 적어도 성경 안에서는 발견되지 않습니다.

성경은 방언이 당대에 지상에서 사용되던 언어임을 일관되게 보여줍니다. 그리고 이 사실은 의외로 오늘날 개인주의화된 모습과는 완전히 반대로 방언의 구속사적, 종말론적, 교회론적 의미를 강하게 뒷받침합니다.

일반적으로 방언에 대한 질문을 받거나 의구심이 생길 때, 대다수의 그리스도인들은 당연하다는 듯이 신약성경부터 펼치는 습관을 가지고 있습니다. 이 습관은 방언이라는 주제가 철저히 신약 - 그중에서도 특히 사도행전과 고린도전서 - 에 속한 한 주제일 뿐이며, 구약과는 큰 상관관계가 없다는 선입관으로부터 기인합니다. 그러나 만일 우리가 구약성경의 근거 위에서 사도행전의 방언을 살펴보게 된다면, 온 세상을 향하신 하나님의 깊고 오묘한, 그리고 거대한 청사진의 단면을 맛볼 수 있습니다.

구약의 방언: 그 기원과 구속사적 용례

창세기를 흔히 '시작의 책'이라고 부릅니다. 그 이유는 창세기가 '세상', '인류', '언약', '죄', '사망', '구원', '잉태와 출산', '살인' 등 성경의 각종 중요한 주제들의 첫 시작을 다루고 있기 때문입니다. 창세기는 이상의 주제들과 함께 '방언'의 기원에 대해서도 다루고 있습니다. 성경에서 '방언'이라는 말은 창세기 10장에 처음으로 나타납니다.

앉아 있다는(엡2:6) 이 놀라운 사실에 감복하여 찬송과 영광을 그분께 올려드려야 합니다. 이런 의미에서, 방언을 하늘나라 언어라고 말하는 것은 그 내용뿐 아니라 그러한 표현 자체도 천국의 현재성과 교회의 중요성을 약화시킵니다.

"이들로부터 여러 나라 백성으로 나뉘어서 각기 **방언**과 종족과 나라대로 바닷가의 땅에 머물렀더라"(창10:5)

"이들은 함의 자손이라 각기 족속과 **방언**과 지방과 나라대로이었더라"(창10:20)

"이들은 셈의 자손이라 그 족속과 **방언**과 지방과 나라대로였더라"(창10:31)

이상의 세 구절에서 '방언'으로 번역된 이 단어는 히브리어로 '라숀(לָשׁוֹן) 또는 לְשׁוֹן)'이라고 하는데, '(사람이나 동물의) 혀(tongue)'나 '혀 모양의 것'(이를테면 혀가 갈라진 모양의 금붙이나 불꽃 등), 또는 '말(speech)'이나 '언어(language)'라는 뜻을 가지고 있습니다.[3] 창세기 10장에서는 문맥상 '언어'나 '말'이라는 뜻으로 사용되었다는 사실을 누구나 쉽게 알 수 있습니다.

그리고 바로 다음의 11:1~9에는, 노아의 자손들이 어떻게 '방언'을 따라서 나뉘어졌는지에 대한 배경인 바벨 기사(Babel narrative)[4]가 기록되

---

3) Gesenius and Kautzsch, *Lexicon*, 442~443; Hollday, 『구약성경의 간추린 히브리어, 아람어 사전』, 237.

4) 우리는 흔히 이 기사를 '바벨탑 사건'이라고 부릅니다. 그러나 이 본문을 자세히 읽어보면, 단순히 탑을 쌓는 사건이 아니라는 사실을 알 수 있습니다. 이 탑 공사는 성을 건설하는 일과 결부되어 있습니다.
"… 자, 성과 대를 쌓아… 인생들의 쌓는 성과 대를 보시려고… 그들이 성 쌓기를 그쳤더라"(창11:4~8).
여기서의 탑 건축은 일종의 종교적 신전(성전)을 세우는 것을 의미합니다. 그리고 성 건축은 고대사회의 국가 건설을 의미합니다. 돌 대신 벽돌로, 진흙 대신 역청으로(3절) 큰 성과 탑을 쌓는 장면은 당시에 매우 발전된 문물이 있었음을 암시합니다. 이 모든 요소들은 강력한 인본주의적 종교 국가를 지향합니다. 그러므로 이 사건은 하나님의 나라와 대비되어 건설되

어 있습니다. 우리는 '방언'이라는 말이 처음으로 등장하는 이 구절들에서 흥미로운 사실을 발견하게 됩니다. 그것은 **'방언'이 처음부터 '종족(또는 족속)', '지방', '나라'와 관련하여 언급**되고 있다는 점입니다. 성경은 '방언'이 처음부터 땅 위의 각 지방에 흩어져 나뉘어 살고 있는 각 족속들의 실제 언어였다는 점을 밝혀주고 있습니다.

성경에서 방언이 최초로 등장하는 이 창세기 10장(그리고 11장 전반부)은 하나님의 이름과 무관(창11:4)하게 건설되는 인간의 나라가 허망하게 붕괴되며 갈라지는 모습을 여실히 보여줍니다. 그리고 이 사건은 바로 그 다음 문맥에 등장하는 신정국가(神政國家), 즉 아브람(아브라함) - 궁극적으로는 그의 후손인 예수 그리스도(갈3:16[5]) - 을 통해 건설하실 하나님의 나라와 정확히 대조됩니다(창18:17~19; 참고. 창12:1~3)[6].

우리가 여기서 발견할 수 있는 또 하나의 중요한 사실이 있는데, 그것은 **방언의 기원이 인간의 나라를 허무시는 하나님의 심판과 불가분의 관계에 있다는 점**입니다. 하나님께서는 구약성경에 나타난 이 최초의 방언을 바벨의 성과 대를 세우는 자들에 대한 심판의 도구로 사용하셨

인간의 나라를 보여주며, 동시에 이는 가인에 의해 저질러진 에녹 성 건축(창4:17)의 반(反)구속사적 확장이기도 합니다.

5) "이 약속들은 아브라함과 그 자손에게 말씀하신 것인데 여럿을 가리켜 그 자손들이라 하지 아니하시고 오직 하나를 가리켜 네 자손이라 하셨으니 곧 그리스도라"(갈3:16)

6) "여호와께서 가라사대 나의 하려는 것을 아브라함에게 숨기겠느냐[17] 아브라함은 강대한 나라가 되고 천하 만민은 그를 인하여 복을 받게 될 것이 아니냐[18] 내가 그로 그 자식과 권속에게 명하여 여호와의 도를 지켜 의와 공도를 행하게 하려고 그를 택하였나니 이는 나 여호와가 아브라함에게 대하여 말한 일을 이루려 함이니라[19]"(창18:17~19)
"여호와께서 아브람에게 이르시되 너는 너의 본토 친척 아비 집을 떠나 내게 네게 지시할 땅으로 가라[1] 내가 너로 큰 민족을 이루고 네게 복을 주어 네 이름을 창대케 하리니 너는 복의 근원이 될찌라[2] 너를 축복하는 자에게는 내가 복을 내리고 너를 저주하는 자에게는 내가 저주하리니 땅의 모든 족속이 너를 인하여 복을 얻을 것이니라 하신지라[3]"(창12:1~3)

습니다.

  이후에도 구약에서는 종종 방언이 패역한 이스라엘에 대한 하나님의 심판과 결부되어 나타나며, 그 때 언급된 '방언'이라는 단어는 언제나 어떤 특정한 족속의 실제 언어를 의미합니다(신28:49; 사28:11~12, 33:19; 렘5:15; 참고. 시114:1; 겔3:5~6).[7] 그리고 드디어 약속하신 때가 찼을 때, 하나님께서는 그분의 독생자 예수 그리스도의 이름으로 보내신 성령(요14:26[8])을 통해 이 흩어진 자들을 다시 모으기 시작하셨습니다. 신약 최초의 방언 사건을 통해서 말입니다(행2장).

  '방언'을 의미하는 이 단어는 구약성경에서 매우 일관성 있게 '혀(또는 혀 모양의 것)', 또는 실제 당대의 어떤 지역에 살고 있던 구체적인 족속이나 백성들이 사용하는 '언어(또는 말)'라는 뜻으로 사용되었습니다. '알아듣지 못하는 어떤 신비로운 천국 언어'라는 의미로 사용된 흔적이 없습니다. 창세기에 기록된 방언의 기원 기사는 저 멀리 인간의 나라를 거꾸러뜨리고 하나님 나라를 건설할 아브라함의 후손, 즉 예수 그리스도를 희미하게 보여주고 있습니다. 범죄로 인해 심판 받아 흩어진 자들이 그분 안에서 다시 모여 새로운 성과 대를 건설할 그 날을 멀리서 내다보며 희미하게 비추어주고 있습니다.

다니엘서의 구름 타고 오시는 인자와 방언

  신약성경으로 넘어가기 전에, 방언이라는 이 주제와 관련하여 성경학

---

7) 방언이 '심판의 도구'라는 이 중요한 측면에 대해서, 그리고 구약에 나타난 '방언'의 이 심판적 측면이 구속사의 진행 속에서 사도시대 당대의 유대인들과 새 언약의 교회에 어떻게 적용되는지에 대해서는 이 책 '제 4장 심판의 불'을 보십시오. 이 때, 이 괄호 속의 구약 본문들도 함께 다루게 될 것입니다.

8) "보혜사 곧 아버지께서 내 이름으로 보내실 성령 그가 너희에게 모든 것을 가르치시고 내가 너희에게 말한 모든 것을 생각나게 하시리라"(요14:26)

자들도, 교의학자들도 거의 언급하지 않는 구약 본문을 하나 더 살펴보려 합니다. 그것은 다니엘이 본 환상에 대한 기록입니다.

> "내가 또 밤 이상 중에 보았는데 **인자 같은 이가 하늘 구름을 타고 와서** 옛적부터 항상 계신 자에게 나아와 그 앞에 인도되매₁₃ 그에게 권세와 영광과 나라를 주고 **모든 백성과 나라들과 각 방언하는 자로 그를 섬기게 하였으니** 그 권세는 영원한 권세라 옮기지 아니할 것이요 그 나라는 폐하지 아니할 것이니라₁₄"(단7:13~14)

다니엘은 7장에서 네 짐승에 관한 환상을 봅니다(단7:1~8). 이 네 짐승은 "네 왕" 또는 네 개의 대제국입니다(단7:17,23).[9] 그 다음, 다니엘은 인자 같은 이가 하늘 구름을 타고 오는 환상을 봅니다. 그런데 이 인자 같은 이에게 영원히 폐하지 않는 나라를 다스리는 주권과 권세가 주어집니다(단7:13~14). 즉, 인자 같은 이는 영원한 나라의 왕이 됩니다. 그런데 여기서 우리가 주목할 부분은 바로 이 표현입니다.

> "… 모든 백성과 나라들과 **각 방언하는 자**로 그를 섬기게 하였으니…"(14절)

다니엘은 각 방언하는 자들이 영원한 나라의 왕이 된 인자 같은 이를 섬기게 될 것이라는 환상을 보았습니다. 여기서도 '방언'이 등장합니다.

---

9) 이에 대해서는 학자들의 견해가 조금씩 차이가 있으나, 일반적으로 개혁주의 신학자들은 이 네 짐승을 바벨론, 메대-바사, 헬라, 그리고 로마 제국으로 해석합니다. 이에 대해서는 Calvin, *Daniel*, 7:1~8; 간하배(Harvie M. Conn), 『다니엘서의 메시야 예언』, 95~176; Boice, *Daniel*, 75~77; Longman III, *Daniel*, 179~186을 참고하십시오.

우리가 다니엘서의 이 본문에서 생각해야 할 중요한 사안은 다음의 세 가지입니다.

첫째, 여기서의 '**방언**'은 어떤 것인가?
둘째, '**인자 같은 이**'는 누구인가?
셋째, 인자 같은 이가 '**구름을 타고 오는**' 때는 언제인가?

첫째, 이 본문에서의 '방언'[10]이 창세기에서와 마찬가지로 실제 어떤 지역에서 통용되고 있던 언어(language)라는 사실은 그리 어렵지 않게 알 수 있습니다. 다니엘서 전체에는 '방언'이라는 단어가 여러 번 등장하는데, 다른 성경에서와 마찬가지로 어떤 특정 지역에서 당대에 실제로 통용되던 언어라는 뜻으로 사용되었습니다. 이 사실은 지각이 있는 사람이라면 누구도 부인하지 않을 것입니다.

"반포하는 자가 크게 외쳐 가로되 백성들과 나라들과 각 방언하는 자들아 왕이 너희 무리에게 명하시나니"(단3:4)

"모든 백성과 나라들과 각 방언하는 자들이 나팔과 피리와 수금과 삼현금과 양금과 및 모든 악기 소리를 듣자 곧 느부갓네살왕의 세운 금신상에게 엎드리어 절하니라"(단3:7)

"그러므로 내가 이제 조서를 내리노니 각 백성과 각 나라와 각 방언하

---

10) 히브리어로 기록된 다른 성경들과는 달리, 다니엘서의 절반 가량(2:4~7:28)은 아람어로 기록되었습니다. 여기서 '방언'에 해당하는 단어는 '리숀(לִשָּׁן)'인데, 이 역시 히브리어 '라숀(לָשׁוֹן)'과 같은 뜻입니다.

는 자가 무릇 사드락과 메삭과 아벳느고의 하나님께 설만히 말하거든 그 몸을 쪼개고 그 집으로 거름터를 삼을찌니 이는 이같이 사람을 구원할 다른 신이 없음이니라 하고"(단3:29)

"느부갓네살왕은 천하에 거하는 백성들과 나라들과 각 방언하는 자에게 조서하노라 원하노니 너희에게 많은 평강이 있을찌어다"(단4:1)[11]

"그에게 큰 권세를 주셨으므로 백성들과 나라들과 각 방언하는 자들이 그의 앞에서 떨며 두려워하였으며 그는 임의로 죽이며 임의로 살리며 임의로 높이며 임의로 낮추었더니"(단5:19)

"이에 다리오왕이 온 땅에 있는 모든 백성과 나라들과 각 방언하는 자들에게 조서를 내려 가로되 원컨대 많은 평강이 너희에게 있을찌어다"(단6:25)[12]

한 가지 흥미로운 점은 이 모든 구절에서 '방언'이라는 단어가 등장할 때마다 '백성(들)과 나라(들)'라는 표현과 함께 사용되고 있다는 점입니다. 다니엘 7:14 역시 마찬가지입니다.

"그에게 권세와 영광과 나라를 주고 모든 백성과 나라들과 각 방언하는 자로 그를 섬기게 하였으니 그 권세는 영원한 권세라 옮기지 아니할 것이요 그 나라는 폐하지 아니할 것이니라"(단7:14)

---

11) 히브리어 성경으로는 다니엘 3:31입니다(*BHS* 3:31).
12) 히브리어 성경으로는 다니엘 6:26입니다(*BHS* 6:26).

이 사실은 이 본문에서 의미하는 '방언' 역시 다니엘서의 다른 본문에서 등장하는 '방언'과 같은 의미라는 사실을 더욱 뒷받침합니다.

둘째, 그렇다면 여기 등장하는 '인자 같은 이'는 누구입니까? 개혁자 칼빈(Calvin)은 이 분이 예수 그리스도 외에 달리 해석될 그 어떤 가능성도 차단합니다.[13] 예수 그리스도께서는 자신을 가리켜 자주 "인자(the Son of Man)"라고 부르셨습니다. 많은 학자들이 단언하듯, 사실 '인자'라는 이 표현은 예수 그리스도에 대한 칭호 중 가장 대표적인 것이며, 다니엘의 이 환상에 근거한 것입니다.[14] 특히, '인자'라는 표현이 등장하는 복음서의 여러 구절들은 이를 강하게 뒷받침하는데, 마태복음 26:63~64 등이 그 대표적인 본문입니다.

> "예수께서 잠잠하시거늘 대제사장이 가로되 내가 너로 살아 계신 하나님께 맹세하게 하노니 네가 <u>하나님의 아들 그리스도</u>인지 우리에게 말하라[63] 예수께서 가라사대 네가 말하였느니라 그러나 내가 너희에게 이르노니 이 후에 <u>인자가 권능의 우편에 앉은 것과 하늘 구름을 타고 오는 것</u>을 너희가 보리라 하시니[64]"(마26:63~64; 참고. 막14:61~62; 눅22:66~70)[15]

---

13) Calvin, *Daniel*, 7:13~14.

14) 이에 대해서는 Kim(김세윤), *Son of Man*, 1ff; Marshall, "Son of Man", 775~781; Ridderbos, *Matthew*, 168~173; Davies and Allison, *Matthew 8–18*, 43~53; France, *Matthew*, 326~328; Blomberg, "Matthew", 33을 참고하십시오.

15) 이 본문 외에도 마태복음 16:27~28, 19:28을 참고하십시오.
"인자가 아버지의 영광으로 그 천사들과 함께 오리니 그 때에 각 사람의 행한 대로 갚으리라[27] 진실로 너희에게 이르노니 여기 섰는 사람 중에 죽기 전에 인자가 그 왕권을 가지고 오는 것을 볼 자들도 있느니라[28]"(마16:27~28)
"예수께서 가라사대 내가 진실로 너희에게 이르노니 세상이 새롭게 되어 인자가 자기 영광의 보좌에 앉을 때에 나를 좇는 너희도 열두 보좌에 앉아 이스라엘 열두 지파를 심판하리라"(마19:28)

다시 말하면, 예수님 자신뿐 아니라 심지어는 그분의 대적자인 유대인의 대제사장까지도 다니엘서의 이 본문이 장차 오실 그리스도(메시아)를 가리키는 본문이라는 사실을 잘 알고 있었습니다.

셋째, 그렇다면 다니엘 7:13~14의 본문이 말씀하는바, 인자 같은 이 즉 예수 그리스도께서 '구름을 타고 오는' 때는 과연 언제입니까? 오늘날 많은 그리스도인들은 너무나도 쉽게 이 본문을 예수 그리스도의 재림으로 연결합니다.[16] 그렇게 보는 가장 큰 이유는 아마도 '인자 같은 이가 하늘 구름을 타고 오다'라는 표현 때문일 것입니다. 필자 역시 예수 그리스도께서 장차 산 자들과 죽은 자들을 심판하기 위해 재림하실 것을 분명히 믿습니다.[17]

그러나 과연 예수 그리스도께서 구름을 타고 오시는 것이 그분의 '재림 때'뿐일까요? 이에 대해 성경은 이렇게 증거합니다.

"이 말씀을 마치시고 저희 보는데서 올리워 가시니 구름이 저를 가리워 보이지 않게 하더라.[9] 올라가실 때에 제자들이 자세히 하늘을 쳐다보고 있는데 흰옷 입은 두 사람이 저희 곁에 서서,[10] 가로되 갈릴리 사람들아 어찌하여 서서 하늘을 쳐다 보느냐 너희 가운데서 하늘로 올리우신 이 예수는 하늘로 가심을 본 그대로 오시리라 하였느니라.[11]"(행1:9~11)

마태복음 16:27~28, 19:28, 26:63~64 등이 예수님의 초림(승천, 오순절, 주후 70년의 예루살렘 성전 파괴 등)을 가리키는지, 아니면 재림을 가리키는지에 대해서는 학자들 – 개혁신앙을 고백하는 이들을 포함한 – 가운데서도 그 견해가 다양합니다. 여기서는 이에 대한 논의를 생략합니다. 그러나 이 본문들의 직접적인 근거가 되는 구약 본문이 바로 다니엘 7:13~14라는 점에 있어서는 대다수 학자들의 견해가 일치합니다.

[16] 이러한 경향은 한국 교회 안에서 휴거, 7년 대환난, 급진적 시한부 종말론 등 불건전하고 비성경적인 종말론이 성행하고 있는 현상과 밀접한 관련을 갖고 있습니다.

[17] 사도 신조; 니케아 신조; 아타나시우스 신조; 웨스트민스터 신앙고백서 제 32~33장; 대교리 제 56문답; 소교리 제 28문답.

성경은 예수 그리스도께서 하늘로 승천하실 때도 '구름을 타고' 올라가셨다고 증거합니다. 그리고 재림 때 역시 동일할 것입니다. 여기서 어떤 이들은 이렇게 질문할지도 모릅니다.

"예수님께서 승천하실 때는 구름을 타고 '오신' 것이 아니라 하늘 보좌로 '가신' 것이지 않습니까?"

그렇습니다. 바로 그것이 다니엘 7:13~14이 교훈하는 바로 그 내용입니다. 본문을 잘 읽어보십시오. '인자 같은 이'가 '구름을 타고' 어디로 오십니까? 이 땅으로 오십니까? 아니면 하늘 보좌로 오십니까?

"내가 또 밤 이상 중에 보았는데 인자 같은 이가 하늘 구름을 타고 와서 옛적부터 항상 계신 자에게 나아와 그 앞에 인도되매"(13절)

그분은 하늘 보좌로 올라오고 계십니다. 하늘에서 땅으로 오시는 것이 아니라 오히려 땅에서부터 하늘로 올라오고 계십니다. 이 본문은 **장차 오실 예수 그리스도의 승천(Ascension)에 대한 예언**입니다. 땅에 있는 우리의 편에서 보면 하늘로 '가신' 것이지만, 하늘 보좌에 계신 하나님 아버지와 그분을 시위하고 있는 천군천사들의 편에서 보면 하늘로 '오신' 사건입니다.[18]

13절이 예수님의 승천에 대한 예언이라는 사실을 알게 되면, 14절의 내용과 함께 여기에 언급된 '방언'이라는 단어의 의미를 더욱 분명하게

---

18) 이 본문이 예수님의 승천에 대한 예언이라는 점에 대해서는 Calvin, *Daniel*, 7:13; Kik, *Eschatology*, 140~143; Vanderwaal, *Isaiah – Daniel*, 130~132; Chilton, *Paradise*, 101~103를 참고하십시오.

이해할 수 있습니다.

> "그에게 권세와 영광과 나라를 주고 모든 백성과 나라들과 각 방언하는 자로 그를 섬기게 하였으니 그 권세는 영원한 권세라 옮기지 아니할 것이요 그 나라는 폐하지 아니할 것이니라"(14절)

'인자 같은 이'가 승천하시면 그분은 '권세와 영광과 나라'를 장악하시게 될 것입니다(참고. 마28:18~20; 막16:19~20; 행2:33,36; 빌2:9~11; 히1:3, 12:2). 그리고 '모든 백성과 나라들과 각 방언하는 자'가 그분을 섬기게 될 것입니다. 그분은 바벨론이나 바사와 같은 세상 제국과는 전혀 다른 종류의 왕국(kingdom), 영원히 폐하지 아니할 왕국을 세우실 것입니다.[19] 다니엘의 이 예언이 언제 이루어졌습니까? 우리가 잘 아는 대로 오순절 성령 강림 사건을 통해서입니다.

> "우리가 우리 각 사람의 난 곳 방언으로 듣게 되는 것이 어찜이뇨$_8$ … 우리가 다 우리의 각 방언으로 하나님의 큰 일을 말함을 듣는도다 하고$_{11}$"(행2:8,11)

우리는 이제 이렇게 결론지을 수 있습니다. 구약의 다른 본문에서 언급되는 바와 마찬가지로, 다니엘서에서도 '방언'이라는 단어는 알아듣지 못하는 하늘의 신비로운 언어나 소리가 아니라 지상의 어떤 지역이

---

[19] "유형교회 역시 복음 하에서 공 교회요 우주적 교회인데, 전 세계에서 참 믿음(종교)을 고백하는 모든 자들과 그들의 자녀들로 이루어지며, 주 예수 그리스도의 나라(kingdom)이며, 하나님의 집이요 권속이며, 이 교회를 떠나서는 특별한 경우가 아니고는 구원받을 가능성이 없다"(웨스트민스터 신앙고백서 25:2).

나 족속에 의해 사용되고 있는 언어를 뜻합니다. 이뿐 아니라 다니엘은 장차 오실 메시아, 즉 '인자 같은 이'가 승천하시는 환상을 보았는데, 그 분은 이를 통해 '모든 백성과 나라들과 각 방언하는 자'로부터 섬김을 받게 될 것입니다. 이는 오순절 성령 강림 사건을 통해 성취되었습니다.

사도행전의 방언 1: 오순절

구약성경에서의 이러한 흐름은 신약성경에서도 계속됩니다. '방언'에 해당하는 헬라어 단어는 '글로싸(γλῶσσα)'인데, 이 역시 구약의 히브리 단어와 마찬가지로 '혀(tongue)' 또는 '언어(language)'를 의미합니다.[20] 신약성경에서 최초의 '방언' 현상은 오순절 성령 강림과 함께 발생하였습니다.

> "저희가 다 성령의 충만함을 받고 성령이 말하게 하심을 따라 **다른 방언**으로 말하기를 시작하니라"(행2:4)

이는 분명히 당대 각 지역에 거주하던 여러 족속들이 실제 언어로 사용하고 있던 것이었습니다. 왜냐하면 제자들의 방언을 들었던 사람들은 바대, 메대, 엘람, 메소보다미아, 유대, 가바도기아, 본도, 아시아, 브루기아, 밤빌리아, 애굽, 구레네에 가까운 리비야 여러 지방, 로마, 그레데, 아라비아 등(행2:9~11) 당시의 세계관으로 볼 때 거의 전(全) 세계 곳곳에서 온 사람들 – 헬라파 유대인 혹은 유대교에 입교한 이방인들 – 이었고, 그들이 모두 제자들이 하고 있던 방언의 내용을 알아들

---

20) Bauer, *Lexicon*, 162.

었기 때문입니다.

"이 소리가 나매 큰 무리가 모여 **각각 자기의 방언**으로 제자들의 말하는 것을 듣고 소동하여"(행2:6)

"우리가 **우리 각 사람의 난 곳 방언**으로 듣게 되는 것이 어찜이뇨"(행2:8)

"… 우리가 다 **우리의 각 방언**으로 하나님의 큰 일[21]을 말함을 듣는도다 하고"(행2:11)

이를 볼 때, 우리는 적어도 신약시대 최초의 성령 강림으로 인해 주어진 방언이 세계 각지의 여러 족속들이 실제로 당대에 사용하던 언어였음을 부인할 길이 없습니다.

사도행전의 방언 2: 백부장 고넬료의 집

그런데 중요한 사실은 사도행전에서 명시적으로 기록된 두 번째 방언 역시 이와 동일하게 당대에 사용하던 실제 언어였다는 점입니다. 그것은 우리가 잘 아는 것처럼, 이방인 백부장 고넬료의 가정에서 발생했습니다.[22] 다음의 본문들을 읽어봅시다.

---

21) 사도행전 2장에서 제자들이 방언을 말했다는 사실에 비해, 그들이 방언으로 말한 내용이 '하나님의 큰 일'이었다는 사실은 그리 주목 받지 못하고 있습니다. 그러나 '하나님의 큰 일'을 말하는 것이 방언의 내용이라는 이 사실은 방언이 설교였는지, 아니면 기도나 찬송이었는지를 밝히는데 있어서 매우 중요한 실마리가 됩니다. 이에 대해서는 이 책 '제 3장 하나님의 큰 일'을 보십시오.

22) 사도행전 2장과 10장의 내용으로 미루어볼 때, 사도행전 8:14~17의 사마리아에 임한

"베드로가 이 말 할때에 성령이 말씀 듣는 모든 사람에게 내려오시니₄₄ 베드로와 함께 온 할례 받은 신자들이 이방인들에게도 성령 부어주심을 인하여 놀라니₄₅ 이는 **방언**을 말하며 하나님 높임을 들음이러라₄₆ 이에 베드로가 가로되 **이 사람들이 우리와 같이 성령을 받았으니** 누가 능히 물로 세례 줌을 금하리요 하고₄₇ 명하여 예수 그리스도의 이름으로 세례를 주라 하니라 저희가 베드로에게 수일 더 유하기를 청하니라₄₈"(행 10:44~48)

"내가 말을 시작할 때에 **성령이 저희에게 임하시기를 처음 우리에게 하신 것과 같이 하는지라**₁₅ 내가 주의 말씀에 요한은 물로 세례를 주었으나 **너희는 성령으로 세례 받으리라** 하신 것이 생각났노라₁₆ 그런즉 **하나님이 우리가 주 예수 그리스도를 믿을 때에 주신 것과 같은 선물을 저희에게도 주셨으니** 내가 누구관대 하나님을 능히 막겠느냐 하더라₁₇ 저희가 이 말을 듣고 잠잠하여 하나님께 영광을 돌려 가로되 그러면 하나님께서 이방인에게도 생명 얻는 회개를 주셨도다 하니라₁₈"(행 11:15~18)

사도행전 10장은 고넬료의 가정에서 일어난 일을, 그리고 바로 그 다음 장인 11장은 베드로가 이 사건을 예루살렘교회에 보고하는 장면(행 11:2~3)을 상세히 기술하고 있습니다.

성령 강림에서도 동일한 방언 현상이 발생했을 것이라고 추론할 수 있습니다. 왜냐하면 사도행전 2장의 예루살렘에서 발생했던 것과 다른 현상이었다면 사도들이 받았던 것과 동일한 성령 강림이라고 쉽게 확신하기 힘들었을 것이기 때문입니다. 하지만 본문에서는 이에 대해 명시적으로 언급하지 않으므로 이 책에서는 다루지 않겠습니다. 사도행전 본문 안에서 명시적으로 두 번째 방언 현상이 나타난 곳은 고넬료의 집(10장)입니다.

여기서 우리가 눈여겨봐야 할 장면이 있습니다. 베드로가 고넬료의 가정에서 복음을 선포할 때, 성령이 그 말씀을 듣는 모든 사람 - 이방인들, 아마도 고넬료의 가족과 하인들 - 에게 강림하셨는데(행 10:44~45), 베드로는 이를 오순절에 예루살렘교회에 임한 성령 강림과 같은 현상이라고 판단했다는 사실입니다(행10:47~48).

"이 사람들이 우리와 같이 성령을 받았으니"(행10:47)

물론 그와 함께 그곳을 방문한 할례 받은 신자들 역시 이에 대해 아무도 의문이나 반론을 제기하지 않았습니다.

이뿐 아니라 베드로가 고넬료의 가정에 임한 성령 강림 사건을 이후에 예루살렘교회에서 보고할 때에도 이를 오순절 성령 강림과 같은 현상이라고 설명했다는 것입니다(행11:15~17).

"성령이 저희에게 임하시기를 처음 우리에게 하신 것과 같이 하는지라"(행11:15)

"하나님이 우리가 주 예수 그리스도를 믿을 때에 주신 것과 같은 선물[23]

---

23) 사도행전 2:38에 의거하면 여기서의 '선물'은 '성령님'을 의미합니다. 사도행전 2:38에 의하면, 베드로는 청중들이 "회개하여 각각 예수 그리스도의 이름으로 세례를 받고 죄 사함을 얻으"면 "성령을 선물로 받으리"라는 약속을 선포합니다. "성령을 선물로 받으리니"라는 이 어구를 직역하면, '(너희가) 성령의 선물을 받으리라'입니다. 소유격으로 연결된 어구, '성령의 선물'에 대한 학자들의 문법적 견해는 크게 둘로 갈라집니다. 첫째는 이를 주격적 소유격으로 보아 '성령이 주시는 선물'로 보는 견해입니다. 둘째는 이를 목적격적 소유격으로 보아 '성령을, 즉 선물을'로 보는 견해입니다. 필자는 두 번째 견해를 따라 '성령, 즉 선물을'로 이해합니다. 필자가 이렇게 주장하는 이유는 이것이 개혁주의 학자들의 일반적인 견해이기도 하지만, 하나님께서 그분의 백성들에게 성령을 선물로 주시는 것이야말로 구약의 선지자들이 예언하고

을 저희에게도 주셨으니"(행11:17)

또한 베드로의 이 보고를 들은 예루살렘교회는 이를 베드로의 주관적인 판단이 아닌 하나님의 크고도 놀라운 구원 계획의 성취로 받아들이면서 그분께 영광을 돌렸습니다(행11:18).

그런데 여기서 우리가 지녀야 할 의문이 있습니다. 그것은 사도 베드로, 그리고 그와 함께 고넬료의 집을 방문했던 신자들이 어떻게 그 사건을 오순절 성령 강림과 똑같은 현상으로 판단할 수 있었느냐는 것입니다. 이에 대한 해답이 사도행전 10:46에 나타나 있습니다.

"이는 **방언**을 말하며 **하나님 높임**을 들음이러라"

고넬료의 가정에 성령이 임하였을 때, 이를 지켜보던 사람들이 외형적, 명시적으로 오순절 성령 강림과 똑같은 것이라고 판단할 수 있는 현상이 하나 있었습니다. 그것은 두 개의 어구로 표현되었는데, ①고넬료의 가정에서 성령 받은 자들이 방언을 말한 것과 ②그들이 하나님을 높인 것입니다. 이 두 가지를 오순절 성령 강림을 옆에서 지켜보던 사람들이 했던 말과 비교해보면, 그 표현에 있어서 약간의 차이가 있을 뿐 같은 뜻이라고 볼 수밖에 없습니다.

"… 우리가 다 우리의 각 **방언**으로 하나님의 큰 일을 말함을 듣는도다 하고"(행2:11)

대망했던 것, 즉 메시아 시대의 종말론적 성취이기 때문입니다(사32:15, 44:3, 59:21, 61:1~3; 렘31:33~34[참고. 롬8:1~2]; 겔36:25~27, 37:1~14, 39:29; 욜2:28~29; 눅24:49; 요14:26, 15:26, 16:13~14; 행1:4~5).

표현상의 차이점은 '하나님 높임'과 '하나님의 큰 일을 말함'뿐입니다. 그러나 이 둘 역시 서로 같은 것임을 쉽게 짐작할 수 있습니다.[24]

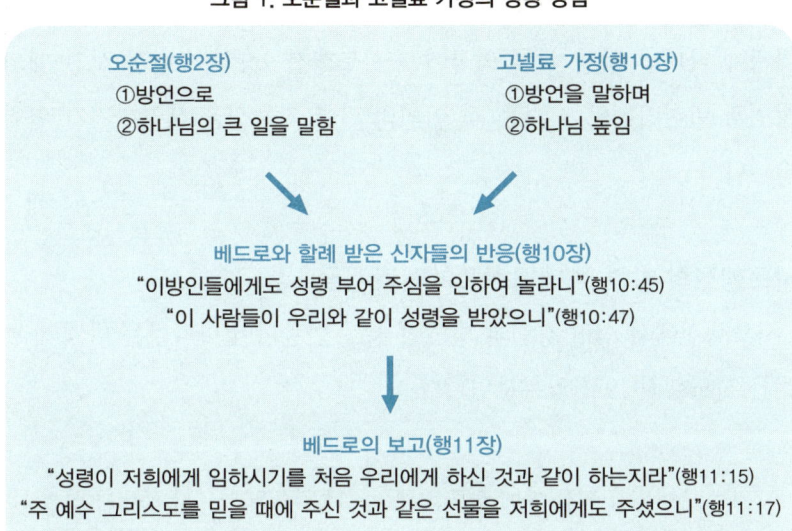

그림 1. 오순절과 고넬료 가정의 성령 강림

여기서 우리가 유념해야 할 요점은 이것입니다. **만일 고넬료의 가정에 나타난 방언이 다른 지역에서 실제로 사용하는 언어, 즉 외국어가 아니었다면 사도 베드로 일행은 그것을 오순절에 임한 성령 강림과 같은 사건으로 생각할 수 없었을 것입니다.** 오순절 사건을 곁에서 지켜보았던 사람들과 마찬가지로 고넬료의 가정에 임한 성령 강림을 지켜본 사람들은 아주 명시적으로 나타난 현상을 눈으로 확인했습니다. 그것은 성령을 받은 사람들이 방언을 말했다는 사실입니다. 그리고 그들이

---

24) 이 책 제 1장의 각주 21을 참고하십시오. 그리고 '방언'을 말하는 것과 '하나님 높임' 또는 '하나님의 큰 일'을 말하는 것은 사실상 두 가지의 서로 다른 것이 아니라 같은 것인데, 이에 대한 더 상세한 설명에 대해서는 이 책 '제 3장 하나님의 큰 일'을 보십시오.

받은 이 방언으로 하나님의 크신 일을 말하여 그분을 높여드렸다는 사실입니다. 베드로는 이를 확인하고는 고넬료의 가정에서 발생한 이 성령 강림이 오순절에 예루살렘교회에서 일어난 일과 같은 것임을 어렵지 않게 깨달을 수 있었습니다(행10:47, 11:15~17). 그러므로 고넬료의 가정에 나타난 방언 역시 외국어 - 사도행전 2장의 오순절 사건 때의 방언과 마찬가지로 - 라는 것 이외의 다른 가능성을 생각하기가 어렵습니다.

사도행전의 방언 3: 에베소교회의 제자들

사도행전에서 성령 강림과 방언이 서로 연관되어 나타나는 마지막 본문은 사도행전 19장 앞부분입니다.

> "가로되 너희가 **믿을 때에 성령을 받았느냐** 가로되 아니라 우리는 성령이 있음도 듣지 못하였노라$_2$ … 바울이 그들에게 안수하매 성령이 그들에게 임하시므로 **방언**도 하고 예언도 하니$_6$"(행19:2,6)

바울의 제 3차 선교 사역[25] 중 에베소에서 발생한 이 사건의 요지는 이것입니다. 바울이 에베소에서 어떤 제자들을 만나 그들에게 "너희가 믿을 때에 성령을 받았느냐"고 물어보았을 때, 놀랍게도 그들은 이 약속에 대하여 전혀 알지 못하고 있었습니다(2절). 다시 말하면, 이들은

---

25) 바울의 제 3차 선교 사역은 (수리아) 안디옥에서 시작(행18:22~23)하여 예루살렘에서 바울이 체포됨으로 끝납니다(행21장). 오늘날 바울의 선교 사역을 일종의 길거리 전도 여행과 같은 형태로 이해하는 성도들이 많습니다. 이것이 얼마나 잘못된 오해인지, 그리고 바울의 선교가 철저히 교회 중심, 즉 (목사를 포함한) 장로들의 지속적인 말씀과 성례가 가능한 교회 설립을 목표로 하고 있다는 점에 대해서는 사도행전 14:23과 디도서 1:5 그리고 권기현, 『선교, 교회의 사명』, 52~68을 참고하십시오.

요한의 세례만 알 뿐 예수 그리스도를 믿고 세례를 받을 때 성령을 받게 된다는 약속에 대하여 들은 적이 없었습니다.

이 본문을 이해하기 위해 우리는 먼저 이 약속이 무엇인지를 살펴보아야 합니다.

먼저 바울은 이 약속이 세례 요한에 의해 미리 예고되었다고 가르쳐 주었습니다(행19:4). 실제로 세례 요한은 회개의 세례를 베풀면서 장차 오실 종말론적 메시아(예수 그리스도)에 대하여 소개하기를, 그분은 "성령과 불로" 세례를 주실 것이라는 점을 강조했습니다.

> "나는 너희로 회개케 하기 위하여 물로 세례를 주거니와 내 뒤에 오시는 이는 나보다 능력이 많으시니 나는 그의 신을 들기도 감당치 못하겠노라 그는 **성령과 불로 너희에게 세례를 주실 것이요**"(마3:11; 참고. 막1:8; 눅3:16)

요한의 이 예언은 몇 년 후 부활하신 예수 그리스도에 의해 재(再)선포되었습니다.

> "요한은 물로 세례를 베풀었으나 너희는 몇 날이 못 되어 **성령으로 세례를 받으리라** 하셨느니라"(행1:5)

세례 요한과 예수님이 선포한 이 동일한 내용의 예언은 오순절 성령 강림으로 인해 성취되었습니다(행2:1~4). 오순절에 성령이 강림하자, 사도 베드로는 이 약속이 단지 세례 요한과 예수님에 의해 비로소 시작된 것이 아니라 아주 오래 전 구약시대부터 예언된 것이라고 선포했습니다. 그는 모여든 청중들에게 이 약속이 이미 오래 전 요엘 선지자에 의해 예고된 것이라고 외쳤습니다.

> "이는 곧 선지자 요엘로 말씀하신 것이니 일렀으되[16] 하나님이 가라사대 **말세[26]에 내가 내 영으로 모든 육체에게 부어주리니**… 구원을 얻으리라 하였느니라[21]"(행2:16~21; 참고. 욜2:28~32)

이어서 그는 성령을 부어주시리라는 이 종말론적 약속이 부활하여 영광을 받으신 예수 그리스도로 인해, 그리고 바로 이 오순절에 성취되었다고 선포했습니다.

> "하나님이 오른손으로 예수를 높이시매 **그가 약속하신 성령을 아버지께 받아서 너희 보고 듣는 이것[27]을 부어주셨느니라**"(행2:33; 참고. 요7:37~39)

---

26) 한국 교회의 성도들은 '말세'를 '예수님께서 재림하시기 직전'으로 생각하는 경향이 있습니다. 하지만, 성경에 의하면 '말세'는 그분의 초림과 함께 이미 시작되었습니다(고전10:11; 히1:1~2, 9:26; 벧전1:5,20; 요일2:18). 한국에도 잘 알려져 있는 개혁주의 신학자 스프로울(Sproul)은 이러한 관점에서 복음서부터 계시록까지 이르는 신약의 종말론을 제시했습니다(Sproul, *Last Days*, 1ff).

사실 한국 교회 성도들은 '말세'를 사건 중심보다는 시간 중심으로 이해하는데 익숙합니다. 그러나 우리가 신구약 성경의 종말론이 '마지막 일들(the last things)'에 관한 것이라기보다는 오히려 (하나님께서 계획하신 것들이 마침내 성취되는) '궁극적인 일들(the ultimate things)'에 대한 것이라는 사실을 알게 되면, 성경 저자들이 왜 예수님의 초림을 말세의 시작으로 보았는지 그리 어렵지 않게 이해할 수 있습니다. 이에 대해서는 Thomas, "Holy God", 53~69를 참고하십시오. 그리고 이 책의 '부록 2. 말세, 언제인가?(히1:1)'를 참고하십시오.

27) 여기서의 '이것'은 성령 강림으로 인하여 발생한 현상 – 예컨대 방언으로 하나님의 큰 일을 말하는 것 등의 – 을 포괄하지만, 궁극적으로는 구약의 선지자들이 예언한 종말론적 성령을 선물로 주신 일을 가리킵니다. 이 책 제 1장의 각주 23을 참고하십시오.

베드로는 그의 설교를 여기서 끝내지 않았습니다. 그는 더 나아가서, 구약의 선지자들[28]과 세례 요한, 그리고 예수님께서 친히 예언하신 이 놀라운 약속이 지금 청중들이 보고 듣는 이 현장 가운데 **이미** 자신들에게 성취되었을 뿐 아니라 **이후로** 회개하여 예수 그리스도의 이름으로 세례를 받을 모든 사람들에게도 똑같이 약속된 것이라고 권고함으로써 설교를 끝맺었습니다.

> "… 너희가 회개하여 각각 예수 그리스도의 이름으로 세례를 받고 죄 사함을 얻으라 그리하면 **성령을 선물로 받으리니**[38] 이 약속은 너희와 너희 자녀와 모든 먼 데 사람 곧 주 우리 하나님이 얼마든지 부르시는 자들에게 하신 것이라…[39]"(행2:38~39)

바울이 에베소교회의 제자들에게 발견했던 문제가 바로 이 약속과 관련되어 있습니다. 그들은 요한이 베푼 회개의 세례에 대해서는 알고 있었습니다(행19:3). 그러나 구약의 선지자들, 세례 요한, 예수님 자신, 그리고 사도 베드로가 설교 끝에 요약한 바로 이 약속, 즉 성령을 선물로 주신다는 이 종말론적인 약속과 오순절에 이루어진 성취에 대해서는 그 누구에게도 듣거나 배운 적이 없었습니다(행19:2).[29]

바울은 오순절에 사도 베드로가 전했던 그 말씀 - 특히 사도행전 2:38~39 - 을 동일하게 이들에게 전해주었고, 또 그대로 세례를 시행했

---

28) 오순절에 베드로는 성령 강림에 대한 약속과 관련하여 요엘서만을 인용했지만, 사실 이는 종말론적 새 출애굽(The Eschatological New Exodus) 시대에 이루어질 구속의 중요한 한 측면으로 여러 선지자들에 의해 예고되었습니다. 종말론적 새 출애굽의 성취로서의 성령 강림에 대한 약속이 예언된 구약의 여러 구절들에 대해서는 이 책 제 1장의 각주 23을 참고하십시오.

29) 이에 대해서는 Bavinck, *Dogmatics Vol. 3*, 500을 참고하십시오.

습니다. 바로 그 때, 이들에게도 이 약속 – 성령을 선물로 주신다는 – 이 성취되었습니다. 그리고 이들도 방언을 하기 시작했습니다.

> "저희가 듣고 주 예수의 이름으로 세례를 받으니₅ 바울이 그들에게 안수하매 성령이 그들에게 임하시므로 방언도 하고 예언도 하니₆"(행 19:5~6)

이상의 사실에 미루어 보건데, 이들이 했던 방언이 오순절 성령 강림 때 주어진 방언과 전혀 다른 종류의 것이라고 주장할 여지가 사라집니다. 이들에게 주어진 성령은 구약 선지자들의 예언 → 세례 요한의 예언 → 예수 그리스도의 예언 → 오순절 성령 강림과 사도 베드로의 설교로 이어지는 구속 역사의 진행과 정확히 그 궤를 같이 하고 있기 때문입니다. 이들에게 성령이 임하신 사건은 오순절 성령 강림 사건과 정확히 부합하며, 동일한 약속의 성취 또는 그 연장선상에 있기 때문입니다.[30] 이들이 한 방언이 오순절의 방언과 전혀 다른 종류의 것이었다면, 이들에게 발생한 성령 강림 역시 오순절과 동일한 선상에 있다고 확인할 길이 없습니다. 사도 바울은 이들에게도 오순절과 동일한 성령 강림과 방언이 주어짐으로써 구약의 선지자들, 세례 요한, 예수님, 사도 베드로 등 이상의 모든 분들이 일관성 있게 전했던 복음의 약속, 즉 회개

---

30) "특히 사도행전 2장의 방언은 구원역사의 진전을 이스라엘에게 공표하는 표적이다(사 28:11 이하; 고전 14:21에 인용). 8장에서는 사마리아교회를 통하여 아브라함에 약속된 모든 족속의 축복(창 12:3)이 실현되었음을 보여준다. 10장의 이방인 교회(고넬료)에 임한 동일한 성령과 방언은 구원의 진전으로 유대인과 이방인 사이에 경계가 성령 안에서 무너졌음을 보여준다. 19장에 나오는 에베소 교회의 방언은 이 구체적 집단이 성령을 통하여 그리스도께 연합되었음을 가시적으로 보여주는 시위이다. 이와 같이 하나의 교회가 되었다는 구원역사적인 진전의 표시로 방언이나 예언이 증거로 주어졌다"(유해무, 『개혁교의학: 송영으로서의 신학』, 421).

하여 예수 그리스도의 이름으로 세례를 받는 자들에게 성령이 선물로 주어진다는 이 사실을 확인했고, 또 그것을 에베소교회에게 확인해주었습니다. 그리고 바울의 동역자인 의사 누가는 이후에 성령의 감동하심을 받아 이 사건을 기록함으로써 사도행전을 읽는 모든 시대의 성도들에게 복음의 이 중요한 종말론적 원리 - 회개하여 예수 그리스도의 이름으로 세례를 받고 죄 사함을 얻는 자에게 성령이 선물로 주어진다는 - 를 가르치고 있습니다. 그러므로 에베소교회의 제자들에게 발생한 방언 현상 역시 오순절 때와 동일한 당대의 외국어였음이 분명합니다.

방언과 함께 무너진 바벨, 방언과 함께 세워진 교회

　이상의 내용을 종합하면, 방언은 성경 전체를 관통하는 하나님의 구속 역사로부터 따로 떼어서 생각할 수 있는 성질의 것이 아닙니다. 방언은 어떤 신비한 체험이라는 개인적 차원을 넘어 처음부터 끝까지 하나님의 구원 계획과 철저히 맞물려 있습니다.

　온 땅에 언어가 하나였을 때, 하나님께서는 스스로 높아져 하늘에까지 오르려는 인간들의 도전을 허무셨습니다. 방언의 발생을 통해 불경건한 인간의 나라(바벨)를 무너뜨리시고, 그들을 온 땅에 흩으셨습니다. 그리고 약속하신 때가 찼을 때, 죽음에서 부활하여 하나님의 보좌 우편에 좌정하신 예수 그리스도의 이름으로 보내신 성령(행2:33~36)으로 말미암아 이 땅 위에 그분의 왕국, 즉 교회[31]를 창설하셨습니다. 오순절에 재(再)탄생한 새 방언을 통해 그 택하신 새 백성들을 다시 불러

---

31) "… 이 교회는 주 예수 그리스도의 왕국이며, 하나님의 집이며, 권속이다. …"(웨스트민스터 신앙고백서 25:2).

모으셨습니다.

　이러한 의미에서 볼 때, 방언은 하나님의 구원과 심판[32]의 도구였습니다. 불경건한 자들의 아성을 찔러 쪼개는 새 화염검[33]이며, 하나님의 새 백성들을 불러 모으는 새 나팔(고전14:8)[34]이었습니다. 이런 의미에서 볼 때, 오순절 성령 강림은 실로 하늘에서 땅으로 쏘아내린, 역(逆) 바벨 운동의 축포입니다.

---

32) 방언은 구약의 바벨 사건에서만이 아니라 신약시대에도 여전히 심판의 도구로 사용되었는데, 이는 사도 바울이 방언을 가리켜 "믿지 아니하는 자들을 위하는 표적"(고전 14:22)이라고 한 말씀 속에 잘 나타납니다. 이에 대해서는 이 책 '제 4장 심판의 불'을 보십시오.

33) 화평 대신 "검"을 주러 왔다는 예수님의 말씀(마10:34)은 "불"을 땅에 던지러 왔다는 말씀(눅12:49)과 서로 병행하며, 실제로 이 말씀은 오순절 성령 강림을 통해 성취되었습니다(행2:1~4; 참고. 눅12:49~50). 사도행전 2:3의 "불의 혀 같이 갈라지는"에서 '혀(글로싸이, γλῶσσαι)'는 4절의 '방언(글로싸이스, γλώσσαις)'과 같은 단어이며, '방언이 마치 불처럼 갈라졌다'로도 번역이 가능합니다. 그래서 최갑종 교수는 이 부분을 '혀' 대신 '방언'으로 번역하여 "방언들이 불처럼 나누어지면서 그들에게 나타났다"고 번역합니다(최갑종, 『예수·교회·성령: 누가와 바울의 성령론에 관한 연구』, 47). 이는 오순절 성령 강림이 예수님께서 불(방언)을 땅에 던진 사건이었음을 암시합니다(참고. 계8:5). 실제로 예수님께서 마태복음 10:34과 누가복음 12:49를 말씀하실 때, 한 집에 함께 살고 있는 가족들까지도 서로 갈라지고 불화(분쟁)하게 만들기 위한 목적으로 오셨다고 말씀하셨습니다(참고. 미7:6). 방언이 바벨을 쌓는 사람들을 갈라놓아 흩어지게 한 것과 마찬가지로(창11:1~9), 예수님께서는 오순절 성령 강림을 통해 혈육의 가족들까지도 갈라놓으셨습니다. 그래서 거짓 평화를 깨뜨리고 혈통을 넘어선 믿음의 새 가족을 창조하셨습니다(참고. 출32:25~29; 신33:9; 마12:46~50, 19:29, 28:10; 막3:31~35, 10:29~30; 눅8:19~21, 18:29~30; 요1:12~13, 19:26~27; 엡2:11~22; 딤전5:1~2; 계6:3~4). 혈통을 넘어선 새 가족이 예수님의 죽으심과 부활에 기초한 교회의 창설을 통해 성취된다는 점에 대해서는 Lohfink, *Jesus and Community*, 39~50; Wright, *Victory*, 398~405; Barton, "Family", 227; 허순길, 『교회 절기 설교』, 267~278을 참고하십시오.

34) "만일 나팔이 분명치 못한 소리를 내면 누가 전쟁을 예비하리요"(고전14:8). 사도 바울은 이 구절에서 방언을 '나팔'로 묘사하였는데, 이는 단순비교를 위한 은유가 아니라 방언의 목적과 용도를 그 속에 내포한 표상입니다. 방언은 외국어이므로 방언하는 자는 분명한 발음으로 말해야 하며, 이는 예배 중에 통역되어야 했습니다.

계시록의 방언

이렇게 볼 때, 사도 요한이 계시록에서 '방언'이라는 이 단어를 사용할 때마다 매우 의도적이고도 일관성 있게 '족속', '백성', '나라', '무리', '열국', '임금' 등의 단어들과 함께 나열하여 온 세상을 가리키는 뜻으로 표현한 것(계5:9, 7:9, 10:11, 11:9, 13:7, 14:6, 17:15)[35] 역시 성경 전체의 흐름과 일치하며, 방언이 알아듣지 못하는 이상한 소리가 아니라 이 땅 위에서 살아가는 여러 지방의 각 종족과 백성들이 실제로 사용하는 언어라는 사실을 보여주는 강력한 증거가 됩니다.

계시록에 의하면, 온 세상 사람들 - 족속과 나라와 백성과 방언 등으로 묘사된 - 은 어린 양이신 예수 그리스도를 통해 하나님의 왕국으로 부르심을 입든지(계5:9, 7:9, 10:11, 14:6), 아니면 용(성부의 위조)과 짐승(용이 세상에 보낸 그의 형상이자 대리자로서 성자의 위조)과 음녀 바벨론(옛 바벨을 상징하는 위조된 하나님의 왕국 또는 거짓 교회)에게 굴복을 하든지, 둘 중 하나에 속하는 것으로 그려지고 있습니다(계11:9, 13:7, 17:15).[36] 이는 방언과 관련된 두 가지 가치관, 즉 바벨의 원리와

---

35) 이는 창세기 10:5,20,31에서 '방언'이 '족속', '나라', '지방' 등의 단어들과 함께 사용되고 있는 것과 정확히 대칭을 이룹니다. 왜냐하면, 창세기의 '방언'이 만유를 통일(엡1:10)하실 그리스도께서 오실 때까지 악을 억제하고 세상을 보존하기 위해 그들의 결속을 막고 흩어버리는 도구라면, 사도행전과 계시록에서의 '방언'은 오순절을 기점으로 하여 흩어진 자들을 그리스도 안에서 다시 불러 모으는 도구라는 점에서 서로 부합(correspondence)되기 때문입니다. 이러한 의미에서 이 양쪽은 예수 그리스도라는 축을 중심으로 정확히 포개어져 대칭을 이루는 데칼코마니(décalcomanie)와 같습니다. 한 쪽은 그림자(shadow)와 예언(prophecy)과 모형(typos)이며, 다른 한 쪽은 실체(reality)와 성취(fulfillment)와 원형(archetype)입니다.

36) 특히, 계시록 13장은 하나님께 반역하는 위조(counterfeit) 삼위일체의 도전을 적나라하게 보여줍니다. 성부(聖父) 하나님을 대항하는 위조된 자칭 신(神) 용은 "자기의 능력과 보좌와 큰 권세를" 바다에서 나온 짐승에게 줍니다(2절). 이 바다 짐승은 그리스도의 부활을 위조하며(3절), 마치 부활하여 하늘 보좌에 앉으신 그리스도처럼 엄청난 권세와 통치로 승리와 정복을 계속합니다(4~8절). 이런 의미에서 이 바다 짐승은 위조된 성부(聖父)인 용의 형상이자 대리자, 즉 위조된 성자(聖子)입니다. 그리고 이 바다 짐승은 땅에서 올라온 짐승을 자기의 대리자이자

오순절의 원리가 서로 충돌하고 있음을 잘 보여줍니다. 하나님께서 진노하여 흩으신 백성들이 그리스도 안에서 통일되어 모여듭니다. 그리고 동시에 바벨의 원리 또한 재현되어 온 세상 사람들을 용과 짐승과 음녀 바벨론의 권세 아래 붙들어두려 합니다. 만일 계시록에서의 '방언'이 창세기의 방언(창10~11장) 및 오순절의 방언(행2장)과는 전혀 다른 것을 의미한다면, 이러한 통일성은 급격히 무너집니다.

창세기의 방언과 오순절의 방언이 가지는 구원과 심판, 하나님의 왕국과 짐승(또는 인간)의 왕국, 참 교회와 거짓 교회라는 이 두 가지 측면은 계시록에서 '방언'이 언급된 본문들을 통해 함께 통합되어 종말론적인 성취를 향해 나아갑니다. 계시록은 소아시아의 일곱 교회와 우리들을 이 양쪽 원리가 대결하는 전투장으로 안내하며, 독자들을 향하여 이 둘 중 하나만을 선택하도록 결단을 촉구합니다.

고린도교회의 방언

이렇게 다른 모든 성경 본문에서 '방언'이 당대의 사람들의 언어였음이 분명한데도 유독 고린도전서 14장의 '방언'만 따로 떼어내어 이를 지상의 언어 체계로는 도무지 알아들을 수 없는 신비한 천국 언어로 해석

선지자로 내세우는데, 이는 성령님께서 예수님의 영광을 위해, 예수님을 증거하기 위해 보냄을 받으신 것에 대한 위조입니다(11~18절; 참고. 요14:26, 15:26, 16:13~14). 이 땅 짐승은 오순절을 위조하고(13절), 또 사도의 사역을 위조하여 이적을 행함(14절; 살후2:9; 참고. 행2:43, 4:16,22,30, 5:12, 14:3, 15:12; 롬 15:18[헬라어 성경은 19절]; 고후12:12)으로 사람들로 하여금 바다 짐승을 숭배하도록 미혹합니다(14~15절). 그리고 심지어는 율법과 제사장 사역까지도 위조함으로써 위조된 경건을 진두지휘합니다(16절; 참고. 신6:4~9; 출28:36~39). 이런 의미에서 땅 짐승은 위조된 성령(聖靈)과 거짓 사도의 행태를 보여줍니다. 이는 계시록이 세속 정부 – 특히 로마제국으로 대변되는 – 와 교회 사이의 긴장과 갈등 문제도 보여주고 있긴 하지만, 이보다 우선적으로 거짓 예배와 참 예배, 그리고 거짓 교회와 참 교회 사이의 영적 전투를 보여주고 있음을 암시합니다. 계시록 13장에 나타난 위조 삼위일체에 대해서는 Chilton, *Vengeance*, 325~352를 참고하십시오.

하려는 시도는 성경 전체의 통일성에도 위배될 뿐 아니라 상식적으로도 납득하기 힘듭니다.[37]

앞에서 밝힌 바와 같이, 오순절 이후의 '방언'이 구약 창세기에 나타난 바벨의 반역으로 인해 전(全) 세계로 흩어진 사람들을 교회라는 새 공동체로 다시 불러 모으는 역(逆)바벨 사건이라면, 이는 필히 교회를 바르게 설립하고 유지하는 것과 밀접한 관련을 가질 수밖에 없습니다. 이는 하나님의 거대한 구속 역사 속에서 방언이 지니는 매우 중요한 목적이라고 할 수 있습니다.

하지만, 고린도교회 성도들은 은사들, 그 중에서도 특히 '방언'의 은사를 잘못 사용하고 있었습니다. 그들은 다른 지방의 언어로 주어진 방언을 교회 안에 이미 들어온 성도들에게 아무런 통역 없이 사용함으로써 예배시간[38]에 모인 회중들로 하여금 그것이 무슨 뜻인지 전혀 알아들을 수 없게 만들었습니다. 이는 방언의 원래 목적, 즉 하나님의 백성들을 불러 모아 교회를 건설해야 할 구속사적 청사진과 완전히 대치되는 행동입니다. 오히려 그들의 모습은 성과 대를 짓는 도중 서로에게 하는 말을 알아듣지 못해 혼란이 야기되었던 바벨의 모습과 너무나도 유사

---

37) 변종길 교수는 고린도전서의 방언 역시 사도행전 2장에서와 같은 '외국어'였다고 해석하는 여러 학자들, 즉 초대교회사의 교부들로부터 시작하여 현대에 이르기까지 많은 학자의 이름을 언급합니다. 이들 중에는 오리겐(Origen), 크리소스톰(Chrysostom), 토마스 아퀴나스(Thomas Aquinas), 칼빈(John Calvin), 찰스 하지(Charles Hodge) 등이 포함되어 있습니다(변종길, 『우리 안에 계신 성령』, 88, 각주 17). 그러나 정작 본인은 이들의 견해를 반대하여 방언을 주로 신비한 언어로 하는 개인 기도로 봅니다(물론 외국어 방언의 가능성도 인정하면서)(ibid, 88~94). 이는 방언을 단지 계시(하나님의 말씀)적 차원에서만 다루고, 기도와 찬송의 측면을 도외시해온 기존의 개혁주의 신학의 약점을 자각했기 때문인 것으로 보입니다. 그러나 만일 방언이 하나님의 말씀이면서 동시에 기도와 찬송으로 설명될 수 있다면, 이 문제는 의외로 쉽게 해결됩니다. 이에 대해서는 이 책 '제 2장 드러난 비밀'과 '제 3장 하나님의 큰 일'에서 자연스럽게 설명될 것입니다.

38) 방언은 고린도교회의 공적 예배 가운데 시행되었습니다. 고린도전서 14:26 이하는 이를 설명하고 있는 본문입니다.

합니다.[39] 방언으로 인해 바벨에 모인 교만한 반역자들에게 분쟁과 혼란이 발생한 것과 마찬가지로, 고린도교회는 똑같은 위기에 직면해 있었습니다. 하나님께 반역하던 바벨의 원리에 대항하여 성령의 능력으로 모인 참 바벨, 하늘에까지 닿는 새로운 성과 대로 부르심을 입은 교회(엡1:10, 2:6, 4:6; 참고. 창28:12~13; 요1:51) 안에 각자 자기의 주장과 자기 파벌의 목소리를 내세우는 교만이 가득했고, 그로 인해 교회에 혼란과 분쟁이 발생했으며, 그리스도의 몸이 나누어질 위기에 봉착했습니다.[40] 뱀이 동산에서 아담과 하와를 미혹할 때 사용했던 거짓의 원리가 새 동산[41]인 예루살렘 초대교회 안에서 아나니아와 삽비라의 거짓

---

39) 특히 창세기 11:7,9와 고린도전서 14:33을 비교해보십시오. 이러한 유사점을 우연으로 보기는 어렵습니다.
"자, 우리가 내려가서 거기서 그들의 언어를 혼잡케 하고 그들로 서로 알아듣지 못하게 하자 하시고,[7] ··· 그러므로 그 이름을 바벨이라 하니 이는 여호와께서 거기서 온 땅의 언어를 혼잡케 하셨음이라 여호와께서 거기서 그들을 온 지면에 흩으셨더라[9]"(창11:7,9)
"하나님은 어지러움의 하나님이 아니시요 오직 화평의 하나님이시니라"(고전14:33)

40) 창세기 11:7~9과 고린도전서 1:10~13을 비교해보십시오. 고린도교회가 분쟁한 배후에는 여러 가지 원인들이 있었습니다. 직분에 대한 오해, 음행, 세상 법정에 성도를 송사하는 일, 결혼과 이혼 문제, 우상에게 바친 제물을 먹는 문제, 예배와 성령의 은사에 대한 오해, 그리스도와 성도의 부활에 대한 오해 등이 그 대표적인 것들입니다. 이 중 방언의 은사를 사용하는 문제 역시 고린도교회의 분쟁에 단단히 한몫을 했습니다(고전12:25,29~31).

41) 에덴 동산을 단순히 아름다운 화원으로 둘러싸인 놀이터 정도로 상상하면 안 됩니다. 에덴이 높은 지역에 위치한 – 강이 발원할 정도로 – 넓은 땅(창2:8,10)이라면, 그 안에 있던 동산은 여호와 하나님께서 임재하여(창3:8) 아담과 교제하시는 장소, 즉 아담 당대의 성소(성전)였음을 기억하십시오. 창조 때의 아담 언약 당시의 성소인 동산은 이후에 모세의 성막을 통해 다시 재현되었고, 솔로몬의 시대에 와서 성전을 통해 더욱 영광스런 모습으로 나타났습니다. 그 후, 하나님께서는 마침내 성육신하신 예수 그리스도를 완전한 성소로 계시하셨습니다(요1:1,14,16~18, 2:19~22; 골1:19; 벧전2:4). 그리고 오순절에 세상에 출현한 신약 교회는 성전이신 그리스도의 몸, 즉 성령의 전이 되었습니다(고전3:16~17, 6:19; 엡2:20~22; 벧전2:5). 즉, 성육신하신 예수 그리스도와 오순절 신약 교회의 출범은 성소가 장소와 건물에서 사람으로 바뀌는 구속사적 분수령(redemptive historical watershed)이 되었습니다.
구약시대에 성전(또는 성막)은 온 우주에 단 한 곳밖에 없습니다. 그리고 하나님께서는 오직 그 성전에만 계십니다(합2:20). 그러므로 우리는 오직 단 한 분의 온전하신 성전,

말을 통해 다시 고개를 든 것과 마찬가지로[42], 이 무서운 바벨의 원리는 이렇게 교회 안에서 다시 숨쉬기 시작했습니다.

만일 방언이 이렇게 원래의 목적과는 반대로 하나님의 새 백성들을 분열시키고, 그리스도의 몸을 찢어버리는 도구로 사용된다면, 차라리 사용되지 않는 것보다 더 못한 결과를 초래하게 됩니다. 바벨의 성과 대를 쌓던 반역자들에게는 그들의 갈라진 언어를 통역해주는 사람이 없었기 때문에 끝내 분열되어 흩어질 수밖에 없었습니다. 만일 고린도 교회 역시 그들에게 주어진 방언을 통역하지 않는다면, 혼란과 분열이 가중될 것이 불을 보듯 뻔합니다. 그래서 바울은 이렇게 명합니다.

유일하신 중보자 예수 그리스도를 통해서만 하나님 아버지께 나아가며 구원을 얻는다는 사실을 고백합니다(요14:6; 행4:12; 딤전2:5). 이와 동시에, 우리는 거룩한(Holy) 사도적 교회(Apostolic Church)가 단 하나(One)임을 고백합니다(니케아신조). 또한 우리는 "이 교회를 떠나서는 특별한 경우가 아니고는 구원 받을 가능성이 없다(… out of which there is no ordinary possibility of salvation)"고 고백합니다(웨스트민스터 신앙고백서 25:2). 이 고백은 창조 때의 아담 언약부터 그리스도의 새 언약까지 이어지는 성소의 개념과 일관성 있고도 밀접하게 연결되어 있습니다.
에덴 동산이 아담 당대의 성소였다는 점에 대해서는 Kline, *Spirit*, 1ff; idem,『하나님 나라의 서막』, 80~82, 122~131; idem,『하나님 나라의 도래』, 57~80; Chilton, *Paradise*, 13~63; Jordan, *New Eyes*, 39~163; Morris and Sawyer, *Garden*, 1ff; Keel, *Symbolism*, 111~176; Longman III,『우리 안에 거하시는 하나님』, 11~21; Beale, *Temple*, 81~121; idem, *Biblical Theology*, 614~648; 기동연,『성전과 제사에서 그리스도를 만나다』, 13~27; Alexander,『에덴에서 새 예루살렘까지』, 15~79; Fesko, *Last Things*, 57~75를 참고하십시오.

42) 아나니아와 삽비라 사건은 거짓말을 하면 벌 받는다는 식의 어떤 권선징악, 또는 일반적인 도덕적 교훈을 주는 내용이 아닙니다. 이들은 새 에덴 동산으로 재창조된 신약 교회 안에 (아담 당대와 마찬가지로) 다시금 거짓을 아무렇지도 않게 들여왔습니다. 차이점이 있다면, 옛·첫 아담은 동산·성소 안으로 거짓을 들여온 침입자(뱀)를 허용했으나, 새·둘째·마지막 아담이신 예수 그리스도께서는 사도 베드로를 통해 이를 저지하셨다는 것입니다. 이 사건은 초대교회의 권징 사역을 보여줍니다. 새 아담께서는 사도적 교회의 권징 사역을 통해 옛 뱀·사탄의 궤계를 물리치십니다. 사도행전 5:1~11을 동산에서의 첫 범죄와, 그리고 교회의 권징 사역과 연결한 설명에 대해서는 허순길,『구속사적 신약설교』, 331~342를 참고하십시오.
옛·첫 아담은 침입자로부터 동산을 지키지 못했고, 오히려 자신이 그곳으로부터 쫓겨났습니다. 그러나 새·둘째·마지막 아담이신 예수 그리스도께서는 복음 설교를 통해 천국의 문을 열고 닫으시며, 또한 교회의 권징을 통해 천국의 문을 닫고 여십니다(하이델베르크 교리문답 제 31주일, 제 83~85문답).

> "만일 누가 방언으로 말하거든 두 사람이나 다불과 세 사람이 차서를 따라 하고 한 사람이 **통역할 것이요**$_{27}$ 만일 통역하는 자가 없거든 교회에서는 잠잠하고 자기와 및 하나님께 말할 것이요.$_{28}$"(고전14:27~28)

통역이 되지 못한다면, 차라리 일만 마디 방언보다는 몇 마디 예언이 더 유익한 이유가 바로 여기에 있었습니다(고전14:5,19[43]). 방언이 통역되지 못하고 있던 고린도교회의 상황은 자기가 받은 은혜를 다른 사람과 함께 나누지 못한다는 문제를 넘어, 그리스도의 한 몸으로 세워진 교회가 바벨처럼 분열될 위기를 초래할 위험을 내포하고 있었기 때문입니다(고전1:10~13, 12:4~31).

---

43) "나는 너희가 다 방언 말하기를 원하나 특별히 예언하기를 원하노라 방언을 말하는 자가 만일 교회의 덕을 세우기 위하여 통역하지 아니하면 예언하는 자만 못하니라"(고전14:5)
"그러나 교회에서 네가 남을 가르치기 위하여 깨달은 마음으로 다섯 마디 말을 하는 것이 일만 마디 방언으로 말하는 것보다 나으니라"(고전14:19)

함께 생각할 문제

1. 오늘날 '방언'은 일반적으로 어떠한 것이라고 소개되고 있습니까? 성경에서 말씀하는 '방언'은 어떤 것입니까?

2. 바벨 사건에서의 방언과 오순절 사건에서의 방언은 어떤 점에서 같은 성격을 지니고 있습니까? 또한 어떤 점에서 서로 다릅니까?

3. 다니엘이 본 '인자 같은 이가 구름을 타고 오는 것'과 '방언'은 어떤 관계가 있습니까?

4. 사도행전에서 방언이 나타나는 사건들은 어떤 의미를 지닙니까? 이 사건들 간의 통일성이 어떻게 나타납니까?

5. 사도행전 외의 신약의 다른 본문에서 나타난 방언은 어떤 의미를 지닙니까? 이 사실이 성경 전체의 통일성과 어떻게 관련됩니까?

6. 고린도전서의 방언이 성경 전체의 통일성과 어떻게 부합됩니까?

7. 방언이 개인적인 측면뿐 아니라 공동체적인 성격을 지니고 있다고 할 때, 왜 그렇습니까?

8. 그리스도의 한 몸 된 교회를 바르게 세우는 일과 방언의 통역 문제는 고린도교회 성도들에게 있어서 왜 그렇게 중요한 문제가 됩니까?

제2장

드러난 비밀

방언은 비밀로 말하는 은사인가,
아니면 비밀을 말하는 은사인가?

비밀로 말함? 비밀을 말함 | 비밀과 계시 | 계시로서의 방언 | 드러난 복음의 비밀 | 복음을 말함

방언을 말하는 자는 사람에게 하지 아니하고 하나님께 하나니 이는 알아듣는 자가 없고 그 영으로 비밀을 말함이니라

고전 14:2

방언은 비밀로 말하는 은사인가　　　비밀을 말하는 은사인가

제2장
드러난 비밀

> 방언을 말하는 자는 사람에게 하지 아니하고 하나님께 하나니 이는 알아 듣는 자가 없고 그 영으로 **비밀을 말함**이니라(고전14:2)

비밀로 말함? 비밀을 말함

고린도전서 14:2 말씀은 방언의 은사와 관련하여 한국 교회 성도들에게 매우 친숙한 구절 중 하나입니다. 사람들은 종종 이 구절을 들어, 방언이 비밀스럽고 신비한 소리이기 때문에 이 세상 사람들이 실제로 사용하는 언어와는 전혀 다른 일종의 천국 언어일 것이라는 근거로 삼곤 합니다. 여기서 더 나아가, 방언이 비밀로 하는 언어이므로 통역의 은사를 가진 사람 외에는 어느 누구도 - 심지어는 방언을 말하는 자신까지도 - 알아들을 수 없다고 합니다. 그래서 평상시 우리들, 그리고 다른 나라 사람들이 사용하는 지상의 언어들과는 언어 체계 - 문법이나 음운 구조, 또는 발음 등 - 가 아예 다를 수밖에 없다고 주장하기도 합니다.[1] 그뿐 아니라, 방언은 비밀로 말하는 것이기 때문에 자기 혼자서

---

1) 이러한 생각은 괴상한 신음소리나 고의로 혀를 꼬부려 발음을 이상하게 내는 방언 연습에까지 이어지기도 합니다. 오늘날 거의 교단을 막론하고 - 심지어는 아주 보수적인 신앙을 가진 장로교회에서도 - 새벽기도회, 심야기도회, 특별 집회 등 각종 모임 가운데, 또는 그 후의 개인기도 시간에 이러한 이상한 발음을 계속 반복하여 기도하는 분들을 쉽게 볼 수 있습니다.

만 할 수 있는 것, 그래서 공동체(교회)의 유익과는 전혀 무관한 개인적 은사[2]라고 주장하기도 합니다. 이러한 생각은 오늘날 한국 교회의 성도들 사이에 상당히 널리 퍼져 있습니다.

한편, 방언에 대해 부정적인 반응을 보이는 사람들은 이 고린도전서 14:2을 들어서 이렇게 말하기도 합니다. 방언은 하나님과 방언을 말하는 사람 사이에 일대일로 비밀스럽게 대화하는 특별한 은사이기 때문에 이를 남들에게 너무 자랑해서도 안 되며, 또한 다른 사람들이 있는 곳에서 너무 티를 내어서도 안 된다는 것입니다. 그래서 방언은 다른 사람이 없는 시간과 장소에서 자기 혼자 해야 한다는 것입니다.[3]

오늘날의 방언 현상을 긍정적으로 보든, 그렇지 않든 간에 이상의 두

이러한 현상은 외국에서도 예외가 아닌데, 미국의 개혁주의 신학자 젠트리(Gentry)는 방언과 관련한 자신의 소논문에 다음과 같이 기술하고 있습니다.
"성경에서 방언(들)(tongues)을 말하는 형태와 관련하여 이를 설명할 때, 기본적으로 두 가지 표준적인 주장이 있다: 한쪽은 방언이 무아경에서 하는 발성(ecstatic utterances)이었다고 주장한다. 이러한 발성은 기도와 찬양 중에 열광적으로(rhapsodic), 종잡을 수 없이(incoherent), 갑자기 내지르는 영적인 소리(spiritual ejaculations)인데, 그 어떠한 형식적인 구조도 없으며, 식별할 수 있는 언어학적 계통도 없는 그런 소리라는 것이다. 이 견해의 신봉자들은 자주 방언이 '하늘의 언어(heavenly language)'라고 말한다. 이 견해는 오늘날 은사주의 진영 안에서 거의 전(全) 세계적으로 유포되어 있다.
다른 한 쪽은 방언이 성령님께서 기적적으로 수여하시는 재능(a miraculous endowment)인데, 이로 인해 그 은사를 받은 기독교인은 자신이 이전에 결코 배운 적이 없는, 역사적이고도 인간 세상에 사용되고 있는 외국어(a historical, foreign human language)를 말할 수 있게 되었다고 주장한다. 따라서 방언은 실로 현저한 성격을 가진 기적적인 현상이었다는 것이다.
성경의 기록에 따르면, 방언이 조직적이며, 똑똑히 알아들을 수 있는 외국어(structured, coherent, foreign languages)였다는 것은 명백한 사실이다"(Gentry, "Tongues-Speaking", 55~56).

2) 그러나 우리는 이미 앞의 '시작하면서'와 '제 1장 바벨 & 교회'에서 방언의 공동체적 목적과 성격(특히 공적 예배 모임 중에 사용)을 갖고 있다는 사실에 대해 언급했습니다.

3) 그러나 이러한 생각 역시 방언이 고린도교회의 공적 예배 중에 시행되었고, 또한 바울이 그렇게 하라고 훈계하고 있는 모습과 모순됩니다. 뿐만 아니라 사도행전에서 방언이 발생한 세 번의 사건들(행2장, 10장, 19장) 모두 다른 사람들이 지켜보는 앞에서 이루어졌다는 사실과 비교해보아도 앞뒤가 맞지 않습니다.

가지 서로 다른 상반된 견해는 한 가지 공통점 위에 기초해 있습니다. 그것은 이 둘 모두 방언이 '비밀로' 말하는 것이라고 생각하고 있다는 점입니다.

그러나 이러한 생각과 관련하여, 이 구절 가운데 눈여겨보아야 할 표현이 있습니다. 그것은 '**비밀을 말함**'이라는 표현입니다. 사도 바울은 방언을 말하는 자는 '**비밀로**', 또는 '**비밀리에**' 말하는 것이 아니라 '**비밀(들)을**' 말하는 것이라고 증거합니다. 다시 말하면, '**비밀**'은 방언을 말**하는 방법이 아니라 방언의 내용**입니다.[4] 방언은 비밀스럽게 말하는 것이 아닙니다. 오히려 방언의 내용이 본질적으로 비밀스러운 것입니다. 비밀스러운 내용을 말하는 것이므로 '비밀로' 말하는 것이 아니라 오히려 숨겨져 온 그 비밀을 드러내고 폭로하는 성격을 지니고 있습니다.

'비밀'이라는 표현과 관련하여, 예레미야 33:3은 고린도전서 14:2과 함께 비슷한 오해를 받는 대표적인 구절 중 하나입니다.

> "너는 내게 부르짖으라 내가 네게 응답하겠고 네가 알지 못하는 크고 **비밀한 일**을 네게 보이리라"

한국 교회 성도들에게 널리 사랑받고 있는 이 구절 역시 고린도전서 14:2과 마찬가지로 잘못 이해되어온 경향이 있습니다. 설명하자면, 만일 우리가 하나님을 향해 열심히 부르짖어 기도하기만 하면 어떤 비밀스러운 방법으로 응답을 받게 될 것이라는 생각입니다. 그래서 기도를 열심히 하는 사람은 다른 성도들이 체험하지 못한 신비하고 비밀스러

---

4) 방언이 '비밀로' 말하는 것이 아니라 '비밀을' 말하는 것이라는 점에 대해서는 Gaffin, *Pentecost*, 78~81; Gentry, "Tongues-Speaking", 62~64를 참고하십시오.

운 방법 - 예를 들면, 하나님의 음성을 직접 듣는다거나, 환상을 본다거나 하는 등의 - 으로 응답을 받는다는, 일종의 영적 엘리트주의의 근거로 제시되기도 합니다.

그러나 고린도전서 14:2과 마찬가지로, 이 구절에서도 '크고 비밀한 일'은 하나님께서 응답해주시는 방법이 아니라 내용입니다. 하나님께서는 예레미야에게 '비밀스럽게' 응답해주신다고 하지 않으셨고, 오히려 '크고 비밀한 일을' 보여주시겠다고 말씀하셨습니다.

물론 어떤 사람들은 이 구절을 보면서, '크고 비밀한 일을' 보인다고 했으니 이 말씀이 의미하는 바가 응답을 받는 방법이 아니라 응답을 받는 내용이라는 점을 올바르게 지적하기도 합니다. 그러나 그런 경우에도, 여기서의 '크고 비밀한 일'이란 하나님께서 기도의 응답으로 가르쳐주실 매우 비밀스런 내용 - 이를테면, 성경에 기록되지 않은 천상의 모습이라든지, 혹은 자신이나 주위의 다른 사람에게 닥칠 미래와 같은 - 을 의미하는 것이라고 곡해하는 경우가 많습니다. 그래서 그런지, 이 구절은 기도원 집회나 기존 교회 부흥집회의 단골메뉴로 등장합니다. 심지어 소위 기도를 많이 한다고 하는 교역자들이나 성도들 가운데는, 이 구절을 구실로 삼아 다른 사람들을 대신해 기도를 해주고 자신이 하나님께로부터 받았다고 하는 계시를 전달하는, 일종의 점쟁이나 무당과 같은 행위를 하는 자들도 있습니다. 이런 사람들은 참으로 하나님 보시기에 가증한 자들이요, 그리스도의 참 교회라면 결단코 용납해서는 안 될 자들입니다(참고. 신18:9~14).

하나님께서 우리의 기도에 응답하는 분이신 것은 틀림없는 사실이지만, 적어도 이 구절의 의미는 이상과 같은 내용이 아닙니다. 고린도전서 14:2과 마찬가지로, 여기서의 '크고 비밀한 일' 역시 여호와께서 예레미야에게 계시를 알려주시는 방법이 '비밀스럽다'는 뜻이 아니라 예레미야에게 계시하실 내용이 '비밀'이라는 뜻입니다. 그리고 하나님께서 그 '비밀'을 선지자 예레미야를 통해 알리실 것이므로 그 비밀은 이제 이스라엘 백성들 - 더 정확히 말하면, 유다 왕국의 백성들 - 에게 폭로됩니다. 여기서 '비밀'의 내용이 무엇인지는 바로 다음 문맥인 예레미야 33:4 이하에 잘 나타나 있습니다. 이는 우리들이 흔히 상상하는 어떤 신비스러운 개인 체험을 의미하지 않습니다. 여호와께서 예레미야에게 계시하신 비밀은 ①이스라엘이 사죄함을 받아 포로에서 귀환할 것(4~13절, 23~26절)과 ②다윗의 자손이 다시 왕이 되어 그들을 다스리며, 의로운 예배가 회복될 것(14~22절)이라는 내용입니다.

예레미야가 전한 이 예언은 당대 이스라엘 백성들에게는 매우 충격적인 내용이었으며, 누구도 예상할 수 없는 '비밀'이었습니다. 이 '비밀'은 스룹바벨의 제 1차 포로귀환(주전 536~537년경)을 통해 부분적으로, 그리고 궁극적으로는 예수 그리스도 안에서 온전히 성취되었습니다. 예수님께서는 당시 유대인들의 기대와는 달리, 로마가 아닌 죄와 사망의 권세로부터의 포로귀환을 이루셨습니다(마1:21[5]; 막1:2~5[6]; 롬6:1~23,

---

5) "그가 자기 백성을 저희 죄에서 구원할 자"라는 뜻의 "예수"(마1:21)라는 이 위대한 이름 바로 앞의 문맥에 그분의 계보(마1:1~17)가 소개되고 있다는 사실은 그 시사하는 바가 큽니다. 이 계보에 의하면, (구약시대에 세 차례에 걸친 포로귀환이 있었음에도 불구하고) 이스라엘 백성들이 아직 포로생활을 하고 있는 것처럼 보입니다(마1:11~12,17). 포로생활(exile)의 원인이 '죄'였기 때문에, 그리고 '사죄'야말로 진정한 포로귀환, 즉 새 출애굽(the New Exodus)의 근거가 되기 때문입니다(사40:2, 59:20; 렘31:34, 33:7~8; 겔16:62~63, 36:24~25, 37:21~23; 슥3:9, 13:1 등). 그러므로 마태복음 1장의 문맥은 '예수'라는 이름을 가진 아기의 출생과 함께 진정한 포로귀환의 역사가 시작되고 있음을 보여줍니다.

6) 마가복음은 "하나님의 아들 예수 그리스도 복음의 시작"(1절)이라는 표현으로 시작합니다. 그 다음, '사죄'와 '포로귀환'을 결부시켜 전한 구약 선지자들의 예언을 인용함으로써 이를 설명합니다. 바로 다음의 2~3절은 '사죄'(사40:2)를 이스라엘의 회복 및 진정한 포로귀환으로 연결하여 예고하고 있는 말라기 3:1과 이사야 40:3을 인용하고 있으며, 바로 그 다음 구절부터는 세례 요한이 이 구약 예언의 성취를 준비하기 위해(3절의 "기록된 것과 같이") '회개'의

7:1~3, 8:1~2⁷). 다윗의 자손(왕)으로서 우리를 다스리시며, 멜기세덱의 반차를 좇는 대제사장으로서 우리의 모든 죄를 사하여 우리를 하나님께 예배하는 백성으로 삼으셔서, 여호와께서는 예레미야에게 약속하신 '크고 비밀한 일'을 온전히 성취하셨습니다. 다시 말하자면, 여호와께서 예레미야에게 약속하신 '크고 비밀한 일'은 예수 그리스도 안에서 결정적으로 성취될 구원을 의미합니다.

비밀과 계시

고린도전서 14:2에서 '비밀'로 번역된 헬라어 단어는 '뮈스테리아(μυστήρια)'인데, 이는 '비밀(secret)', 또는 종교적으로 '비밀스런 예배(secret rite)'나 '가르침(secret teaching)'을 의미하는 '뮈스테리온(μυστήριον)'⁸의 복수, 목적격입니다. 즉, '비밀들을'이라는 뜻입니다. 그래서 앞에서도 언급한 바와 같이, 한글개역성경의 번역대로 방언은 '비밀로' 말하는 것이 아니라 '비밀(들)을' 말하는 은사입니다.

이는 사도행전에서 방언을 말했다고 명시적으로 표현한 세 번의 사건 – 2장의 오순절 성령 강림 때의 방언, 10장의 이방인 백부장 고넬료 가정의 방언, 19장의 에베소교회 제자들의 방언 – 과 조화됩니다. 이 세

세례를 시행하는 장면을 묘사합니다(4~8절). 그리고 숨 쉴 틈도 없이, 바로 그 다음 본문에서 예수 그리스도를 등장시킵니다(9절 이하). 마가는 이러한 생생하고도 급박한 문체를 통해 '포로귀환'이 '사죄'와 연결되며, 또한 이것이 예수 그리스도 안에서 종말론적으로 성취되고 있음을 보여줍니다. 마가복음을 새 출애굽과 연결하여 설명한 것으로는 Watts, *New Exodus*와 idem, "Mark", 111~249를 참고하십시오. 그는 마가복음 1장 앞부분의 내용이 출애굽기 23:20; 말라기 3:1; 이사야 40:3과 어떻게 연결되며, 또 이것이 얼마나 깊이 새 출애굽(the New Exodus) 주제를 보여주는지를 설명합니다(idem, *New Exodus*, 53~90).

7) 영국의 복음주의 신학자 홀랜드(Holland)는 이 본문들뿐 아니라 로마서 전체가 죄와 사망의 권세로부터의 새 출애굽(the New Exodus)을 말하고 있다는 점을 자신의 두 권의 책 전체를 통해 설명합니다. Holland, *Pauline*, 1ff; idem, *Romans*, 1ff를 참고하십시오.

8) Bauer, *Lexicon*, 530~531.

번의 사건 모두에서, 방언을 말한 사람들은 혼자서 비밀리에 방언을 말하지 않았으며, 주위의 다른 사람들이 확연히 알아들을 수 있도록 공개적으로 말했습니다. 왜냐하면 그들 모두는 '비밀로' 말한 것이 아니라 '비밀을' 말했기 때문입니다.

성경, 특히 바울서신에서 '비밀(뮈스테리온)'이라는 이 단어의 용례가 '계시(revelation)', '폭로(disclosure)'라는 뜻을 가진 헬라어 단어 '아포칼륍시스(ἀποκάλυψις)'[9]와 매우 밀접한 관련[10]을 가지고 있다는 사실은 이를 더욱 뒷받침합니다. 얼핏 생각하면, '비밀'은 숨겨진 것, '계시'는 드러나는 것과 관련되므로 이 둘은 서로 반대이거나 별 상관이 없는 것 같습니다. 그러나 이 둘은 구속사의 진행에 있어서 불가분의 관계입니다. 왜냐하면 비밀은 그 때가 차면 하나님의 백성들에게 계시되고 폭로되어야 하기 때문입니다. '비밀'은 드러나기 위해 존재하며, '계시(폭로)'는 이전에는 숨겨져 있었다는 전제 위에서 성립됩니다. 아래의 본문들은 이 둘의 밀접한 관계를 잘 보여줍니다.

"나의 복음과 예수 그리스도를 전파함은 영세 전부터 감취었다가[25] 이제는 나타내신바 되었으며 영원하신 하나님의 명을 좇아 선지자들의 글로 말미암아 모든 민족으로 믿어 순종케 하시려고 알게 하신바 그 **비밀의 계시**를 좇아 된 것이니 이 복음으로 너희를 능히 견고케 하실[26] 지혜로우신 하나님께 예수 그리스도로 말미암아 영광이 세세무궁토록 있을찌어다 아멘[27]"(롬16:25~27)

---

9) *ibid*, 92.
10) 오브라이언(O'Brien)은 바울이 '비밀'이라는 이 용어를 통상적으로 '폭로', 또는 '계시'와 관련된 언급과 함께 사용한다는 사실을 지적합니다(O'Brien, "Mystery", 622).

"곧 **계시**로 내게 **비밀**을 알게 하신 것은 내가 이미 대강 기록함과 같으니₃ 이것을 읽으면 그리스도의 **비밀**을 내가 깨달은 것을 너희가 알 수 있으리라₄"(엡3:3~4)

바울은 로마서 16:25~27에서 자신이 전한 복음이 영세 전부터 감추었다가 이제 '비밀의 계시'를 좇아 나타났다고 말씀합니다.[11] 또한 그는 에베소서 3:3~4에서 자신이 '계시'를 통해 '그리스도의 비밀'을 깨닫게 되었다고 말씀합니다. 이상을 종합해보면, 그 단어가 원래 의미하는 바대로 '계시'는 숨겨진 어떤 것, 즉 비밀을 폭로해서 밝히 드러내는 것이며, '비밀'은 계시를 통해 드러나게 된다는 사실을 알 수 있습니다.[12]

계시로서의 방언

그렇다면 고린도전서 14:2로 돌아가서, 방언이 비밀을 말하는 것이라고 할 때, 우리는 그것이 계시를 말하는 것과 관련된 은사라는 사실을 알 수 있습니다. 방언은 '비밀리에', 또는 '비밀로' 말하는 것이 아니라 감춰진 '비밀을' 말하는 계시적 은사 가운데 하나입니다. 방언은 이 비밀을 다른 지방이나 나라, 혹은 다른 민족이 사용하고 있는 언어로 말하는 것이므로 함께 모인 성도들에게 덕과 유익을 끼치기 위해서는 통

---

11) 로마서 16:25의 헬라어를 직역하면, '나의 **복음과 예수 그리스도의 선포**를 따라, 영원히 감춰진(현재완료 수동태) **비밀의 계시**를 따라, 너희들을 굳건하게 할 능력(권세)이 있으신 분'입니다. 즉, 예수 그리스도를 그 핵심적인 선포의 내용으로 삼고 있는 사도 바울의 '복음'과 '비밀의 계시'는 사실상 동격, 즉 같은 것으로도 볼 수 있습니다.
"이 비밀의 계시야말로 바울의 복음(롬 16:26)의 실제 내용이며, '그에게 위임된 사역'의 목적(골 1:25, 26; 참고. 엡 3:2)이다"(Ridderbos, *Paul*, 47).
12) 신약성경에서 '비밀'과 '계시'의 긴밀한 관계에 대한 더 상세한 설명으로는 *ibid*, 44~53을 참고하십시오.

역을 필요로 합니다(5,13,27~28절). 만일 통역하는 사람이 없다면, 그것이 자신에게는 덕과 유익이 될지는 몰라도(4절) 다른 이들에게는 전혀 유익이 될 수 없습니다(5절). 왜냐하면 방언이 계시의 일종으로서 가져야 할 가장 본질적인 것, 즉 '폭로'라는 기능을 수행할 수 없기 때문입니다. 방언의 은사를 받은 사람이 아무리 그것을 교회의 회중 앞에서 말한다 할지라도 그것을 외국어로 말하는 한, 그 언어를 알아듣지 못하는 사람들은 "아멘"으로 화답할 수 없기 때문입니다(16~17절). 오히려 심지어는 이 귀한 은사를 받아 하나님의 놀라운 계시를 말하는 그 사람을 오해하여 "미쳤다"고 치부해버릴 수도 있기 때문입니다(23절).

이런 이유로 인해, 28절의 "만일 통역하는 자가 없거든 교회에서는 잠잠하고 자기와 및 하나님께 말할 것이요"라는 말씀에 근거하여 방언의 원래 목적인 공동체성을 희석시키려는 태도는 잘못입니다. 통역의 은사를 받은 사람이 별로 없으니까 방언은 그냥 개인 기도시간에 자기 혼자 하면 된다는 식으로 함부로 개인화해서는 안 됩니다. 이는 통역하는 자가 없을 때의 차선책일 뿐이지 방언의 궁극적인 목적은 아닙니다. 모든 은사들은 그리스도의 신부요 한 몸인 교회를 건강하게 자라게 하기 위한 목적으로 주어졌습니다(엡4:7~16; 참고. 롬12:3~8; 고전12:4~31). 즉, 각양 은사들은 비록 그것이 각 개인에게 주어졌다 하더라도, 그리고 그 은사로 인해 각 개인에게 큰 유익과 은혜가 된다고 하더라도, 궁극적으로는 그리스도의 몸인 교회를 바르게 세우기 위해 주어졌습니다. 다시 말하면, 성령의 은사들은 공교회적 목적을 위해 주어졌습니다. 방언이라고 해서 결코 예외가 될 수 없습니다. 방언 역시 그리스도의 몸 된 교회를 건강하게 세우는 한 방편입니다(고전12:4~31, 특히 30절). 바로 이런 이유 때문에, 사도 바울은 고린도전서 14장에서 방언이 공예배 안에서 어떻게 바르게 시행되어야 하는지 가르쳤습니다(고전 14:26 이하). 그러나 만일 방언이 통역되지 못할 경우, 그것이 비록 교회에게는 유익이 되지 못하지만 방언을 말하는 그 사람에게는 덕이 되므로(4절) 교회에서는 잠잠하고 자기와 및 하나님께 말할 것이라고 가르쳤던 것입니다(28절).

이렇게 볼 때, 방언은 외국어로 주어진 계시, 즉 외국어로 말하는 하나님의 말씀이라고 할 수 있습니다. 이 귀한 방언이 교회의 회중에게 통역될 수만 있다면, 그들은 이 폭로된 하나님의 말씀 앞에서 '아멘'으로 화답할 수 있기에(16절) 사도 바울은 예배로 모일 때(26절) 필히 이를 교회의 회중 전체가 알아들어 함께 유익을 얻도록 통역하라고 명령했던 것입니다(27절).[13]

---

13) 박영돈 교수는 고린도교회에 방언에 대한 교훈을 한 바울의 "우선적인 관심은 방언을 적극적으로 권장하기보다 방언이 남용될 위험성을 지적하는 것이었음이 틀림없다"고 단언합니다(박영돈, 『일그러진 성령의 얼굴』, 162). 그리고 "방언에 대한 바울의 가르침에서 주축을 이루는 것은 공중에서 알아들을 수 없는 방언을 마구 해 대는 것을 삼가라는 권면이다."라고 하면서 인위적으로 방언을 받도록 강요하는 집회의 위험성을 경고합니다(ibid, 179). 그는 한국 교회 전반에 흐르는 열광주의적, 신비주의적, 엘리트주의적 방언 현상에 대한 경계를 통해 개혁주의의 입장을 벗어나지 않으려 노력합니다. 그 다음, 그는 이러한 논리를 방언이 계시의 통로가 아니며, 신비한 언어로 하나님과 영적 교통을 하는 개인의 기도라는 주장으로 이끌어갑니다(개인의 방언 기도가 공동체의 성숙에도 간접적으로 기여하게 된다는 언급과 함께)(ibid, 175~176, 182~186).
바울의 주된 교훈이 방언 남용의 위험성에 대한 경고였다는 박영돈 교수의 지적은 옳습니다. 그러나 그는 방언의 개인적 유익만을 주로 언급함으로써 고린도전서 14:26 이하에 나타난 공동체적, 예배적 의미와 목적을 상대적으로 간과했습니다. 바울은 방언이 교회의 공예배 안에서 시행되는 것, 그리고 통역되는 것을 금지하지 않았으며, 오히려 교회의 덕을 세우기 위해(26절) "차서를 따라 하고 한 사람이 통역"하도록 지시(27절)할 뿐 아니라. "모든 것을 적당하게 하고 질서대로 하라"(40절)고 명령함으로써 이 교훈을 끝내고 있습니다. 이는 방언이 가지는 공동체적, 예배적 측면을 보여줍니다. 바울은 방언 남용에 대한 경고와 함께 방언의 본래 목적이 공동체적, 예배적 특징을 가지고 있음을 오히려 부각시킵니다. 고린도교회는 방언을 남용함으로써 거룩한 공동체인 교회를 무너뜨렸으며, 예배를 어지럽히는 심각한 범죄를 저질렀기 때문입니다.
박영돈 교수는 (방언이 계시적 은사가 아니라 개인의 덕을 위해 주시는 기도의 은사임을 강조

결국 방언은 하나님의 말씀을 외국어로 말하는 계시적 은사의 일종이었으며, 이는 모든 은사들의 본질적인 목적, 즉 교회를 유익하게 하기 위해서는 필히 예배 중에 통역이 되어야만 했습니다.[14]

드러난 복음의 비밀

여기서 한 가지, 매우 중요한 질문 하나를 빠뜨려서는 안 됩니다. 그것은 만일 방언이 '비밀'을 말하는 계시적 은사였다면, 도대체 그 '비밀'의 내용이 무엇이냐는 것입니다. 고린도전서 14장에는 방언을 통해 계시되고 있는 비밀이 무엇인지에 대한 명시적인 설명이 없습니다. 그러나 사도 바울은 이 편지의 앞부분에서 이미 그 비밀에 대해 언급했습니다.

함으로써) 특별계시의 종결을 강조하는 개혁주의 신학의 정통성을 유지하면서, 동시에 방언의 은사의 현재적 지속성을 함께 중시하는, 즉 신학과 현실의 균형을 유지하려는 선한 의도를 가지고 이렇게 접근한 것으로 보입니다. 그러나 우리가 만일 고린도전서의 본문을 통해 방언이 ①계시적 은사일 뿐 아니라 ②송영적 은사이며 동시에 ③공동체적, 예배적 성격을 지니고 있음을 발견하게 된다면, 이 사실이 결코 개혁주의 신학을 훼손하지 않을 뿐 아니라 도리어 개혁주의 정경관과 계시관, 그리고 개혁주의 예배야말로 성경적 기초 위에 서 있음을 여실히 보여줄 것이라고 필자는 확신합니다. 이에 대해서는 이 책 '제 3장 하나님의 큰 일'과 '제 5장 방언과 예언의 시대에서 예배 개혁을 향하여'를 보십시오.

14) 방언이 외국어로 된 계시적 은사라는 점에 대해서는 Gaffin, *Pentecost*, 55~87; Gentry, "Tongues-Speaking", 55~64를 참고하십시오. 철저한 개혁주의 노선에 서서 평생 오순절주의와 대결하며 논쟁한 개핀(Gaffin)은 자신의 글에서 방언이 외국어로 된 계시적 은사이며, 그것이 예언보다 열등한 점은 단지 외국어라는 점밖에 없음을 역설합니다. 그러나 여기서 그는 방언의 중요한 측면 한 가지를 놓쳐버렸습니다. 그는 방언과 예언의 차이점이 단지 외국어냐 아니냐 하는 것 외에는 없다고 보았습니다. 이 때문에 그는 통역이 된다는 전제 하에서 방언은 예언과 동일하게 기능한다고 보았습니다. 그러나 그가 보지 못한 차이점이 한 가지 더 있는데, 그것은 방언이 설교적 기능을 가진 예언과는 달리 찬송과 기도와 감사였다는 점입니다(고전14:14~17). 이에 대해서는 이 책 '제 3장 하나님의 큰 일', 그리고 이 책 제 3장의 각주 24를 보십시오.

"형제들아 내가 너희에게 나아가 하나님의 **증거(또는 비밀)**[15]를 전할 때에 말과 지혜의 아름다운 것으로 아니하였나니"(고전2:1)

"오직 **비밀한** 가운데 있는 하나님의 지혜를 말하는 것이니 곧 감취었던 것인데 하나님이 우리의 영광을 위하사 만세 전에 미리 정하신 것이라"(고전2:7)

그리고 사도 바울은 자신 및 자신의 동역자들이 이 비밀을 맡은 그리스도의 일꾼들이라고 밝혔습니다.

"사람이 마땅히 우리를 그리스도의 일군[16]이요 **하나님의 비밀을 맡은 자로 여길찌어다**"(고전4:1)

---

15) 이 구절에서 어떤 사본들은 '비밀(뮈스테리온, μυστήριον)'이라는 단어를, 또 다른 사본들은 '증거(마르튀리온, μαρτύριον)'라는 단어를 사용하고 있습니다. *NA 27*과 *UBS 4*는 전자를, *MT 2*는 후자를 본문으로 보았습니다. *한글개역성경* 역시 후자를 본문으로 보았습니다. 양쪽의 사본학적 증거가 팽팽히 맞서기 때문에 '비밀'과 '증거' 중 어느 것이 사도 바울이 원래 사용한 단어인지 알기가 쉽지 않습니다. 그러나 이 둘 중 어느 것으로 보더라도 본문의 문맥과 내용에는 거의 차이가 없습니다. 왜냐하면 여기서 '비밀'과 '증거'는 사도 바울이 전한 '복음'과 동의어로 사용되고 있기 때문입니다.

16) 일반적으로 한국 교회의 목회자들과 성도들은 교회에서 열심 있고 헌신적인 그리스도인을 가리켜 '일꾼'이라고 부르기도 하는데, 적어도 이 구절을 그 근거로 드는 것은 본문을 곡해할 위험성을 동반합니다. 사도 바울은 자신 및 자신의 동역자들 - 특히 고린도전서 1:1의 소스데네 - 을 '그리스도의 일꾼'이요, '하나님의 비밀을 맡은 자'라고 호칭하는데, 이는 '말씀 사역'과 관련된 용어입니다. 바울의 선교는 '하나님의 비밀'을 맡아 전달하는 사역, 즉 복음의 계시를 선포하고 가르치는 말씀 사역이 그 중심에 있었습니다. 즉, 이 본문에서의 '일꾼'이라는 단어는 그리스도의 복음을 설교하고 가르치는 공적인 '말씀 사역자'라는 의미입니다. '일꾼'에 해당하는 헬라어 단어 '휘페레테스(ὑπηρέτης)'가 누가복음 1:2("일군")과 사도행전 26:16("사환")에서도 같은 용례 - 말씀 사역과 관련된 - 로 사용되고 있다는 사실은 이를 더욱 뒷받침합니다.

이제 사도 바울은 이 편지의 뒷부분에서 이 '비밀'을 다시 언급합니다.

"방언을 말하는 자는 사람에게 하지 아니하고 하나님께 하나니 이는 알아 듣는 자가 없고 그 영으로 **비밀을 말함**이니라"(고전14:2)

그렇다면 특별히 다른 설명이 없는 한, 여기서의 '비밀'이 똑같은 편지의 앞부분에서 언급한 비밀과 같다고 보는 것이 자연스럽습니다. 그렇다면 과연 이 '비밀'은 무엇이겠습니까? 만세 전에 미리 정하신바 되어 숨겨졌다가 이제 신약시대가 되어서 드러난 '비밀', 사도 바울과 그의 동역자들에게 맡겨진 이 '비밀'이 무엇이겠습니까?

그 비밀은 바로 우리를 위해 죽으시고 부활하신 예수 그리스도를 그 핵심 내용으로 하는 '복음'(참고. 고전15:1 이하)을 가리킵니다. 하나님 아버지께서 영원 전부터 계획하셨고, 세상 가운데 숨겨두셨다가 이제 그분의 독생자 예수 그리스도를 이 땅에 보내어 드러내신 '복음'(롬16:25~26), 이제 예수 그리스도께서 부활, 승천하시어 하늘 보좌에 앉으신 후에 자신의 이름으로 보내주신 성령의 능력으로 전하게 하신 '복음'(마10:20; 막13:10~11; 요14:26, 15:26~27, 16:13~14; 행2:33; 벧전1:12), 유대인들만이 아니라 모든 먼 데 사람 곧 주 우리 하나님께서 얼마든지 부르시는 모든 족속들을 위한 '복음'(행2:38~39), 그래서 열 두 사도뿐 아니라 이방인의 사도로 바울을 불러 세워 그에게 전파하라고 맡기신 '복음'(갈2:8~9; 참고. 행9:15, 22:21, 26:17~18; 롬1:5, 11:13; 엡3:8~9; 딤전2:7), 주는 그리스도시요 살아 계신 하나님의 아들이시라는 '복음'(마16:16; 참고. 막8:29; 눅9:20), 예수 그리스도께서 성경대로 우리 죄를 위해 죽으시고 장사 지낸바 되셨다가 성경대로 사흘 만에 부활하여 많은 증인들에게 나타나 보이신 '복음'(고전15:1~4), 구약의 선지자들과 의인들과 임금들이 그토록 예언하며 갈망하였으나 온전히 도달하지 못했다가 예수 그리스도 안에서 비로소 환하게 드러난 '복음'(마 13:17; 눅10:21~24[특히 24절]; 히1:1~2, 11:39~40; 벧전1:10~12), 그래서 심지어는 천사들까지도 사모하는 바로 그 '복음'(벧전1:12)[17]을 의미합니다.

'비밀'의 내용이 '복음'이며, 사실 이 두 단어가 자주 동격, 또는 상호교체적으로 사용될 수 있다는 점은 바울서신들에서 '비밀'이라는 이 단어가 사용된 용례를 살펴보면 쉽게 알 수 있습니다. 이 단어는 그의 서신들에서 매우 일관성 있게 사용되고 있는데, 그것은 복음, 또는 복음의 핵심이요 복음 그 자체이신 예수 그리스도, 혹은 예수 그리스도의 복음이 필히 수반할 수밖에 없는 가장 본질적인 교리나 가르침을 가리키는데 사용되고 있습니다.[18]

오브라이언(P. T. O'Brien)에 의하면, '비밀'이라는 뜻을 가진 이 단어 '뮈스테리온(μυστήριον)'은 신약성경에서 총 27회[19] 등장하는데, 이 중

---

17) 베드로전서 1:12의 마지막 부분인 "천사들도 살펴보기를 원하는 것"을 직역하면, '천사들이 구푸려 자세히 살펴보기를 사모하는 것'이 됩니다.

18) "바울은 그리스도의 출현과 더불어 비밀의 내용이 충만하게 계시되었음을 알고, 그 비밀을 그리스도와 동일시한다(롬 16:25-27). 바울은 비밀과 그의 복음과 예수 그리스도를 동일시함으로써 그의 복음의 기독론적 특성을 강조한다"(오광만, 『하나님의 비밀, 그리스도』, 299~300).

19) 오브라이언(O'Brien)은 자신의 글에서 27회라고 기술했으나, 현대에 가장 많이 사용되는 헬라어 신약성경 편집판인 *NA 27*과 *UBS 4*에서는 총 28회 등장하는데, 다음의 구절들을 참고하십시오. 마13:11; 막4:11; 눅8:10; 롬11:25, 16:25(*한글개역성경*에서는 26절); 고전2:1(*한글개역성경*에서는 '증거'로 번역됨),7, 4:1, 13:2, 14:2, 15:51; 엡1:9, 3:3,4,9, 5:32, 6:19; 골1:26,27, 2:2, 4:3; 살후2:7; 딤전3:9,16; 계1:20, 10:7, 17:5,7. 이 중 고린도전서 2:1에 대한 사본학적 증거에 대해서는 이 책 제 2장의 각주 15를 보십시오.

바울서신에서 무려 21회나 사용되었습니다.[20] 이 사실은 신약의 다른 어떤 인간 저자들보다 사도 바울이 이 단어를 압도적으로 많이 사용했음을 잘 보여줍니다.[21]

사도 바울에 의하면, 이 '비밀'은 오래 전, 영원 전부터 감취어온 것이었는데(롬11:25~26; 고전2:7; 엡3:9; 골1:26), 그것은 바로 예수 그리스도 자신이기도 합니다(골1:27, 2:2). 이 비밀은 그리스도께서 오심으로 드디어 세상 가운데 드러나게 되었습니다(엡1:9).

> "하나님 나라의 비밀은 그 나라가 더 이상 기다림과 예언의 차원에 속하지 않고, 지금 예수 그리스도의 사역에 현존하는 종말론적 비밀이다. 그 비밀은 예수 그리스도를 믿는 사람들에게 얼마든지 계시된다. 그러나 그분이 종말론적인 인물이라는 사실을 알지 못하는 사람에게 비밀은 여전히 감춰져 있다. 예수 그리스도는 자신이 하나님 나라를 가져왔으며, 그래서 어떤 의미에서 예수님 자신이 그 나라를 구현했다고 선언하신다. 말하자면, 예수님은 감춰진 하나님 나라의 비밀 자체이시고, 그 비밀을 계시한 분이시다."[22]

그리고 이 비밀은 바울을 포함한 사도들과 이 사도적 복음을 간직한 교회에게 맡겨져 온 세상 가운데 전파되었습니다(고전4:1; 엡1:9,

---

20) O'Brien, "Mystery", 622.
21) "신약성경에서 '비밀'이란 단어는 거의 바울의 전유물이라고 해도 과언이 아니다"(오광만, 『하나님의 비밀, 그리스도』, 76).
22) 오광만, 『하나님의 비밀, 그리스도』, 74. 한편, 오브라이언(O'Brien)은 성경에서 '비밀'이라는 단어가 사용될 때, 그것이 하나님의 계획 속에 숨겨진 어떤 미래의 사건을 말하는 것이 아니라 오히려 그리스도 안에서 여기에(here), 그리고 지금(now) 이루어지는 그분의 결정적인 행위를 가리킨다는 점을 지적합니다(O'Brien, "Mystery", 622).

3:3~4,7~10, 6:19; 골1:26~27, 4:3~4). 그래서 이 '비밀'은 다른 표현으로 "복음의 비밀"(엡6:19) 또는 "그리스도의 비밀"(골4:3)이라 불리기도 합니다. 하나님께서 그리스도 안에서 나타내신 이 비밀이 온 세상에 전파되는 것에 대적하여, 적그리스도의 세력이 퍼뜨리고 있는 거짓 복음을 가리켜 "불법의 비밀"(살후2:7)이라 부릅니다. 교회의 집사들은 "믿음의 비밀"(딤전3:9)[23]을 가진 자라야 하는데, 이는 다른 말로 "경건의 비밀"(딤전3:16)이라고도 불립니다. 그 비밀의 내용은 바로 이것입니다.

> "크도다 경건의 비밀이여 그렇지 않다 하는 이 없도다 그는 육신으로 나타난바 되시고 영으로 의롭다 하심을 입으시고 천사들에게 보이시고 만국에서 전파되시고 세상에서 믿은바 되시고 영광 가운데서 올리우셨음이니라"[24]

23) 한국 교회 성도들 가운데는 이 구절의 '믿음의 비밀'이라는 표현이 하나님과 성도 개인 간의 매우 신비하고 비밀스러운 영적 체험을 의미한다고 생각하는 분들이 많습니다. 그러나 바로 다음 문맥의 16절에 의하면, '믿음의 비밀'은 다른 말로 '경건의 비밀'이라 불립니다. 결국, 사도 바울이 디모데전서 3:9에서 강조했던 것은 복음의 기본적인 교리에 대한 확고한 믿음, 즉 신앙고백이 철저한 사람을 집사로 세워야 한다는 것이었습니다. 왜냐하면 바로 다음 문맥인 디모데전서 4장에 의하면, 이단의 미혹에 넘어가 믿음을 떠나는 사람들이 나타날 것이기 때문입니다. 집사들 – 장로들뿐 아니라 – 은 이러한 미혹으로부터 자신과 교회를 굳건히 지킬 사명을 가지고 있습니다. 오늘날 굳건한 믿음의 눈으로 복음을 바르게 이해하고 순종하는 사람보다는, 소위 일 잘하는 사람 또는 일 잘할 것 같은 사람을 집사로 세워야 한다는 실용주의적 구호 뒤편으로 이 중요한 본질적 사명이 상대적으로 무시되고 있는 모습은 실로 안타까운 현실입니다. 심지어는 확고한 신앙고백이 없는 사람임에도 불구하고, 일을 하다 보면 신앙도 생기고 열심도 생긴다는 식의 이상한 논리까지도 만연하고 있으니 참으로 개탄할만합니다.

24) 이 구절에서 '경건의 비밀', 즉 그리스도의 복음을 설명하기 위해 사용된 6개 동사의 시제 모두가 부정과거(aorist) – 3인칭, 단수, 수동태, 직설법까지 동일하게 – 입니다. 즉, 사도 바울은 예수 그리스도께서 '육신으로 나타난바 되셨고, 영으로 의롭다 하심을 입으셨고, 천사(필자 주: '사자'로도 번역 가능함)들에게 보이셨고, 만국에서 전파되셨고, 세상에서 믿은바 되셨고, 영광 가운데서 올리우셨음이니라'는 말로 이 복음 – 경건의 비밀 – 을 요약하고 있습니다.

하나님께서 제정하신 부부간의 관계(엡5:31; 참고. 창2:24) 역시 큰 '비밀'인데, 그것은 신랑이신 그리스도와 그분의 신부 된 교회와의 연합을 보여주기 위한 것이기 때문입니다(엡5:32). 즉, 기독교 가정의 부부관계 역시 복음과 무관하지 않습니다. 기독교 가정은 복음의 '비밀', 즉 그리스도와 교회와의 연합이라는 놀라운 비밀을 드러냅니다.[25]

또한 바울이 전한 복음, 즉 그리스도께서 성경대로 죽으시고 부활하셨다는 소식이 담긴 이 복음(고전15:1~4[26])은 성도들이 장차 누리게 될 '비밀', 즉 몸의 부활(고전15:51)에 대한 가장 확실한 보증이 됩니다(고전15:12,20~22,45,47~49).

이상의 모든 내용들을 포섭하는 단어가 있다면, 단 하나 '복음' 뿐입니다. '비밀'의 내용이 복음이라는 것에 의심의 여지가 들어설 공간은 없습니다. 이상에서 언급한 본문들 외에 사도 바울이 '비밀'을 언급한 구절은 단 두 곳밖에 없습니다. 그것은 고린도전서 13:2과 14:2입니다.

"내가 **예언**하는 능이 있어 모든 **비밀**과 모든 지식을 알고 또 산을 옮길 만한 모든 믿음이 있을찌라도 사랑이 없으면 내가 아무 것도 아니요"
(13:2)

---

25) 이 사실은 불신결혼이 얼마나 큰 범죄인지 잘 보여줍니다. 불신결혼은 하나님께서 부부관계를 통해 드러내기를 원하시는 복음의 비밀, 즉 그리스도와 교회와의 연합을 깨뜨립니다. 어떤 이는 이렇게 생각할지도 모릅니다. '나는 불신결혼을 하는 바람에 믿지 않는 남편 – 또는 아내 – 을 전도했는데, 이것도 필요하지 않을까?' 그러나 이러한 배우자의 개종은 인간의 범죄와 연약함을 넘어서 일하시는 하나님의 주권적 은혜 때문입니다. 선한 결과가 과정을 정당화시키지 못합니다.

26) 고린도전서 15:3~8에서 사도 바울은 자신이 전한 그리스도의 복음을 '죽으시고', '장사되시고', '다시 살아나시고', '보이시고'라는 4개의 동사로 요약합니다.

"**방언**을 말하는 자는 사람에게 하지 아니하고 하나님께 하나니 이는 알아듣는 자가 없고 그 영으로 **비밀을 말함**이니라"(14:2)

이 두 본문에서 '비밀'은 모두 '방언' 또는 '예언'과 함께 묶여 있습니다. 만일 사도 바울의 다른 본문에서와 같이, 여기서도 '비밀'이 복음과 같은 의미 또는 동격으로 사용된 것이라면 이 문제는 너무나도 쉽게 풀립니다. '방언'과 '예언'은 둘 다 그리스도의 복음을 말하는 계시적 은사이기 때문입니다. 그러나 만일 이 두 본문에서의 '비밀'이 바울의 다른 서신들과 다른 본문들에서 언급한 '비밀'과 전혀 다른 의미를 갖고 있다면, 적어도 우리는 이렇게 주장해야 합니다.

"사도 바울은 다른 서신에서는 항상 복음 또는 복음의 핵심적인 내용을 뜻하는 표현으로 '비밀'이라는 단어를 사용했다. 그리고 심지어는 고린도전서의 앞부분(2:7, 4:1)과 맨 뒷부분(15:51)에서까지 같은 뜻으로 사용했다. 그러나 여기 13:2과 14:2에서만큼은 전혀 다른 뜻으로 이 단어를 사용한 것이 확실하다."

이 글을 읽는 여러분은 어떻게 생각하십니까? 사도 바울이 일관성 없이 '비밀'이라는 단어를 사용했다고 하는 쪽이 옳겠습니까? 아니면 그 반대이겠습니까?

또 다른 증거가 있습니다. 바울서신에서 '비밀'이 일관성 있게 복음을 가리키는 말로 사용된 것과 똑같이, 신약성경에서 이 단어가 등장하는 다른 본문들 역시 바울의 이러한 일관성 있는 단어 사용의 용례를 지지해주고 있습니다. 신약성경에서 바울서신들 외에 '비밀'이라는 단어가 등장하는 곳은 단 일곱 구절밖에 없는데, 복음서의 세 구절(마13:11; 막 4:11; 눅8:10)과 계시록의 네 구절(계1:20, 10:7, 17:5,7)입니다.

복음서의 세 구절은 서로 병행구절들인데, 이 모두는 예수님께서 씨 뿌리는 자의 비유를 말씀하신 후에 제자들이 비유로 말씀하시는 이유를 묻자 이에 대답하신 내용입니다.

> "가라사대 **하나님 나라의 비밀**을 아는 것이 너희에게는 허락되었으나 다른 사람에게는 비유로 하나니 이는 저희로 보아도 보지 못하고 들어도 깨닫지 못하게 하려 함이니라"(눅8:10; 참고. 마13:11; 막4:11)

여기서도 '비밀', 또는 '하나님 나라의 비밀'은 예수 그리스도 안에서 계시된 천국 복음을 의미합니다. 특히 천국 복음이 예수 그리스도를 대적하는 자들에게 숨겨졌다는 점에서 이는 '비밀'입니다. 그러나 동시에 그분을 믿는 제자들에게는 그것에 대한 깨달음이 허락되었다는 점에서 그 비밀은 '계시'되어졌습니다. 특히, 마태복음은 그 다음 문맥에서 예수님께서 사도 바울이 사용했던 것과 비슷한 표현으로 말씀하시는 장면을 전해주고 있습니다.

> "내가 진실로 너희에게 이르노니 많은 선지자와 의인이 너희 보는 것들을 보고자 하여도 보지 못하였고 너희 듣는 것들을 듣고자 하여도 듣지 못하였느니라"(마13:17)

이는 사도 바울이 그의 서신들에서 복음의 '비밀'이 영원 전부터 숨겨져 있다가 때가 차매 예수 그리스도 안에서 드러났다고 설명하는 내용과 잘 어울립니다(롬16:25~27; 고전2:7; 엡3:9; 골1:26~27).

"나의 복음과 예수 그리스도를 전파함은 영세 전부터 감취었다가₂₅ **이제는 나타내신바 되었으며** 영원하신 하나님의 명을 좇아 선지자들의 글로 말미암아 모든 민족으로 믿어 순종케 하시려고 알게 하신바 그 **비밀의 계시**를 좇아 된 것이니 이 복음으로 너희를 능히 견고케 하실₂₆ 지혜로우신 하나님께 예수 그리스도로 말미암아 영광이 세세무궁토록 있을찌어다 아멘₂₇"(롬16:25~27)

"오직 **비밀**한 가운데 있는 하나님의 지혜를 말하는 것이니 곧 감취었던 것인데 하나님이 우리의 영광을 위하사 만세 전에 미리 정하신 것이라"(고전2:7)

"영원부터 만물을 창조하신 하나님 속에 감취었던 **비밀의 경륜**이 어떠한 것을 드러내게 하려 하심이라"(엡3:9)

"이 **비밀**은 만세와 만대로부터 옴으로 감취었던 것인데 이제는 그의 성도들에게 나타났고₂₆ 하나님이 그들로 하여금 이 **비밀의 영광**이 이방인 가운데 어떻게 풍성한 것을 알게 하려 하심이라 이 **비밀**(필자 주: 원어에는 없으나 자연스러운 번역을 위해 한글개역성경에서 의역한 것임)은 너희 안에 계신 그리스도시니 곧 영광의 소망이니라₂₇"(골1:26~27)

'비밀'이 복음을 의미한다는 일관성은 계시록에서도 동일합니다. 계시록 10:7에서 '비밀'은 선지자들이 전한 복음대로 성취되는데, 이는 바울이 로마서 16:25~26에서 '비밀의 계시'가 선지자들의 글을 성취하는 복음이라고 말씀한 것과 조화됩니다. 또한 계시록 17:5,7에서 그리스도의 복음을 대적하여 거짓 복음으로 온 세상을 규합하는 음녀 바벨론의 이름 '비밀'과 열 뿔 달린 짐승의 '비밀'을 언급하는데, 이는 바울이 데살로니가후서 2:7에서 적그리스도의 세력이 복음에 대항하기 위해 퍼뜨리는 거짓 복음을 가리켜 '불법의 비밀'이라고 한 내용과 조화됩니다.

마지막으로, 계시록 1:20은 좀 더 설명이 필요합니다. 계시록의 인간 저자 요한이 본 것은 예수님의 오른손에 있는 "일곱 별의 비밀과 일곱 금 촛대"이며, "일곱 별은 일곱 교회의 사자요 일곱 촛대는 일곱 교회니라"고 말씀합니다. 계시록은 우선적으로 일곱 교회의 사자들, 즉 각 교회들의 목회자들에게 주어졌습니다(계2:1,8,12,18, 3:1,7,14).[27] 소아시아에 있는 일곱 교회는 밖으로는 핍박, 안으로는 이단의 세력에 시달리고 있었습니다. 일곱 교회 목회자들은 예배 속에서 복음 - 계시록의 예언을 포함한 - 을 설교함으로써 일곱 금 촛대인 지역교회들을 파수하는 임무를 맡았습니다(계1:3[28]). 그들은 이를 통해 음녀 바벨론에게 승

---

27) 계시록 1:20, 2:1,8,12,18, 3:1,7,14에서 "사자"로 번역된 헬라어 단어는 '앙겔로스(ἄγγελος)'인데, 이는 '천사(angel)'를 가리킬 때뿐 아니라 '메신저로서의 인간(human messengers)'이나 '사절(envoy)'을 가리킬 때도 종종 쓰이는 단어입니다. 즉, 하늘의 영적 천사들(heavenly spiritual angels)뿐 아니라 특별한 임무를 가지고 '보냄을 받은 사람(one who is sent)'을 가리킬 때도 사용됩니다(Bauer, *Lexicon*, 7~8). 마태복음 11:10; 마가복음 1:2; 누가복음 7:27에서 이 단어는 세례 요한을 가리키는데 사용되었습니다. 누가복음 7:24의 "요한의 보낸 자"라는 표현을 헬라어 그대로 직역하면, '요한의 천사들'입니다. 즉, 요한의 제자들을 가리키는데 이 단어가 사용됐습니다. 누가복음 9:52은 예수님의 제자들을 가리키면서 이 단어를 사용했습니다. 야고보서 2:25에서는 이 단어가 여호수아의 지시로 여리고로 갔던 정탐꾼을 가리키는데 사용되었습니다. 계시록 1:20과 2~3장에 등장하는 '사자(들)'이 문맥 속에서 일곱 교회의 목회자들을 가리킨다는 사실 역시 명백합니다.

28) "이 예언의 말씀을 **읽는 자**(필자 주: 단수)와 **듣는 자들**(필자 주: 복수)과 그 가운데 기록한 것을 **지키는 자들**(필자 주: 복수)이 복이 있나니 때가 가까움이라"(계1:3)
(한글개역개정성경에서 모두 단수로 번역한 것과는 달리) 한글개역성경의 단수와 복수의

리합니다.

　이상의 내용들을 종합하면, '비밀'은 구약시대에 예언되었으나 그리스도 안에서 비로소 충만하게 계시된 천국 복음, 또는 이 복음의 핵심적인 어떤 측면을 의미합니다. 그리고 적어도 그 복음을 드러내는 직간접적인 일과 관련된 용어임에 틀림없습니다. 물론, 사탄은 이에 대항하기 위한 '비밀', 즉 거짓 복음으로 사도와 교회와 성도들을 대적하고 미혹합니다.

복음을 말함

　우리는 이제 방언의 내용이 무엇인지 분명히 알 수 있습니다. '방언을 말하는 자'는 '비밀', 즉 '복음'을 말합니다. 방언의 내용은 복음입니다. 이 복음은 예수님께서 우리 죄를 위해 죽으시고 부활하셨다는, 즉 그분이 그리스도이시며 살아 계신 하나님의 아들이시라는 핵심적인 내용을 담고 있습니다(딤전3:16; 참고. 고전15:1~11; 마16:16). 이는 창세로부터 감춰져온 놀라운 비밀이며, 예수 그리스도 안에서 사도와 교회에게 폭로되고 계시된 엄청난 사건입니다. 이 세상에 이보다 큰 일이 있을까

차이에서 보듯이, 이 말씀은 개인성경묵상(Q.T.)과 같은 것을 뜻하지 않습니다. 이는 초대교회의 공예배(official gathering for worship, public worship) 모습을 보여줍니다(Chilton, *Vengeance*, 54; Osborne, *Revelation*, 57~58; Aune, *Revelation 1–5*, 22~23). 그리고 여기서 '읽는'에 사용된 헬라어 동사는 '아나기노스코(ἀναγινώσκω)'인데, 그 뜻은 '(공적인 자리에서 큰 소리로 또렷하게) 낭독하다(read aloud in public)'라는 뜻입니다(Bauer, *Lexicon*, 51~52). 즉, 계시록 1:3에서 보여주는 그림은 한 사람(설교자)이 큰 소리로 또렷하게 성경을 낭독하고, 다른 모든 회중들은 그 선포되는 말씀을 듣고 지키는 장면, 즉 예배의 모습입니다. 이런 의미에서 볼 때, 계시록은 '예배의 책(a book of liturgy)'이며, 그 내용에 있어서 '예배의 전쟁(liturgical warfare)'을 다루고 있습니다. "일곱 나팔"은 설교를, "일곱 대접"은 성찬을 상징적으로 보여주며, 설교와 성찬이 새 언약의 백성들을 어린 양의 혼인잔치로, 반역하는 자들을 심판의 파멸로 이끕니다. 참 복음이 선포되는 강단과 참 성례가 시행되는 식탁을 가진 교회야말로 배교한 거짓 교회와 반역하는 세상을 허무는 강력한 요새입니다(참고. 마16:18, 28:18~20).

요? 그래서 오순절 성령 강림 때에도 방언을 말하는 제자들을 지켜보던 사람들이 놀라며 이렇게 말했던 것입니다.

> "… 우리가 다 우리의 각 방언으로 **하나님의 큰 일을 말함**을 듣는도다 …"(행2:11)

결론적으로, 성경에서의 방언은 괴성을 지르거나, 또는 신음소리를 내거나, 그게 아니면 혀를 꼬부려 이상한 발음을 연습하여 나오는 소리와는 전혀 다릅니다. 그것은 분명 실제로 사용되고 있는 완전한 언어입니다. 또한 그것은 개인의 앞날에 대한 궁금증이나 호기심을 충족시켜주는 그런 내용과는 전혀 다른 메시지를 담고 있습니다. 방언을 말하는 자는 하나님의 허락 없이는 이 세상 사람들이 도무지 믿거나 깨달을 수 없는(참고. 엡2:8~9) 엄청난 소식, 즉 하나님의 독생자이신 예수 그리스도께서 사람이 되셨고, 우리의 모든 죄를 대신해 죽으셨으며, 부활하여 증인들에게 보이신 후에 하늘로 승천하여 보혜사 성령님을 보내주셨다는 이 엄청난 큰 일, 즉 '**복음**'을 말합니다. 이 복음은 그리스도께서 오시기 전(구약시대)까지 그 온전한 성취에 도달하지 못했기 때문에 '**비밀**'입니다. 또한 그리스도께서 이 땅 위에 오신 이후에도 여전히 믿지 않는 자들에게는 철저히 은폐되기 때문에 '**비밀**'입니다. 그러나 사도와 교회와 성도들에게 폭로되어 깨달음이 허락되었기 때문에 '**계시**'입니다. 그러므로 우리는 **방언이 외국어로 복음(비밀)을 말하는 계시적** 은사라고 결론지을 수 있습니다.

고린도교회 안에는 이러한 엄청난 복음의 비밀을 그 입으로 말하는, 즉 방언의 은사를 받은 사람들이 있었습니다. 그럼에도 불구하고, 그들은 이 귀한 하나님의 선물로부터 (교회 전체가 누려야 할) 덕과 유익을 얻지 못하고 있었습니다. 왜 그렇습니까? 예배 시간에 그것을 통역 없이 사용함으로 인해 회중들이 그 내용을 전혀 알아들을 수 없었기 때문입니다. 심지어는 이렇게 알아듣지도 못하는 가운데, 한 사람씩 차례대로 순서를 정하여 하지 않고 여러 사람이 한꺼번에 무질서하게 방언을 말했으니(고전14:26~33), 알아듣기는커녕 오히려 이 귀한 하나님의 선물로 인해 그들의 다툼과 분쟁이 더욱 심해질 수밖에 없었던 것입니다(고전12:25~31).

교회는 복음의 비밀이신 예수 그리스도라는 보물을 그 연약한 몸에 담고 있는 질그릇 같은 존재입니다. 이 비밀을 제대로 간직하지 못하는 질그릇은 깨뜨려질 것입니다. 또한 이 비밀을 간직하고 있더라도 그것으로 인해 덕과 유익을 얻지 못할 때, 이 질그릇은 그 가치를 상실하게 될 위기에 처해질 것입니다. 복음을 말하고, 그것을 듣고 깨달아 '아멘'으로 화답하는 교회는 복이 있습니다.

함께 생각할 문제

1. '비밀을' 말하는 것과 '비밀로' 말하는 것은 어떻게 다릅니까? 이와 관련하여, 사람들이 흔히 생각하는 것과 성경에서 말씀하는 내용을 서로 비교해봅시다.

2. '비밀'과 '계시'는 어떤 점에서 다르며, 또 어떤 점에서 공통점을 가지고 있습니까? 이 둘은 어떻게 서로 연관됩니까?

3. 방언의 내용, 즉 '비밀'의 내용은 무엇입니까? 그것은 왜 과거(구약시대)에 '비밀'이었으며, 또 지금도 '비밀'입니까? 그것은 누구에게 더 이상 '비밀'이 되지 못합니까?

4. 고린도교회는 왜 방언으로 인해 덕과 유익을 누리지 못했습니까?

5. 오늘날 예배 중에 복음이 바르게 선포되고, 회중들에 의해 화답되어야 할 중요성에 대해 이야기해봅시다.

제3장

하나님의 큰 일

방언은 설교적 은사인가,
아니면 송영(頌詠)적 은사인가?

연결하는 다리 | 다리 입구에 세워진 표지판 | 사랑은 제일 큰 은사? | 탁월한 길 | 제일 큰 은사? 더욱 큰 은사? 더욱 큰 은사들 | 말씀을 설교하고 가르치는 은사들 | 예상 밖의 답변 | 기도와 찬송으로서의 방언 | 말씀과 긴밀하게 연결된 찬송과 기도 | 하나님의 큰 일 | 다함께 화답하는 예배

… 우리가 다 우리의 각 방언으로 하나님의 큰 일을 말함을 듣는도다…
행2:11

너희는 더욱 큰 은사를 사모하라 내가 또한 제일 좋은 길을 너희에게 보이리라
고전12:31

방언은 설교적 은사인가 송영(頌詠)적 은사인가

제3장
하나님의 큰 일

… 우리가 다 우리의 각 방언으로 **하나님의 큰 일을 말함**을 듣는도다…(행2:11)

너희는 **더욱 큰 은사**를 사모하라 내가 또한 **제일 좋은 길**을 너희에게 보이리라(고전12:31)

연결하는 다리

고린도전서 12:31은 12장 전체의 내용을 바로 다음의 13장으로 연결하는 튼튼한 다리와 같습니다.

이 다리를 건너기 전에, 사도 바울은 12장에서 몸의 은유를 통해 성령의 은사들이 지니는 통일성과 다양성을 설명합니다. 은사는 다양하지만, 그것을 주신 분은 동일하신 한 성령님이십니다(4~11절). 이것은 마치 한 몸에 많은 지체들이 있는 것과 같습니다(12절). 이 많은 지체들이 수행하는 기능은 각기 다르지만, 그 존재 목적과 방향성은 같습니다. 그것은 그 몸을 건강하게 발육시키고, 유지하며, 지탱하는 일입니다. 마찬가지로, 교회가 그리스도의 한 몸이 되었기 때문에(12~13,27절) 그 몸의 지체인 각 사람이 받은 은사가 제각기 다를지라도(다양성) 그리스도의 몸(교회)을 위해 서로 조화를 이루어야 합니다(통일성).[1] 만일 같은 몸에 붙어 있는 지체들이 서로 분쟁하면, 그 몸은 건강하게 자라거나 유지될 수 없을 것이 자명하기 때문입니다.

한 몸을 구성하고 있는 지체 하나하나가 다 귀중하지만 그 중에서 더 귀한 것들과 덜 귀한 것들이 있는 것처럼(22~23절), 그리스도의 몸 된 교회를 건설하기 위해 주신 은사들 역시 그러합니다. 상대적으로 더 큰 은사가 있고 더 작은 은사가 있습니다(31절). 몸에서 덜 요긴하게 보이지만 실제로 더 요긴한 지체가 있듯이(22절), 은사 역시 그러합니다. 고린도교회의 잘못 중 하나가 이것이었습니다. 그들은 상대적으로 더 작은 은사를 더 큰 은사로 생각하는 바람에 더 요긴하고 더 귀한 은사를 경홀히 여길 위험에 처해 있었습니다. 사도 바울은 이것을 교정해주어야 할 필요를 절감했습니다. 은사들의 권위와 질서를 바로 잡아줌으로써 그리스도의 몸 가운데 분쟁이 없이 각 지체가 서로 조화하여 서로를 돌아보도록 회복시켜주어야 했습니다(25절). 그래서 그는 12장의 결론 부분에서 이렇게 말씀합니다.

> "너희는 더욱 큰 은사를 사모하라 내가 또한 제일 좋은 길을 너희에게 보이리라"(31절)

그런 다음 12장과 13장을 연결하는 이 다리(12:31)를 조심스럽게 건너면서, 그는 '사랑장'이라고 불리는 13장을 전개하기 시작합니다. 앞에서 언급한 여러 가지 은사들(12:28) 모두는 사랑이라는 대전제 위에서만

---

1) 이러한 의미에서 볼 때에도 방언의 목적은 단지 개인의 덕과 유익만을 위함이 아닙니다. 방언을 포함하여 성령께서 주시는 모든 은사들은 그리스도의 몸 된 교회 건설이라는 궁극적인 목적을 가집니다. 여기서도 방언의 공동체적, 교회론적 목적과 기능을 엿볼 수 있습니다.

그 참된 효력이 나타납니다(13:1~3). 13:1~3에 언급된 은사들은 12:31 이라는 다리를 중심으로 그 건너편에 있는 12:28~30과 대칭됩니다.

1절은 방언의 은사와 연관됩니다.[2] 2절 상반부의 "예언하는 능이 있어 모든 비밀과 모든 지식을 알고"는 특히 말씀을 전하는 은사인 사도, 선지자, 교사와 관련되어 있습니다. 2절 하반부에서 언급된 "산을 옮길 만한 모든 믿음"은 "능력"의 은사와 연결됩니다. 3절의 "구제"와 자신을 내어주는 것은 "서로 돕는" 은사와 관계가 있습니다. 아마도 이것은 집사직과 연관된 은사로 보입니다.

---

2) 1절의 "사람의 방언과 천사의 말을"을 직역하면, '사람들의 방언들 그리고 천사들의'입니다. 여기서 '방언(들)'이라는 단어의 중복을 피하기 위해 한 번을 생략했는데, '사람들의 그리고 천사들의 방언들'이라는 뜻입니다. 그래서 '천사의 말'보다는 '천사(들)의 방언(들)'이 보다 정확한 번역입니다. 이 때문에 어떤 이들은 여기서의 '천사의 방언'을 알아듣지 못하는 신비로운 천국 언어라고 다시금 쉽사리 짐작할지도 모릅니다. 그러나 '사람들의'와 '천사들의'라는 두 소유격은 한 개의 단어인 '방언들'을 수식합니다. 이는 이 두 개의 소유격이 한 종류일 가능성, 즉 같은 것을 의미할 가능성을 강하게 뒷받침합니다(Gentry, "Tongues-Speaking", 61). 이뿐 아니라 성경에서 천사들이 등장하여 말을 할 때, 알아듣지 못하는 신비로운 언어가 아니라 오히려 언제나 하나님의 백성들이 알아들을 수 있는 방식으로 말했다는 사실을 기억해야 합니다. 또한 성경에 기록된 천상의 어전회의나 예배 광경에서조차 천사들은 언제나 또렷하게 알아들을 수 있는 언어로 하나님을 찬송하거나 대화하며, 또 그분께 아룁니다. 이뿐 아니라 비록 하나님께 반역하며 그분 앞에서 끊임없이 성도들을 참소하는 사탄·마귀조차 그러합니다(참고. 욥1~2장에서 사탄이 하나님의 천상회의에 참석하여 대화함; 마4:1~11과 눅4:1~13에서 사탄·마귀가 예수님과 대화하며 그분을 시험함).
오히려 성경에서 천사들이 입을 열어 어떤 말을 할 때에는 대부분의 경우 두 가지로 요약됩니다. 하나는 하나님의 계시를 인간에게 전달하는 것이요(참고. 행7:53; 갈3:19; 히2:2), 다른 하나는 하나님을 송영(頌詠)하는 경배의 행위입니다(참고. 시103:20~21; 사6:3; 눅1:14; 계4:8,10~11, 5:8~14, 7:11~12, 11:15~18, 19:1~10). 그런데 흥미로운 것은 계시록에 나타난 천사의 찬송들은 일차적으로 하나님께 경배하는 송영(頌詠)임과 동시에 그 내용은 소아시아의 일곱 교회에게 하나님께서 하실 구속사의 진행을 보여주는 계시이기도 하다는 사실입니다. 이는 마치 모세의 노래(출15:1~18), 한나의 노래(삼상2:1~10), 다윗의 노래(삼하22:1~51), 하박국의 노래(합3:1~19), 마리아의 노래(눅1:46~55), 사가랴의 노래(눅1:67~79), 그리고 각종 시편들이 일차적으로는 하나님을 송영(頌詠)하는 예배적 행위인 동시에 그 내용이 이스라엘 백성들에게는 하나님께서 하실 구속사를 보여주는 계시이기도 하다는 것과 그 궤를 같이 합니다. 그도 그럴 것이, 하나님께서 모세를 통해 계시하신 구약시대의 예배 체계, 즉 성막과 희생제사 제도가 사실은 "하늘에 있는 것의 모형(copy)과 그림자(shadow)"(히8:5)였기 때문입니다. 다시 말하자면, 하늘의 모습을 마치 복사(copy)하듯

13장은 12:28의 "병 고치는" 은사, "다스리는" 은사에 대해서는 언급하지 않습니다. 그 이유가 분명치 않지만 이렇게 짐작할 수 있습니다. 사도 바울이 고린도전서 12~14장을 쓴 목적은 모든 은사들을 다 자세히 설명하기 위해서가 아닙니다. 고린도교회 성도들이 더 큰 은사와 더 작은 은사를 오해(12:22~27)하여 그것들을 잘못 시행하고 있는 것을 교정해주기 위해서입니다. 따라서 이 문맥의 주제와 밀접한 관련이 없는 은사들은 13장에서 재(再)언급할 필요가 없어 생략했다고 볼 수 있습니다. 이는 12:28에서 언급된 '서로 돕는 것'과 '다스리는 것'이 12:29~30에서 생략되었다는 사실에 의해서도 뒷받침되고 있습니다. 사도 바울이 모든 은사들을 다 설명하는 대신 '예언'과 '방언'이라는 이 두 은사를 주된 비교와 대조의 대상으로 삼아 교훈하고 있다는 사실은 이 문맥의 구조에서도 잘 나타납니다. 12장 마지막 부분과 13장 첫 부분은 '예언'과 '방언'이라는 이 두 은사를 중심으로 다음과 같은 교차대칭 구조(chiasmus)를 보여주는데, 12:31은 이 구조의 맨 중앙을 차지합니다.

이 이 땅 위에 아로새겨놓은 것이 구약시대 예배 제도의 핵심인 성막과 희생제사 제도이기 때문입니다. 천사들이 한편으로는 하나님의 계시를 인간에게 전달하고 다른 한편으로는 그분을 송영(頌詠)하며 경배하듯이, 하나님의 형상으로 지으심을 받은 인간 역시 한편으로는 하나님의 대리자로서 그분의 영광을 온 세상에 드러내고 다른 한편으로는 그분을 송영(頌詠)하는 예배자로 부르심을 입었습니다. 그리스도 안에서 회복된 인간은 그 본질에 있어서 천사가 되지는 않지만(not become angels), 마치 천사처럼 됩니다(be like angels)(참고. 막12:25).
이상의 사실들을 생각한다면, 오히려 '천사(들)의 방언(들)'이라는 표현 역시 우리가 '제 2장 드러난 비밀'에서 살핀 것처럼 방언이 계시적 은사의 일종이라는 점을 더욱 뒷받침해줍니다. 동시에 이 장에서 이제 설명할 내용대로 방언이 송영(頌詠)적 은사라는 사실을 더욱 뒷받침해줍니다.

A. 맨 앞에 언급된 은사들(사도, 선지자, 교사, 12:28)

  B. 맨 뒤에 언급된 은사(방언, 12:28)

    C. 더 큰 은사들[3](12:31 상반절)

    C'. 제일 좋은 길(12:31 하반절)

  B'. 방언(13:1)

A'. 예언과 지식(13:2)

    13장에 연이어 14장에서, 사도 바울은 고린도교회 안에서 가장 오해와 오용(誤用)이 심했던 이 두 은사 - 예언과 방언 - 를 서로 비교, 대조하여 더욱 자세히 설명합니다. 12장에서부터 14장까지의 흐름은 마치 결승전을 향해 흥미진진하게 치닫는 토너먼트 대회와 비슷합니다. 먼저 예선전에서 12:28에 언급된 은사들 중 일부가 13:1~3에서 탈락합니다. 그 다음, 이 주제 즉 은사에 대한 논의가 최고조에 이르는 14장의 본선에서 다시 다른 은사들이 탈락하고, 마지막으로 예언과 방언 이렇게 둘만 남아 결승전을 치릅니다.

    이는 다른 은사들이 별로 중요하지도 않고, 또 소홀히 여겨도 된다는 뜻은 아닙니다. 오히려 이러한 진행은 성령의 은사에 대해 고린도교회가 가지고 있던 문제를 자연스럽고도 적나라하게 드러내어줍니다. 그들의 문제는 모든 종류의 은사들에 대한 것이라기보다는 특히 예언과 방언 중 어느 은사가 더 큰지, 또 그것들을 어떻게 질서 있게 사용해야 하는지를 오해한 것이었습니다.

    사도 바울은 이러한 오해를 바로 잡아주기 위해 먼저 각양 은사들이 공통적으로 가지고 있는 목적, 그리고 이것들을 바르게 사용할 때 온

---

3) 고린도전서 12:31의 "더욱 큰 은사"를 직역하면, '더 큰 은사들' 즉 복수입니다.

교회가 얻는 유익을 먼저 설명합니다(12장). 고린도교회 성도들은 자신들이 받은 은사들로 서로 경쟁하며 다투기보다는 한 몸인 교회를 건강하게 세우고 유지하는데 힘을 쏟아야 했습니다. 그 다음, 사도 바울은 이 은사들을 바르게 사용하기 위한 최선의 방법을 소개합니다(13장). 그것은 사랑입니다. 그들이 받은 은사들을 사랑이라는 대전제 위에서 사용하지 않으면 아무런 유익을 얻을 수 없습니다. 아니 오히려 그리스도의 한 몸 된 교회는 급속히 약해지고, 더 나아가 분열의 위험에 처해질 공산이 큽니다. 그리고 이 모든 설명 위에, 사도 바울은 고린도교회 내에서 심각한 문제로 대두되었던 두 은사, 즉 예언과 방언이 갖는 여러 가지 의미들을 비교, 설명하면서 예배 속에서 이 은사들이 바르게 시행되도록 질서를 잡아줍니다(14장).

이렇게 볼 때, 고린도전서 12:31은 성령의 은사들이 지니는 가장 기초적인 목적과 의의에 대한 설명(12장)으로부터 시작하여 그것을 사용하는 방법(13장), 그리고 마지막으로 문제의 핵심이 되었던 예언과 방언에 대한 비교, 설명(14장)으로 넘어가기 위한 튼튼한 다리 역할을 하고 있습니다. 이를 간단히 도식화하면 아래와 같습니다.

   A. 문제 발생(고린도전서를 쓰기 전)
    B. 원리(12장)
     C. 12:31
    B'. 방법(13장)
   A'. 문제 해결(14장)

다리 입구에 세워진 표지판

일반적으로 다리를 건널 때, 그 입구나 끄트머리에 표지판이 세워져 있는 경우가 많습니다. '여기까지가 ○○시입니다', '○○마을로 오신 것을 환영합니다', '8톤 이상 차량 통행금지', '다리 길이 ○○m, ○○년 완공', '이 다리는 ○○을 기념하여 지어졌습니다', '통행세 대형 ○○원, 중형 ○○원, 소형 ○○원' 등 그 내용들도 다양합니다.

고린도전서 12장에서 13~14장으로 넘어가는 다리 역시 마찬가지입니다. 이 다리 입구에 세워진 표지판에는 다음과 같은 글귀가 있습니다.

'주후 30년[4] 오순절에 공사 착공
아직 공사 중이나 통행에 지장 없음
통행요금 무료
인원수, 시간, 무게 제한 없음
성령의 은사를 그리스도의 한 몸 된 교회를 위해 사용할 사람만 건널 것'

이렇게 안전하고 편리를 제공하는 다리이지만, 그 뒤에 덧붙여 있는 아래의 글귀를 못 보고 지나간 몇몇 사람들이 큰 부상을 당하는 사고가 발생하기도 했습니다.

'※ 주의 사항!
아래의 두 가지 사항 미준수시 사고 다발
1. **더 큰 은사**를 사모할 것

---
4) 예수님의 탄생 시기에는 여러 가지 견해들이 있지만, 오늘날 대부분의 학자들은 주전 4년으로 보고 있습니다. 만일 이 견해가 틀리지 않다면, 예수님의 죽으심과 부활, 그리고 오순절 성령 강림은 대략 주후 30년이 됩니다.

2. 다리 안쪽에 줄을 그어놓은 **좋은 길**로만 다닐 것'

표지판의 첫 번째 주의 사항은 '더욱 큰 은사를 사모하라'는 내용입니다. 성령의 은사들 가운데 귀하고 중요하지 않은 것이 어디 있겠습니까마는 은사들 중에는 더 큰 은사가 있고, 더 작은 은사가 있습니다. 이 말 속에는 고린도교회 성도들이 더 큰 은사보다는 더 작은 은사를 선호하고 있다는 암시가 담겨있습니다. 그들은 더 작은 은사를 더 큰 것으로 오해했습니다. 반대로 더 큰 은사를 상대적으로 소홀히 여겼습니다. 사도 바울은 어느 것이 더 큰 은사인지를 말해줌으로써 그들의 오해를 교정해줄 필요를 느꼈습니다. 이것이 문제 해결을 위한 중요한 한 측면입니다.

두 번째 사항은 '제일 좋은 길'입니다. 더 큰 은사가 무엇인지 알게 되더라도 그것을 다툼과 시기, 자신을 뽐내기 위한 목적으로 사용한다면, 이 역시 문제 해결에 아무런 도움이 되지 못할 것은 자명한 사실입니다. 그래서 사도 바울은 더 큰 은사와 더 작은 은사를 막론하고 그것들이 항상 지나가야 할 '제일 좋은 길'이 무엇인지도 가르쳐주어야 했습니다. 고린도교회 성도들은 은사를 사용함에 있어서 이 길로 지나다니려고 하지 않았습니다. 이 또한 문제 해결을 위한 또 다른 한 측면입니다.

사랑은 제일 큰 은사?

한국 교회 성도들은 고린도전서 12:31의 '더욱 큰 은사'가 무엇인지 곰곰이 생각하며 묵상하기보다는 이미 그 답을 정해놓고 곧바로 13장으로 건너뛰어 가버리는 경향이 있습니다. 이들이 미소를 지으며 내심 자신 있게 준비해놓은 대답은 대개 다음과 같습니다.

'더욱 큰 은사는 사랑이야.

아무렴, 당연히 사랑이 제일 큰 은사지.

그래서 이 구절 바로 다음에 사랑장(13장)이 나오는 거야.

사도 바울도 "그 중에 제일은 사랑이라"(13절)고 말했잖아?'

그러나 이들의 기대와는 달리 사랑은 결코 '더욱 큰 은사'가 될 수 없습니다. 왜냐하면 사랑은 성령의 은사가 아니기 때문입니다.

'사랑이 성령의 은사가 아니라고?

이 무슨 해괴한 망발이지?'

어떤 이들은 이렇게 생각할지도 모릅니다. 그러나 이것은 분명 사실입니다. 사랑은 성령의 은사가 아닙니다. 성령의 은사들과 사랑 사이에는 서로 뗄 수 없는 긴밀한 관계가 있습니다. 그러나 사랑이 곧 은사는 아닙니다. 이 둘의 본질적인 차이점은 다음의 간단한 질문을 통해 밝혀집니다.

성령의 은사 중 어떤 특정한 은사를 받지 못한 것이 죄입니까? 당연히 아닙니다. 이에 대해서는 다른 누구보다도 사도 바울 자신이 분명히 밝혀주고 있습니다.

"다 사도겠느냐 다 선지자겠느냐 다 교사겠느냐 다 능력을 행하는 자겠느냐[29] 다 병 고치는 은사를 가진 자겠느냐 다 방언을 말하는 자겠느냐 다 통역하는 자겠느냐[30]"(고전12:29~30)

성령의 은사들이 갖는 본질적인 측면 중 하나는 그 통일성과 다양성에 있습니다(12:4). 이는 한 몸에 여러 지체가 존재하는 것과 같습니다(12:12). 눈이 있으면 코와 입도 있어야 하며, 몸통이 있으면 팔다리도 있어야 합니다. 만일 코와 입이 없이 눈만 있고, 팔다리가 없이 몸통만 있다면 온전하고 건강한 몸을 유지할 수 없습니다. 그래서 그리스도의 몸(교회)을 이루는 각 지체(성도)들은 각자 자신이 받은 은사대로 섬기고 봉사하면 됩니다. 눈에게 왜 숨을 쉬지 못하냐고 정죄할 수 없습니다. 코에게 왜 말하지 못하냐고 정죄할 수 없습니다. 입에게 왜 보지 못하냐고 정죄할 수 없습니다. 각자 자기에게 주어진 은사대로만 그 기능을 수행하면 칭찬 받습니다. 다시 말하자면, 어떤 특정한 은사를 받지 못한 것은 결코 책망 받을 일이 아닙니다.[5] 그것이 죄가 아니기 때문입니다. 단지 자신이 받은 은사를 제대로 감당하지 못할 때, 그 사람은 하나님의 책망을 받아 마땅합니다.

그러나 사랑은 어떻습니까? 어떤 특정한 은사를 받지 못한 것은 죄가 아니지만, 사랑하지 않는 것은 분명코 죄입니다. 성경이 증거하는 참된 사랑은 결단코 죄와 양립할 수 없습니다(롬6:1~23; 벧전4:8; 요일3:18, 4:20). 하나님께서 우리를 사랑하신다는 가장 큰 증거는 바로 그분의 독생자 예수 그리스도의 대속을 통한 사죄, 곧 죄로부터의 해방이기 때문입니다(사38:17; 마1:21; 롬5:8; 요일4:10; 계1:5). 하나님 자신이 곧 사랑이시므로 사랑하지 않는 것은 하나님과의 단절, 또는 그분으로부터의 멀어짐을 동반하기 때문입니다(요14:24; 고전16:22; 요일4:8).

---

5) 이 원리는 방언의 은사에 대해서도 동일하게 적용되어야 합니다. 방언을 하지 못하면 성령 충만하지 않다거나, 또는 신앙에 무슨 문제가 있는 것처럼 취급해버리는 태도는 분명 비성경적인 것입니다. 이는 고린도전서 12:30의 "다 방언을 말하는 자겠느냐"는 말씀에 정면으로 위배됩니다.

탁월한 길

이렇게 사랑이 '더욱 큰 은사'가 아닐 뿐더러 아예 성령의 은사도 아니라면, 도대체 사도 바울은 무엇 때문에 고린도전서 12:31을 말씀했으며, 또 왜 그 말씀에 연이어 사랑장(13장)을 전개했을까요?

그 이유는 사랑이 위에서 우리가 보았던 표지판의 두 번째 조항과 관련되기 때문입니다. **사랑은 성령의 은사라기보다는 그 은사들을 효력 있게 사용하는 탁월한 길(방법)**이기 때문입니다.[6]

고린도전서 12:31 후반부를 직역하면 다음과 같습니다.

'… 나는 여러분들에게 (지금도) 여전히 탁월한[7] 길(방법)[8]을 보여주고 있습니다.'

사랑은 비록 은사가 아니지만, 각양 은사들과 뗄 수 없는 관계를 지닙니다. 그것은 은사들을 사용하는 탁월한 방법(길)이기 때문입니다. 은사들을 가득 실은 열차가 사랑이라는 잘 닦여진 철로 위를 지날 때 결코 탈선하지 않습니다. 이런 의미에서, 비록 '탁월한 방법'이라는 말 그 자체는 최상급이 아니지만, 한글개역성경의 '제일 좋은 길'은 문맥상 매우 좋은 번역입니다. 사랑은 성령의 은사를 바르고 효력 있게 시행하는

---

6) 사랑이 은사를 시행하는 길(방법)이라는 점에 대해서는 황창기, "사랑이 최고의 은사인가?: 고린도전서 12:27-31을 중심으로", 203~220을 참고하십시오.
7) 여기에 사용된 단어 '휘페르볼레(ὑπερβολή)'는 원래 '초과(excess)', '(질적으로) 탁월함(extraordinary quality or character)'을 의미하는데, 이 단어의 목적격을 취하는 전치사 '카타(κατά)'(~을 따라서)와 만나 '훨씬 더 좋은(a far better)'이라는 뜻의 구문을 만들어냅니다(Bauer, *Lexicon*, 840).
8) 여기에 사용된 단어 '호도스(ὁδός)'는 영어의 way와 마찬가지로 문자적으로는 '길(way, road, highway)'이라는 뜻이지만, 은유적으로는 '(행동이나 삶의) 방식(way of life or acting)', 또는 '태도(conduct)'라는 뜻으로 자주 사용됩니다(*ibid*, 553~555).

가장 좋은 길입니다.

고린도교회 성도들이 탈선한 것은 성령의 은사들을 소유하지 못해서가 아니었습니다. 오히려 그들은 모든 은사에 부족함이 없었습니다(1:7). 문제의 핵심은 은사를 받았느냐가 아니라 은사를 바르게 사용했느냐 하는 것이었습니다. 그들 속에는 사랑 대신 다툼과 시기와 분쟁과 자랑과 교만(1:10~11, 3:3,21, 4:6,18~19, 5:2, 6:6~8, 8:12, 11:18,22)이 자리 잡았습니다. 좋은 길을 두고 나쁜 길로 간 결과로, 고린도교회라는 열차는 전복될 위기에 놓였으며, 하나님 앞에서 사도의 책망을 들어야 했습니다.

제일 큰 은사? 더욱 큰 은사? 더욱 큰 은사들

그렇다면 이제 새롭게 해야 할 질문은 이것입니다.

"사랑이 은사가 아니라 은사를 탁월하게 사용하는 방법이라면, 고린도전서 12:31에서 말씀하는 더욱 큰 은사는 무엇을 가리키는가?"

여기서 우리가 눈여겨보아야 할 점이 또 하나 있습니다. 고린도전서 12:31은 최상급인 '제일 큰 은사'라는 표현을 사용하지 않고, 비교급인 '더욱 큰 은사'[9], 또는 '더 뛰어난 은사'[10]라는 표현을 사용하고 있다는 사실입니다. 이는 사도 바울이 고린도교회에게 '제일 큰 은사'가 무엇인

---

9) '큰(large, great)'이라는 뜻의 헬라어 '메가스(μέγας)'의 비교급인 '메이조나(μείζονα)'가 사용되었습니다(*UBS 4*; *NA 27*).
10) 어떤 사본들은 '메이조나(μείζονα)' 대신 '크레이토나(κρείττονα)'를 사용하고 있는데, 이는 '더 나은(preferable, better)', '더 뛰어난(more prominent, higher in rank)'이라는 뜻을 가진 '크레이톤(κρείττων)' 또는 '크레이쏜(κρείσσων)'의 복수, 목적격입니다(*MT 2*; Bauer, *Lexicon*, 449~450; 이순한, 『신약성서 헬라어 낱말·분해 사전』, 170).

지 알려주기보다는 (상대적으로 다른 은사들보다) '더욱 큰 은사'가 무엇인지를 가르쳐주려 했다는 사실을 보여줍니다.[11]

한국 교회 성도들에게는 이 본문이 '제일 큰 은사', '최고의 은사'가 무엇인지에 대한 관심으로 전도되어버리는 경우가 자주 나타나는데, 사실 그러한 생각은 이 본문의 문맥에서 벗어난 것입니다. 사도 바울의 관심은 '더 큰 은사'와 '더 작은 은사'가 무엇인지를 교훈하여 '더 큰 은사'를 사모하게 하는 데 있었습니다. 왜냐하면 고린도교회 성도들이 더 작은 은사를 더 큰 것으로, 더 큰 은사를 더 작은 것으로 오해하는 바람에 예배의 질서가 어지럽혀졌고, 이 또한 교회 분쟁의 원인들 중 하나가 되었기 때문입니다.[12]

이뿐 아니라 고린도전서 12:31은 '더욱 큰 은사들'이라는 복수를 말씀하고 있습니다. 즉, 최상급인 '제일 큰 은사'라면 단 하나를 가리키겠지만, 비교급을 이용하여 상대적으로 '더 큰 은사'를 말씀하고 있으므로

---

11) 맥아더(MacArthur)는 고린도전서 12:31의 "너희는 더욱 큰 은사를 사모하라"는 명령법 대신, 반스(Albert Barnes)를 인용하여 '너희는 더욱 큰 은사(들)을 사모하고 있다'라는 직설법으로 번역합니다. 그 다음, 사도 바울이 눈에 띄는 은사를 질투심으로 탐내고 있는 고린도교회 성도들의 잘못된 관행을 책망하는 어구로 해석합니다. 즉, '그러나 너희는 더욱 큰 은사를 열렬히 사모하고 있구나(But you are eagerly desiring the greater gifts)'라는 책망으로 봅니다(MacArthur, 『무질서한 은사주의』, 367; idem, 1 Corinthians, 325~326). 이러한 해석을 통해 현대의 잘못된 방언 관행을 지적하고자 한 맥아더의 선한 의도는 이해되지만 그럼에도 불구하고, 필자는 그의 해석에 동의하지 않습니다. 위의 글 외에도 방언에 대한 그의 견해와 현대의 잘못된 방언 관행에 대한 통렬한 지적에 대해서는 idem, The Charismatics: A Doctrinal Perspective, 156~180을 참고하십시오.

12) 이렇게 볼 때, 우리는 고린도전서 12:31을 통해 은사와 관련된 고린도교회의 문제의 핵심과 사도 바울의 해법을 두 가지로 생각할 수 있습니다. 첫째, 그들은 성령의 은사들을 사랑으로 시행하지 않았습니다. 그래서 사도 바울은 그들에게 '제일 좋은 길', 즉 사랑으로 은사를 사용할 것을 가르쳐야 했습니다(13장). 둘째, 그들은 더 큰 은사와 더 작은 은사를 오해했습니다. 이로 인해 더 작은 은사는 남용되었고, 더 큰 은사는 경홀히 여겨짐으로써 예배의 질서가 무너졌습니다. 그래서 사도 바울은 그들에게 더 큰 은사와 더 작은 은사를 비교해 줌으로써 예배의 질서를 바로 잡아주어야 했습니다(14장).

이는 당연히 하나의 은사가 아니라 여러 개의 은사들입니다.[13] 그렇다면 고린도교회 성도들이 오해했던, 그리고 사도 바울이 지금 가르쳐주려고 하는 '더욱 큰 은사들'은 무엇을 가리키겠습니까?

말씀을 설교하고 가르치는 은사들

그것은 고린도전서 12:28의 맨 앞에 언급된 세 은사, 즉 '사도'와 '선지자' 그리고 '교사'를 가리킵니다. 31절 하반절의 핵심인 '제일 좋은 길'이 바로 뒤의 문맥인 13장과 관련[14]되어 있다면, 31절 상반절의 '더욱 큰 은사들'은 바로 앞의 문맥인 28~30절과 관련되어 있습니다.

28절을 보면, 사도 바울은 은사들을 열거하면서, 이 중 세 은사에만 순서를 붙였습니다. 그리고 나머지 다른 은사들에는 넷째, 다섯째 등의 순서를 달지 않고, "그 다음은"이라는 말로 한데 묶어버립니다.

> "… 첫째는 사도요 둘째는 선지자요 셋째는 교사요… 그 다음은… 그 다음은…"(고전12:28)

이는 우연이나 생각나는 대로 열거한 무작위적 순서가 아님을 보여줍니다. 이 순서는 매우 의도적입니다.

'사도(아포스톨로스, ἀπόστολος)'는 매우 소수의 사람들에게 제한된 은사였습니다. 사도가 되기 위해서는 두 가지 조건이 필히 충족되어

---

13) 이로 미루어보더라도 사랑은 결코 '더욱 큰 은사(들)'이 될 수 없습니다.
14) 황창기 교수는 자신의 소논문에서, 헬라어성경 편집판인 *UBS 4*와 *NA 27*이 31절 후반부를 12:31로부터 분리해 13장의 문맥과 밀착시켜 배치함으로써 13장의 도입구 기능을 하고 있음을 가시적으로 표기해주고 있다고 지적합니다(황창기, "사랑이 최고의 은사인가?", 217, 각주 31).

야 했습니다. 예수님의 공생애에 항상 동행하던 사람이어야 했고, 무엇보다도 예수님의 부활을 '증거할 사람', 즉 부활하신 주님을 직접 눈으로 목격한 증인[15]이어야 했습니다(행1:21~22). 그런 의미에서, 오늘날에는 더 이상 사도가 존재하지 않습니다. 그래서 목사, 장로, 집사와 같은 '항존 직분'[16]과 구별하여 사도직을 '교회 창설 직분'[17]이라고 부릅니다.

---

15) 사도행전 1:22의 "증거할 사람"에 해당하는 단어 '마르튀스(μάρτυς)'는 '증인', '목격자'라는 뜻으로, 사도행전에서 언제나 '직접 눈으로 보고 귀로 들은 (법적 증언 능력을 가진) 목격자'라는 뜻을 지닙니다(행1:8,22, 2:32, 3:15, 5:32, 6:13, 7:58, 10:39,41, 13:31, 22:15,20, 26:16)(Bauer, *Lexicon*, 494). 이것이 거짓 증인을 가리키든 참된 증인을 가리키든 간에, 사도행전에서 다른 의미로 사용된 적은 단 한 번도 없습니다. 그런 의미에서 볼 때, 예수님의 '증인'은 부활하신 그분을 (듣거나 배워서가 아닌) 직접 눈으로 확인하여 다른 사람들에게 증거할 자격과 사명을 갖춘 사람(들)에게만 해당하는 독특한 표현입니다(특히, 행1:22, 3:15, 5:32, 10:39,41, 13:31). 바로 이러한 이유로 인해, 이 단어는 모든 성도가 아닌 소수의 사람들을 가리키는 제한된 용어로 사용되었습니다. 그 대표적인 실례가 사도행전 10:39~41인데, 베드로는 고넬료의 집에 모인 사람들을 향해 이렇게 증거합니다.
"우리는 유대인의 땅과 예루살렘에서 그의 행하신 모든 일에 **증인**이라 그를 저희가 나무에 달아 죽였으나$_{39}$ 하나님이 사흘만에 다시 살리사 나타내시되$_{40}$ 모든 백성에게 하신 것이 아니요 오직 미리 택하신 **증인** 곧 죽은 자 가운데서 일어나신 후 모시고 음식을 먹은 우리에게 하신 것이라$_{41}$"(행10:39~41)
사도 바울이 자신의 사도직을 의심 받았던 것도 바로 이 때문이었습니다. 그래서 그는 자신의 사도직과 자신이 전한 복음의 정통성을 변증하기 위해 자신도 부활하신 예수님을 직접 만났으며, 그분이 친히 자신을 그분의 증인으로 택하셨다는 사실을 여러 번 언급해야 했습니다(행22:15, 26:16; 고전9:1, 15:8~9). 또한 바울은 자신이 전한 복음은 사도들에게서 배운 것이 아니라 예수 그리스도로부터 직접 받은 계시에 의한 것이라고 설명함(갈1:11~19)으로써 자신의 사도직을 변증합니다. 그리고 바울 자신이 전한 복음과 예루살렘의 사도들이 전한 복음이 서로 일치한다는 사실을 "교제의 악수"를 통해 확인했다고 합니다(갈2:9).
오늘날 우리들이 '예수님의 증인들'이라고 하는 표현은 사도행전의 원래 의미와는 차이가 있습니다. 우리들은 사도행전의 증인들이 전한 복음과 기록한 말씀을 읽고, 듣고, 배우고, 전수 받은 복음을 다시 전하는 이(二)차적 의미에서의 '증인들'입니다. 우리들은 사도행전의 '증인들'(참고. 요일1:1)과는 달리 예수님을 보지 않고서도 그분을 믿고, 사랑하고, 기뻐하는 자들입니다(참고. 요20:29; 벧전1:8).

16) '항상 존재하는 직분'이라는 뜻으로 예수님께서 재림하실 때까지 교회 안에 영속적으로 존재하는 직분을 의미합니다. 이는 지상에서 정상적인 교회가 있는 곳에는 항상 목사, 장로, 집사가 존재한다는 뜻이지 한 번 직분자가 되면 은퇴할 때까지 그 직무를 계속 수행한다는 뜻이 아닙니다.

17) 이는 '신약 교회의 터가 처음 닦여지던 시기(사도시대)에만 (특수하게) 존재한 직분'이라

'선지자(프롭훼테스, προφήτης)'는 사도보다는 좀 더 범위가 넓습니다. 이는 하나님께로부터 직접 계시를 받아 말씀을 선포하는 은사입니다(행11:27~28, 13:1~2, 15:32, 21:10~11). 그래서 비록 예수님의 공생애 가운데 그분과 동행하지 않았더라도, 그리고 부활하신 예수님을 직접 눈으로 목격한 '증인'이 아니더라도 선지자가 될 수 있습니다. 사실 사도들도 종종 하나님께로부터 직접 계시를 받아서 전했다는 점에서 넓게는 선지자에 포함된다고 할 수 있습니다(행5:3,9, 10:9~16, 16:6~10, 18:9~11, 27:23~24). 그러나 모든 선지자들이 사도가 될 수는 없습니다. 그런 점에서, 선지자는 사도보다 작은 은사입니다. 그러나 선지자의 은사는 사도에 버금갈 정도로 큰 은사임에 틀림없습니다. 선지자는 사도와 함께 신약 교회 설립의 기초, 즉 교회의 터를 닦는데 사용된 두 은사 중 하나이기 때문입니다.

> "너희는 **사도들과 선지자들의 터 위에 세우심**을 입은 자라 그리스도 예수께서 친히 모퉁이돌이 되셨느니라"(엡2:20)

'교사(디다스칼로스, διδάσκαλος)'는 사도와 선지자보다 더 범위가 넓습니다. 기록된 하나님의 말씀을 해석하여 전하고 가르치는 은사입

는 뜻입니다. 교회를 건물에 비유할 때, 터를 두 번 닦을 필요가 없습니다. 사도와 선지자는 새 성전인 교회의 회원일 뿐 아니라 동시에 '교회의 터'를 닦는 자들이었습니다(엡2:20; 고전3:10~11; 참고. 딤후2:19; 히6:2). 이런 의미에서 볼 때, 로마 교회가 교황제도를 사도직의 계승으로 주장하는 것이 비성경적임을 알 수 있습니다. 초대교회사에 활동한 대다수의 교부들은 교회의 정통성이 사도직의 계승이 아닌 사도적 복음의 계승에 달려 있다고 보았습니다. 즉 참된 교회는 '사도 없는 사도적 교회'입니다(참고. 행20:17~35; 딤후1:14, 2:1~2; 벧전1:8). 사도직이 '교회의 터'로서, 또한 '증인'으로서 갖는 독특성과 단회성을 보여주는 신학적 설교로는 고재수(Gootjes), 『구속사적 설교의 실제』, 145~152를 참고하십시오.

니다. 그래서 비록 부활하신 예수님의 직접적인 '증인'인 사도가 아닐지라도 교사는 될 수 있습니다. 또한 하나님께로부터 직접 계시를 받아 전하는 선지자가 아닐지라도 교사는 될 수 있습니다. 사실 사도들과 선지자들도 하나님의 말씀을 해석하여 전파하고 가르칠 수 있다는 점에서 넓은 의미의 교사에 포함될 수 있습니다.[18] 그러나 모든 교사들이 사도나 선지자가 될 수는 없습니다.[19] 이런 의미에서, 교사는 사도나 선지자보다 작은 은사입니다. 그러나 교사 역시 하나님의 말씀을 해석하여 전하고 가르친다는 점에서 사도와 선지자에 버금갈 정도의 큰 은사임에 틀림없습니다.[20]

사도 바울은 이상에서 언급한 단 세 가지 은사들에만 첫째, 둘째, 셋째라는 순서를 붙였습니다. 에베소교회에 보낸 서신에서도, 그는 이 순서를 그대로 지키고 있습니다.

---

[18] 사도행전 5:42과 6:4은 사도들이 평상시에 말씀을 설교하고 가르치는 일, 즉 교사의 사역을 했음을 보여줍니다. 사도행전 13:1은 최초의 이방인 선교사를 공식적으로 파송한 (수리아) 안디옥교회의 '선지자'인 동시에 '교사'였던 지도자 5명 – 바나바와 사울(바울)을 포함한 – 을 소개하고 있습니다. 디모데전서 2:7에서, 사도 바울은 자신을 '사도'인 동시에 '이방인의 스승(교사)'이라고 소개합니다. 이후에 그는 자신이 순교하기 얼마 전(참고. 딤후4:6)에 쓴 것으로 보이는 디모데후서에서도, 자신을 '사도'이자 '교사'로 소개합니다 (딤후1:11). 이는 사도 바울이 선교사로 파송되기 전부터 자신의 임종 직전까지 일관성 있게 '교사'의 사역을 계속 수행했음을 보여줍니다.

[19] 히브리서 저자는 믿은 지 오래 된 자들이 마땅히 말씀을 가르칠만한 선생(교사)이 되지 못하고 오히려 아직도 도(복음)의 초보를 다시 배워야 할 정도의 연약한 믿음을 가지고 있다면서 꾸짖습니다(히5:12). 이는 사도나 선지자가 아니더라도 교사가 될 수 있음을 암시합니다.

[20] 그러므로 이는 오늘날의 주일학교 교사와 같은 것이 아니라 교회 회중 전체를 온전케 하고, 그들을 그리스도의 몸으로 장성하게 자라게 하기 위해 권위 있게 세우심을 받은 공적인 말씀 사역자를 의미합니다(엡4:11~16).

"그[21]가 혹은 **사도**로, 혹은 **선지자**로, 혹은 복음 전하는 자[22]로, 혹은 목사와 **교사**로 주셨으니"(엡4:11)

에베소서의 이 본문에서도 사도 바울은 성령의 은사들을 소개하고 있는데, 그는 모든 은사들을 나열하는 대신 다섯 개의 은사들만을 언급했습니다. 이 중 두 개의 은사들, 즉 '복음 전하는 자'와 '목사'가 고린도전서 12:28에는 빠져 있지만, 나머지 세 은사들 - 사도, 선지자, 교사 - 의 순서는 여기서도 동일합니다. 이 다섯 가지 은사들은 공통점을 가지고 있는데, 모두 하나님의 말씀을 회중 앞에서 설교하고 가르치는 사역과 관련되어 있다는 점입니다.

그림 2. 고린도전서 12장과 13장의 교량(橋梁)으로서의 고린도전서 12:31

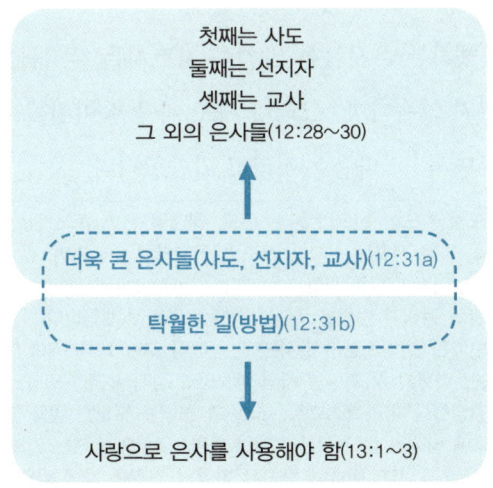

---

21) 여기서의 '그'는 문맥 속에서 예수 그리스도를 가리킵니다. 그분은 승리 – 부활, 승천하여 하늘 보좌로 입성하심으로 – 하시고, 자신이 거둔 승리의 전리품(선물)을 그분의 백성들에게 나누어주셨는데, 즉 성령의 은사들을 주셨습니다(엡4:7~10; 참고. 시68:18).

22) *한글개역성경*에서 '전도자', '전도인'으로도 번역되어 있는 '복음 전하는 자(유앙겔리스테스,

예상 밖의 답변

첫째는 '사도', 둘째는 '선지자', 셋째는 '교사'라고 하면서 '더욱 큰 은사'의 순서를 매기던 사도 바울은 그 외의 은사들에 대해서는 '넷째', '다섯째'라고 하는 대신 '그 다음은'이라는 말로써 한데 묶어버립니다. 이는 '더 큰 은사들'과 '더 작은 은사들'을 대조시키기 위한 목적 때문인 것으로 보입니다.

사도 바울이 전한 이 교훈은 고린도교회 성도들에게 상당한 충격을 주었을 것입니다. 왜냐하면 말씀을 설교하고 가르치는 은사들 바로 뒤에는 가시적인 이적을 일으키는 은사들이 열거되고 있기 때문입니다.

"그 다음은 능력이요 그 다음은 병 고치는 은사와…"(고전12:28)

사실 이적을 행하는 은사들은 말씀을 가르치는 은사들보다 가시적인 효과가 훨씬 크지 않습니까? 그러나 사도 바울은 이것들을 설교적 은사들보다 뒤에 두면서 '그 다음은'이라고 말씀합니다.

εὐαγγελιστής)'는 오늘날 노방 전도나 방문 전도, 일대일 전도 등에 힘쓰는 성도들을 가리키는 말이 아닙니다. 복음 전하는 은사는 사도와 선지자에 버금가며, 큰 권위를 가지고 지역교회를 목회할 뿐 아니라 순회를 하면서 설교하고 가르치는 은사였습니다. 예를 들면, 사도행전 21:8은 스데반의 동역자 빌립을 '복음 전하는 자'로 소개합니다(한글개역성경의 같은 구절에 '집사'라고 번역된 단어는 헬라어 사본에는 없음). 그는 비록 구제 사역을 하긴 했으나(행6:1~6), 거기에만 머물지 않고 말씀 사역(행8:5)과 성례 시행(행8:12~13), 그리고 순회 사역(행8:40)까지 감당했습니다. 그러므로 스데반과 빌립을 포함한 일곱 명은 (비록 그 구제 사역에 있어서 이 후에 발생한 집사 직분에 대한 기원으로서의 의미는 있으나) 오늘날의 집사와는 아주 큰 차이가 있습니다. 이들이 목회자 이상의 권위를 가진 직분자들이었다는 점에 대해서는 최갑종, 『바울 연구 I: 생애와 사상』, 32~35를 참고하십시오. 사도 바울은 디모데후서 4:5에서, 목회자요 자신과 함께 동역한 선교사인 디모데를 '전도인(복음 전하는 자)'이라 부릅니다. 특히 디모데후서 4:2의 "말씀을 전파하라"가 노방 전도와 같은 것이 아니라 공적인 말씀 사역자를 향한 '설교' 명령이라는 점에 대해서는 권기현, 『선교, 교회의 사명』, 30~50과 웨스트민스터 대교리 제 159문답을 참고하십시오. 빌립과 디모데의 실례(實例)는 '복음 전하는 자'가 큰 권위를 가진 말씀 사역자였음을 잘 보여줍니다.

이 사실은 복음의 원리에 있어서 중요한 한 측면을 보여줍니다. 각종 이적을 일으키는 은사들은 하나님의 말씀을 효과적으로 전하기 위해 주신 것들입니다. 이적 없는 말씀만으로도 예수님을 믿어 구원을 받을 수 있지만, 말씀 없는 이적은 아무런 유익이 없습니다. 예수님께서 중풍병자의 병을 고쳐주시는 것보다 그에게 사죄를 선포하는 것이 더 큰 효과를 가져다줍니다(막2:5,9~12). 병 고침은 사죄 선포를 위한 도구입니다. 예수님께서 오병이어로 오천 명을 먹이신 이적은 그분 자신이야말로 하늘에서 내려온 생명의 떡이심을 나타내 보이기 위한 도구입니다(요6:1~15,35). 예수님께서 이적을 일으켜 나눠주신 떡과 물고기를 먹고 나면 다시 주리지만, 생명의 떡이신 그분의 말씀을 듣고 믿는 자는 영원히 주리지 않기 때문에 더 큰 효력이 있습니다(요6:35).[23] 예수님께서 살리신 나사로는 언젠가 다시 죽지만, 부활이요 생명이신 그분을 믿는 자는 영원한 부활의 생명을 덧입습니다(요11:25~26).

이렇게 설교적 은사들은 이적적인 은사들보다 더 근본적인 은사들입니다. 전자는 후자보다 더 큰 은사들입니다. 그러나 고린도교회 성도들에게 더욱 충격적인 일은 고린도전서 12:28에서 언급된 은사들 중에서 '방언'의 은사가 가장 마지막에 언급되고 있다는 사실이었을 것입니다. 왜냐하면 그들은 '방언'을 매우 큰 은사 – 심지어는 말씀 전하는 은사들 이상으로 – 생각하고 있었기 때문입니다. 이는 사도 바울이 이후 문맥에서 14장 전체를 할애하여, 말씀을 전하는 은사인 '예언'을 '방언'과 서로 비교하면서 전자가 후자보다 우월하다는 점을 설명하는데서 여실히 드러나고 있습니다. 12장부터 14장까지의 흐름으로 볼 때, 사도 바울은

---

23) 이러한 관점으로 이 사건을 설교한 좋은 실례로는 고재수(Gootjes), 『구속사적 설교의 실제』, 123~129를 참고하십시오.

애초부터 다른 은사들보다는 말씀을 회중들에게 전하는 은사와 방언, 이 양쪽에 초점을 맞추어 서로 비교·대조하려는 목적을 가지고 있었던 것입니다.

'앗, 여기서 스톱! 잠깐만요!'

처음부터 이 글을 읽어오던 독자라면, 여기서 걸음을 멈추고 심호흡을 하지 않을까요? 그리고 2~3초쯤 생각하다 약간은 무거운 마음으로 이렇게 소리칠 것 같습니다. 왜냐고요? 우리는 바로 앞의 '제 2장 드러난 비밀'에서 방언이 '외국어로 하나님의 말씀, 즉 복음 말하는 계시적 은사'라는 점을 논했기 때문입니다. 방언은 영원 전부터 감춰져오다가 하나님의 독생자 예수 그리스도 안에서 드러난 '비밀', 즉 '복음을 외국어로 말하는' 계시적 은사입니다. 그렇다면 방언 역시 말씀을 전하는 은사들의 명단 속에 들어가야 하지 않겠습니까? 말씀을 전하는 설교적 은사들이 심지어는 이적을 일으키는 은사들보다 '더 큰 은사(들)'가 틀림없다면, ①'하나님의 계시'를 받아 ②'복음의 비밀'을 ③'외국어'로 말하는 은사인 방언 역시 당연히 어느 정도 상위 순번을 차지해야 하지 않겠습니까? 하다못해 세 번째 정도는 차지해야 할 텐데, 말석이라니요?

그렇습니다. 방언은 하나님의 말씀과 관련된 은사임에 틀림없습니다. 방언은 계시를 받아 복음의 비밀을 외국어로 말하는 은사임에 틀림없습니다. 그러나 방언은 하나님의 말씀을 전하는 다른 은사들, 즉 사도, 선지자, 교사보다 작은 은사입니다. 이는 방언이 (외국어로 말하는 은사라는 사실 외에도) 그 은사들과는 구별되는 또 하나의 중요한 차이점을 가지고 있음을 암시합니다.

기도와 찬송으로서의 방언

방언은 계시적 은사입니다. 방언의 표현 방법은 다른 종족이나 지방의 언어입니다. 방언의 내용은 오래 전부터 숨겨져 있다가 예수 그리스도 안에서 마침내 드러난 비밀, 즉 복음입니다. 바꾸어 말하자면, 방언의 내용은 분명 하나님의 말씀입니다.

그러나 방언은 말씀을 회중들에게 설교하고 가르치는 은사들, 즉 사도, 선지자, 교사와는 다릅니다. 방언은 그것들보다 더 작은 은사입니다.

이상의 두 가지 내용은 모순되는 것처럼 보입니다. 결코 만날 수 없는 평행선처럼 보입니다. 그러나 이 양쪽 선이 만나는 꼭짓점이 하나 있습니다. **방언은 하나님의 말씀이긴 하지만, 설교와 가르침을 가장 우선적인 목적으로 하는 은사가 아닙니다. 왜냐하면 방언은 기도나 찬송, 즉 송영(頌詠)적 은사이기 때문입니다.**[24] 다시 말하자면, 방언은 사람에게

---

24) 다수의 오순절주의자들과 은사주의자들은 방언의 은사를 ①알아들을 수 없는 신비한 천국 언어로, ②그리고 오늘날에도 누구든지, 그리고 초대교회와 같은 형태로 – 심지어 어떤 이들은 오늘날에도 성경 외의 직통계시를 따로 받는 한 방법으로까지 – 받을 수 있는(또는 받아야 하는) 은사로 생각했다는 점에서 오류를 범했습니다. 이에 반해, 어떤 개혁주의자들은 방언을 계시적 은사로 인정하면서도 이를 찬송과 기도의 측면에서는 잘 설명하지 못했다는 점에서 오류를 범했습니다. 그 대표적인 실례로 개핀(Gaffin)은 오순절주의 신학이 가지고 있는 계시의 연속성과 확대에 대한 위험성, 그리고 방언에 대한 오해를 지나치게 우려한 나머지 "방언이 일단 통역되고 나면 기능상 예언과 동등하다."고 함으로써 방언이 (사도시대에만 존재하던) 계시의 일종이라는 점을 부각했으나, 동시에 찬송과 기도라는 점을 간과했습니다. 즉, 그의 생각에는 방언도 (단지 외국어로 주어진) 예언의 일종이므로 통역이 되고 나면 그 기능에 있어서는 예언과의 차이점이 전혀 없다고 본 것입니다(Gaffin, *Pentecost*, 57, 73~87). 박영돈 교수는 자신의 지도교수인 개핀의 이러한 주장이 잘못이며, 방언이 기도라는 점을 강조합니다. 그러나 그는 "그 특성상 방언은 계시의 통로가 될 수 없다."는 단언과 함께 방언이 가지는 계시적 특징을 제거해버립니다(박영돈, 『일그러진 성령의 얼굴』, 173). 필자가 보기에, 박영돈 교수는 방언이 오늘날에도 여전히 주어지는 은사라는 주장과 함께 방언이 계시의 통로일

보다는 우선적으로 하나님께 올려드리는 은사입니다. 사도, 선지자, 복음 전하는 자, 목사, 교사 등은 사람을 대상으로 하나님의 말씀을 설교하고 가르치기 위한 은사들이지만, 방언은 오히려 하나님을 대상으로 그분께 모든 존귀와 영광을 올려드리기 위한 은사입니다. 바로 이러한 이유 때문에 방언은 설교적 은사들과 구분됩니다.[25]

고린도전서 14장에서, 사도 바울은 예언[26]과는 달리 방언이 사람에게 하는 것이 아니라 하나님께 하는 것이라고 말씀합니다.

> "**방언**을 말하는 자는 사람에게 하지 아니하고 **하나님께 하나니**…₂ 그러나 **예언**하는 자는 **사람에게 말하여** 덕을 세우며 권면하며 안위하는 것이요₃"(2~3절)

가능성을 제거함으로써, 오늘날 성경 외의 또 다른 (특별)계시가 존재하지 않는다는 개혁주의적 정경관과 계시관을 벗어나지 않기 위해 노력합니다. 그러나 그는 (특별)계시가 하나님께서 인간에게 말씀하시는 설교적 형태(예언)로 주어지는 방법뿐 아니라, 기도나 찬송과 같은 송영(頌詠)적 형태로도 주어진다는 사실을 간과했습니다.

25) 오광만 교수는 고린도교회에서 방언이 "기도(14:14), 찬송(14:15), 축복(14:16), 가르치는 말(14:19) 등에서 활용"되었다는 점을 인식함으로써 방언의 공동체적, 예배적 요소를 통찰하였습니다. 그러나 다른 한편으로, 그는 방언이 원래는 사람에게 말하기 위한 은사였으나 그것이 통역되지 않는 바람에 (원래의 의도와는 달리) 하나님께 말하는 것이 되고 말았다고 해석함으로써 자신이 발견한 방언의 송영(頌詠)적 측면을 약화시켰습니다. 오광만, 『하나님의 비밀, 그리스도』, 159~161을 참고하십시오.

26) 고린도전서 14:1의 '예언하다(프롭훼튜오, προφητεύω)'라는 동사와 14:6의 '예언(프롭훼테이아, προφητεία)'이라는 명사는 모두 12:28,29의 '선지자(프롭훼테스, προφήτης)'와 같은 어근의 변화형들입니다(Bauer, *Lexicon*, 722~723). 그러므로 '예언'은 '선지자'의 은사를 가리킨다고 할 수 있습니다. 그러나 12장에서 열거된 은사들의 목록 가운데 '예언'이 빠져 있다가 14장에서 갑자기 등장하는 것을 볼 때, 여기서의 '예언'은 문맥상 설교하고 가르치는 은사들 모두를 총칭하는 것으로 볼 수 있습니다. 뿐만 아니라, 사도 바울은 14:6에서 "방언을 말하고 계시나 지식이나 예언이나 가르치는 것이나 말하지 아니하면 너희에게 무엇이 유익하리요"라고 반문합니다. 이는 14장에서의 '예언'이 좁은 의미가 아닌 좀 더 포괄적인 의미로 사용되고 있음을 암시합니다. 즉, 12:8의 '지혜의 말씀'과 '지식의 말씀', 그리고 같은 장 28절의 '사도', '선지자', '교사'를 모두 가리킨다고 할 수 있습니다.

그 이유는 방언이 기도나 찬송이기 때문입니다.

"내가 만일 **방언으로 기도**하면 나의 영이 **기도**하거니와 나의 마음은 열매를 맺히지 못하리라₁₄ 그러면 어떻게 할꼬 내가 영으로 **기도**하고 또 마음으로 **기도**하며 내가 영으로 **찬미**하고 또 마음으로 **찬미**하리라₁₅" (14~15절)

방언은 또한 기도나 찬송이므로 축사와 감사에도 적용될 수 있습니다. 예수님께서 떡을 떼어 축사하신 일은 하나님께 대한 감사(to give thanks)로 올려드리는 기도이며, 찬송 역시 하나님의 구원의 은혜에 감사하여 그분의 영광을 높여드리는 행위이기 때문입니다.

"그렇지 아니하면 네가 영으로 **축복할**[27] 때에 무식한 처지에 있는 자가 네가 무슨 말을 하는지 알지 못하고 네 **감사**에 어찌 아멘 하리요₁₆ 너는 **감사**를 잘하였으나 그러나 다른 사람은 덕 세움을 받지 못하리라₁₇" (16~17절)

---

27) 여기에 사용된 헬라어 '율로게스(εὐλογῇς)'는 '칭찬하다(speak well of, extol)', '찬양하다(praise)'(마21:9; 막11:9; 눅1:64, 2:28, 19:38, 24:53; 요12:13; 약3:9 등), '축복하다(bless)'(눅24:50~51; 롬12:14; 고전4:12; 히11:20~21 등), '(성찬의 의미로) 축사하다(consecrate)'(마14:19, 26:26; 막6:41, 8:7, 14:22; 눅9:16, 24:30; 고전10:16 등)의 뜻을 가진 '율로게오(εὐλογέω)'의 가정법(2인칭, 단수, 현재, 능동태)입니다(Bauer, *Lexicon*, 322). 이 단어 역시 '찬양'이나 '(축복 혹은 감사를 위한) 기도'에 사용되고 있음을 쉽게 알 수 있습니다. 이 논의와 직접적인 연관성은 없지만, 예수님께서 떡을 가지고 축사하신 행위가 아담과 가인의 반역에 대한 역전과 회복이라는 점, 그리고 이것이 오늘날의 예배(특히 성찬)를 통해 연속성을 가진다는 점에 대해서는 Jordan, *New Eyes*, 117~131을 참고하십시오. 첫 사람 아담은 하나님께 대한 그 어떤 감사와 경배와 찬송 없이 성례 – 선악을 알게 하는 나무의 열매 – 를 도둑질했으나, 마지막 아담이신 예수님께서는 오히려 성부께 감사를 올려드리심 – 축사하심 – 으로 참 성찬을 회복하셨습니다.

바로 이러한 이유로 인해, 방언이 통역되지 않는다면 방언하는 자신에게는 유익이 되지만 교회를 바르게 세우는 공동체적 유익이 되지는 못합니다.[28] 방언이 기도나 찬송이므로 하나님의 영광을 높이고, 또 축사를 통해 그분께 감사드림으로써 방언을 말하는 사람 자신에게는 얼마든지 덕이 될 수 있지만, 그 말을 알아듣지 못하는 다른 사람들은 여기에 함께 '아멘'으로 화답하며 동참할 수 없기 때문입니다. 그래서 사도 바울은 다른 사람에게도 유익을 주기 위해서는 방언이 필히 통역되어야 한다고 교훈했습니다. 이런 의미에서 볼 때, 방언은 예언보다 못하며 말씀을 설교하고 가르치는 은사에 비해 '더 작은 은사'였습니다.

"그러나 예언하는 자는 사람에게 말하여 덕을 세우며 권면하며 안위하는 것이요, **방언을 말하는 자는 자기의 덕을 세우고 예언하는 자는 교회의 덕을 세우나니** 나는 너희가 다 방언 말하기를 원하나 특별히 예언하기를 원하노라 **방언을 말하는 자가 만일 교회의 덕을 세우기 위하여 통역하지 아니하면 예언하는 자만 못하니라**₅(3~5절)"

말씀과 긴밀하게 연결된 찬송과 기도

방언은 하나님의 말씀이기에 "나팔"에 빗대어집니다(고전14:8; 참고. 겔33:1 이하). 그와 동시에 찬송이기에 "저"와 "거문고"에도 빗대어집니다(고전14:7). 그러나 한국 교회 성도들에게는 방언이 하나님의 말씀인

---

28) 고린도전서 14:4을 직역하면, '방언으로 말하고 있는 자는 자기를 세우고 있지만, 예언하고 있는 자는 교회를 세우고 있다'입니다. 이 구절을 근거로 방언은 개인적인 은사이고 예언은 공동체적인 은사라는 식으로 치부해서는 안 됩니다. 성령님께서는 교회를 바르게 세우기 위해 (방언을 포함한) 은사들을 주셨습니다(고전12:12~31). 그러나 고린도교회가 예배 중에 방언을 통역하지 않음으로써 그 본래의 목적인 교회를 바르게 세우는 일과 무관해져버린 것입니다.

동시에 찬송도 되며, 기도도 된다는 이 사실이 그리 친근하게 다가오지 않을 것입니다. 물론 서로 연관되어 있는 것은 사실이지만, 여하튼간에 이 세 가지는 서로 다른 것이기 때문입니다.

그러나 우리는 성경에서 그 실례를 쉽게 찾을 수 있습니다. 그 대표적인 것이 바로 **시편**입니다. 시편은 시와 노래들로 이루어진 **찬송**입니다. 그리고 이 중 많은 것들이 **기도**입니다. 동시에 각각의 모든 시들은 하나님의 **계시**이며, **말씀**입니다. 방언은 이와 같습니다. 물론 시편들 가운데 일부 설교적 문체들도 있지만, 이 시편들이 모두 설교는 아닙니다. 그리고 이스라엘 백성들은 심지어 설교적 문체나 서사적 문체를 가진 시편들 - 예를 들면, 시편 78편과 같은 - 조차도 하나님께 올리는 찬송으로 불렀습니다.

구약 교회였던 이스라엘 백성들뿐 아니라 신약 교회 역시 전통적으로 이 시편 말씀을 예배 찬송으로 사용했습니다. 그들에게 있어서 시편은 하나님의 말씀일 뿐 아니라 찬송가였으며, 또한 신앙고백이기도 했습니다.[29] 그뿐 아니라 시편 중 많은 내용들은 기도의 형식을 하고 있습니

---

29) 개혁교회와 장로교회는 공예배 찬송으로 시편을 부르는 전통을 이어오고 있습니다. 그 중 어떤 교회들은 예배 중에 시편 찬송만 부르고(exclusive psalmody), 다른 교회들은 시편(Psalms)과 찬송가(hymns)를 함께 부르는 차이가 있을 뿐입니다(참고. 엡5:19). 공예배 중에 시편을 부르지 않는 개혁주의 교회는 거의 없다고 해도 과언이 아닙니다. 그런데, 개혁주의 교회들이 예배 중에 사용하는 시편 찬송집 속에는 일반적으로 그들이 고백하는 신조들과 신앙고백들이 당연하다는 듯이 함께 포함되어 있습니다. 개혁주의 전통에서 말씀과 찬송과 신앙고백이 언제나처럼 함께 병행하며, 이것들을 따로 따로 떼어서 분리시킨다는 것은 상상할 수 없는 일이기 때문입니다. 그러나 이러한 전통은 점점 사라져가고 있는 현실입니다. 오죽하면 남아프리카 공화국의 개혁주의 신학자 반더발(Vanderwaal)이 이렇게 개탄했겠습니까?
"교회의 신앙고백서 조항들(Church's articles of faith)이 말씀과 성령의 관계에 관하여 말하고 있는 바가 무엇인지에 대한 지식이 너무나도 자주, 그리고 심히 염려스러울 정도로 빈약한 것이 사실인데, 이는 특히 젊은 세대에게 있어서 더욱 그러하다. 이는 그들의 관심 부족 때문이기도 하지만, 동시에 교회들 스스로와 그 교회의 목회자들 편에서 이러한 점을 천박할 정도로 경시하고 있기 때문이다. 오순절파 교회가 많은 남아프리카에서, 최소한 백오십만 명 이상의 회원을 가진 화란 개혁 교회(the Dutch Reformed Church, 필자 주: DRC)가 최근 신앙고백(the articles

다. 이를 통해, 구약의 이스라엘과 신약 교회는 하나님의 말씀에 기반을 둔 찬송과 기도를 신앙의 유산으로 물려줄 수 있었습니다.[30]

이러한 전통은 오늘날 특히 개혁신앙(Reformed Faith)을 따르는 개혁교회와 장로교회 예배 속에서 계속 유지되고 있습니다.[31] (나라와 교파마다 약간씩의 차이가 있긴 하지만) 개혁신앙을 고백하는 교회들의 예배는 일반적으로 온 회중이 하나님을 부르며 나아가는 '예배로의 부름(Votum)'과 이에 대한 하나님의 '화답(또는 축복의 인사, Salutation)'으로 시작[32]하는데, 이는 일반적으로 예배 인도자와 회중들이 정해진 성경 구절을 읽음으로 진행됩니다. 그 다음 하나님과 그 백성 사이의 언약의 말씀인 '십계명'을 읽고 온 교회가 함께 '죄의 공적 고백'을 하며, 인도자가 '사죄를 약속'하는 성경 구절을 읽습니다. 그 다음에는 '성경 봉

---

of religion)을 뺀 찬송가(hymnal)를 출간하였다"(Vanderwaal, *Covenantal Gospel*, 142). 한국 교회는 찬송과 신앙고백이 서로 관련되어 있다는 이 귀한 전통을 제대로 배운 적이 별로 없습니다. 그러나 그 대신, 한국 교회는 예배 시간에 사용하는 찬송가(hymns) 뒤에 딸려 있는 교독문 - 주로 시편들 - 을 예배 순서 중에 꼭 한 번은 함께 읽는 좋은 전통을 이어왔습니다. 이 역시 시편으로 대변되는 하나님의 말씀과 찬송이 얼마나 긴밀하게 연결되어 있는지를 잘 보여줍니다. 그러나 안타깝게도 한국 교회 성도들 가운데 교독문이 (곡조가 붙어 있지 않은) 찬송이라는 사실을 알고 있는 사람이 극히 드뭅니다. 한국 교회의 이러한 무지는 하나님의 말씀과 찬송과 신앙고백의 괴리현상을 가져온 여러 가지 이유 중 하나가 되었습니다.

30) 이런 의미에서 볼 때, 흔히 기도를 '곡조 없는 찬송'으로 표현하는 것은 참으로 성경적입니다. 이는 오래 전부터 신앙의 선조들이 '기도'와 '찬송'의 긴밀한 연관관계를 인지해왔음을 잘 보여줍니다.

31) 외국의 경우와는 달리, 한국의 대다수 개혁주의 교회들은 감리교, 성결교 등 다른 교파와의 지나친 갈등과 경쟁 구도를 막기 위해 신앙고백과 무관한 초교파적인 찬송가집을 주로 사용하고 있습니다. 이렇게 편집된 찬송가집 속에 시편, 그리고 신구약 성경에 나타난 찬송을 그 가사로 담고 있는 노래들은 소수에 지나지 않습니다. 이는 말씀(또는 신앙고백)과 찬송과 기도가 서로 깊은 연관관계를 가지며 어우러지는 예배를 경시할 위험성을 내재하고 있습니다.

32) 한국 교회의 예배 시작에 자주 등장하는 '시작종'을 치고 '묵상기도'를 하는 순서는 교회사적으로 그 유래를 찾기가 쉽지 않습니다. 정장복 교수는 이를 한국 선교 초창기에 잡담 금지 및 주의 환기를 통해 예배의 엄숙성을 유지하기 위한 목적에서 유래된 것으로 보았습니다. 정장복, 『그것은 이것입니다』, 32~34, 35~37을 참고하십시오.

독'과 함께 '설교'가 이어지고, 설교 후에는 눈에 보이는 하나님의 말씀인 '성찬(과 세례)' 집례가 있습니다. 그 다음에는 '목회 기도'와 '연보(봉헌)' 등이 이어지며, 마지막으로 설교자가 성경 본문으로 삼위 하나님께서 주시는 '복을 선포'함으로 예배가 끝납니다. 이 순서들 사이에 여러 번의 '찬송'이 있습니다. 기도와 찬송과 연보를 제외한 모든 순서가 성경 본문과 직접적으로 관련되어 있습니다. 이뿐 아니라 기도와 찬송(시편과 하나님의 약속에 근거한 노래들) 역시 철저히 하나님의 말씀에 기반을 둔 소망과 감사임을 상기하면 개혁주의 예배 순서는 처음부터 끝까지 철저히 하나님의 말씀의 풍요함으로 가득 차있습니다.[33] 하나님의 말씀으로 시작하여 그분의 말씀으로 진행하고, 결국 그분의 말씀으로 끝나는 예배, 이러한 예배야말로 하늘의 신령한 복이 쏟아지는 현장이요, 하늘의 문이 열리는 '열린 예배'가 아니겠습니까?[34]

---

33) 전통적 개혁주의 예배가 그 순서와 내용에 있어서 얼마나 참여적이며 역동적인 것인가에 대해서는 van Dooren, 『언약적 관점에서 본 예배의 아름다움』; Johnson ed., *Worship*; Johnson and various authors, *Worship*; Hart and Muether, *Revenrence and Awe*; Ryken, Thomas and Duncan ed., 『개혁주의 예배학』; Horton, 『개혁주의 예배론』; 안재경, 『예배, 교회의 얼굴』; Deddens, 『예배, 하나님만을 향하게 하라』 등을 참고하십시오.

34) 1990년대부터 한국에는 소위 '열린 예배'라는 것이 엄청난 붐을 일으켰습니다. 하나님께서 불신자들의 예배를 기뻐하신다는 것이 그 밑바탕에 깔려 있는 신학적 전제입니다. 그러나 성경이 우리에게 가르쳐주는 예배는 오히려 세상에 대하여 닫히고, '하늘에 대하여 열린 예배'입니다. 왜냐하면 참 교회는 ①하늘과 땅을 통일하신 예수 그리스도(엡1:10; 참고. 요1:51) 안에서 ②오직 믿음으로 그분과 연합하여 세례를 받음으로써(롬6:3~4; 갈3:27; 참고. 고전10:1~2) ③하늘에 계신 그분과 한 몸이 되었고(고전12:12~13; 엡1:22~23, 4:4~6), ④이제 그분 안에서 그분과 함께 하늘에 앉은 자(엡2:6)가 되었기 때문입니다. 그러므로 예배야말로 닫힌 하늘이 열려 하늘에 계신 성부와 성자께서 성령을 통해 교회에게 임하시고, 교회는 성령 안에서 하늘에 계신 성부와 성자께로 올라가는 현장입니다. 즉, '하늘에 대하여 열린 예배'야말로 진정한 '열린 예배'입니다. 개혁자 칼빈은 바로 이 성경적 신앙을 자신의 성찬론에 그대로 적용했는데, 그것이 바로 '영적 임재설(real spiritual presence, 또는 pneumatic presence)'입니다. 그는 이를 통해 로마 천주교의 '화체설(transubstantiation)'을 물리쳤을 뿐 아니라 한 세대 이전의 개혁자들인 루터와 쯔빙글리가 각각 주장한 '공재설(consubstantiation)'과 '기념설(memorialism)'의 약점까지도 뛰어넘었습니다. 이는 후대의

하나님의 큰 일

이제 마지막으로 확인해야 할 것이 하나 있습니다. 이는 방언이 만일 설교적 은사가 아니라 기도나 찬송이었다면, 사도행전에서의 방언도 정말 그러했는지 확인하는 일입니다. 다른 것은 몰라도 사도행전 2장의 오순절 첫 방언만큼은 찬송과 기도라기보다는 오히려 설교에 가깝지 않았을까요? 그러나 성경을 살펴보면, 사도행전의 방언 역시 기도나 찬송이었다는 사실을 알 수 있습니다.

오순절에 성령을 받은 사람들이 각종 방언으로 한 일을 한 마디로 요약할 수 있는데, 이는 그들이 "하나님의 큰 일"을 말했다는 것입니다. 그들의 이 행동을 보고 들은 사람들이 놀라면서 이렇게 말했습니다.

> "… 우리가 다 우리의 각 방언으로 **하나님의 큰 일을 말함**을 듣는도다 …"(행2:11)

그러자 사도들과 함께, 그리고 그들을 대표해서 베드로가 설교하기 시작했습니다(행2:14 이하). 다시 말하자면, 베드로의 설교는 방언 현상에 대해 놀라거나 조롱하는 - 새 술에 취하였다고(행2:13) - 이들에 대한 반응이었습니다.[35] 오순절에 제자들이 방언을 할 때, 그것이 설교였는지 아니었는지는 본문에 분명하게 나타나지는 않습니다. 성경이

사람들이 칼빈을 '성령의 신학자'라 부르는 이유가 되었습니다. 칼빈의 이러한 성찬론에 대해서는 Calvin, *Institutes*, IV, 17.1~50을 참고하십시오. 그리고 개혁신앙의 관점에서 이상의 네 종류의 성찬론에 대한 간단한 개요와 평가로는 Letham, *Lord's Supper*, 19~29를 참고하십시오.

35) 사도 베드로와 다른 사도들이 방언으로 설교했다고 생각하기 쉽지만, 사도행전의 문맥상 베드로의 설교(행2:14 이하)는 그 이전에 사도들이 말했던 방언(행2:1~13)과 구분되어 있습니다.

분명히 밝히고 있는 사실은 그들이 방언으로 '하나님의 큰 일을 말했다'는 점입니다.[36]

우리는 이미 '제 1장 바벨 & 교회'에서 오순절의 첫 방언과 고넬료의 가정에 나타난 방언이 같은 현상이었음을 고찰했습니다. 만일 그것이 옳다면, 방언이 설교가 아니라 기도나 찬송이었다는 이 사실에 있어서도 이 양자는 동일해야 합니다.

사도행전 10장에서, 베드로는 고넬료의 가정에 임한 방언이 오순절에 자신들이 받은 것과 동일하다는 사실을 깨닫고, 그들에게 세례 주는 일을 주저하지 않았습니다. 이 때, 베드로는 이 동일한 현상에 대하여, 오순절 방언에 대한 묘사였던 "하나님의 큰 일을 말함"(행2:11) 대신 "하나님 높임"이라는 표현을 사용하고 있습니다. 다시 말하자면, '하나님의 큰 일을 말함'은 '하나님 높임'과 같은 뜻을 가진 다른 표현입니다.[37]

> "베드로가 이 말 할 때에 성령이 말씀 듣는 모든 사람에게 내려오시니[44] 베드로와 함께 온 할례 받은 신자들이 이방인들에게도 성령 부어주심을 인하여 놀라니[45] **이는 방언을 말하며 하나님 높임을 들음이러라**[46] 이에 베드로가 가로되 **이 사람들이 우리와 같이 성령을 받았으니** 누가 능히 물로 세례 줌을 금하리요 하고[47] 명하여 예수 그리스도의 이름으로

---

[36] 어떤 이들은 사도들이 실제로 방언으로 말한 것이 아니라 한 언어로 말했는데, 그것이 듣는 자들에게 여러 언어로 들렸을 가능성을 제기합니다. 그러나 이는 지나친 비약인데, 사도행전 2:4이 분명히 이렇게 증거하기 때문입니다: "… 다른 방언으로 말하기를 시작하니라". 이 본문에 대한 개혁주의 신학자 바빙크(Bavinck)의 단호한 해석은 우리에게 도움을 줍니다: "누가의 묘사에 의하면, 우리는 여기서 청취의 이적이 아닌 말 또는 언어의 이적(not with a miracle of hearing but with a miracle of speaking or language)으로 다루어야 한다"(Bavinck, *Dogmatics Vol. 3*, 501).

[37] 이에 대해서는 이 책 '제 1장 바벨 & 교회'의 '그림 1. 오순절과 고넬료 가정의 성령 강림'을 참고하십시오.

세례를 주라 하니라 저희가 베드로에게 수일 더 유하기를 청하니라.[48]"
(행10:44~48)

"내가 말을 시작할 때에 **성령이 저희에게 임하시기를 처음 우리에게 하신 것과 같이 하는지라**"(행11:15)

그렇다면 '하나님의 큰 일을 말함'과 '하나님 높임'은 과연 무엇을 의미할까요? 그것을 설교라고 간주하기는 힘듭니다. 왜냐하면 고넬료의 가정에서 실제로 하나님의 말씀을 전하고 가르치는 입장에 있던 사람은 베드로였기 때문입니다. 오히려 고넬료 가정의 방언은 하나님의 말씀을 믿음으로 영접한 결과였습니다. 즉, 그들의 방언은 말씀에 대한 믿음의 반응이었습니다. 이렇게 본다면, '하나님 높임'은 설교라기보다는 오히려 믿음의 반응으로 나타난 찬송이나 기도라고 보는 것이 훨씬 더 자연스럽습니다.

이뿐 아니라 더 분명한 증거가 있는데, 그것은 '하나님의 큰 일을 말함'으로써 하나님을 높여드리는 것이 성경에서 자주 찬송이나 기도와 연관되어 나타난다는 사실입니다. **성경, 특히 구약성경에서 '하나님의 큰 일'은 여호와께서 행하신 구원을, 그리고 그것을 '높여드리는' 것은 이에 대한 찬송이나 기도를 의미할 때가 많습니다.**

홍해의 기사를 목도한 이스라엘은 그들을 구원하신 여호와께 믿음으로 반응했습니다. 그것은 그들이 '여호와께서 베푸신 큰 일'을 본 후에 모세와 함께 여호와를 찬송함으로 나타났습니다.

"이스라엘이 **여호와께서 애굽 사람들에게 베푸신 큰 일을 보았으므로**

백성이 여호와를 경외하며 여호와와 그 종 모세를 믿었더라₁₄:₃₁ 이 때에 모세와 이스라엘 자손이 이 노래로 **여호와께 노래**하니 일렀으되 내가 **여호와를 찬송**하리니 그는 높고 영화로우심이요 말과 그 탄 자를 바다에 던지셨음이로다₁₅:₁"(출14:31~15:1)

모세는 말년에 여호와께서 행하신 큰 일에 기대어 간구하면서 하나님의 이름을 높입니다.

"그 때에 내가 **여호와께 간구**하기를₂₃ 주 여호와여 주께서 **주의 크심과 주의 권능**을 주의 종에게 나타내시기를 시작하였사오니 천지간에 무슨 신이 **능히 주의 행하신 일 곧 주의 큰 능력으로 행하신 일** 같이 행할 수 있으리이까₂₄"(신3:23~24)

다윗은 여호와께서 행하신 큰 일, 즉 그분의 구원사역을 깨닫고 기도를 통해 그분을 높여드립니다.

"주의 말씀을 인하여 주의 뜻대로 이 모든 **큰 일**을 행하사 주의 종에게 알게 하셨나이다₂₁ 여호와 하나님이여 이러므로 주는 광대하시니 이는 우리 귀로 들은 대로는 주와 같은 이가 없고 주 외에는 참 신이 없음이니이다₂₂ 땅의 어느 한 나라가 주의 백성 이스라엘과 같으리이까 하나님이 가서 구속하사 자기 백성을 삼아 주의 명성을 내시며 저희를 위하여 **큰 일**을, 주의 땅을 위하여 **두려운 일**을 애굽과 열국과 그 신들에게서 구속하신 백성 앞에서 행하셨사오며₂₃"(삼하7:21~23)

"여호와여 주께서 주의 종을 위하여 주의 뜻대로 **이 모든 큰 일**을 행하사 **이 모든 큰 일**을 알게 하셨나이다.19 여호와여 우리 귀로 들은 대로는 주와 같은 이가 없고 주 외에는 참 신이 없나이다.20 땅의 어느 나라가 주의 백성 이스라엘과 같으리이까 하나님이 가서 구속하사 자기 백성을 삼으시고 **크고 두려운 일**로 인하여 이름을 얻으시고 애굽에서 구속하신 자기 백성 앞에서 열국을 쫓아내셨사오며.21 주께서 주의 백성 이스라엘로 영원히 주의 백성을 삼으셨사오니 여호와여 주께서 저희 하나님이 되셨나이다.22"(대상17:19~22)

요엘 선지자 역시 '큰 일'을 행하신 여호와를 찬양하는데, 이 구절이 오순절 성령 강림 – 신약 교회에게 최초로 방언이 주어진 – 에 대한 예언(욜2:28~32; 참고. 행2:16~21에서 인용) 바로 앞의 문맥 가운데 등장하고 있다는 사실은 실로 의미심장합니다. 요엘에 의하면, 여기서 언급된 여호와께서 행하실 '큰 일'이란, 궁극적으로 성령 강림에 이르러 절정에 달하게 될 바로 그 종말론적 사건을 가리키기 때문입니다.

"땅이여 두려워 말고 기뻐하며 즐거워할지어다 여호와께서 **큰 일**을 행하셨음이로다.21 … 그 후에 내가 내 신을 만민에게 부어주리니 너희 자녀들이 장래 일을 말할 것이며 너희 늙은이는 꿈을 꾸며 너희 젊은이는 이상을 볼 것이며.28 그 때에 내가 또 내 신으로 남종과 여종에게 부어줄 것이며.29 내가 이적을 하늘과 땅에 베풀리니 곧 피와 불과 연기 기둥이라.30 여호와의 크고 두려운 날이 이르기 전에 해가 어두워지고 달이 핏빛같이 변하려니와.31 누구든지 여호와의 이름을 부르는 자는 구원을 얻으리니 이는 나 여호와의 말대로 시온 산과 예루살렘에서 피할 자가 있을 것임이요 남은 자 중에 나 여호와의 부름을 받을 자가 있을 것임이니라₃₂"(욜2:21,28~32; 참고. 행2:11,16~21)

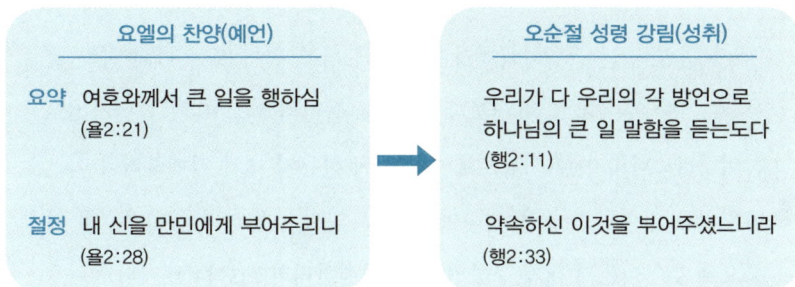

그림 3. 요엘의 찬양(예언)과 오순절 성령 강림(성취)

이렇게 구약성경에서는 여호와께서 행하신 '큰 일'을 말하는 것이 여호와를 높여드리는 행위, 즉 기도나 찬송을 의미할 때가 많습니다. 그리고 이러한 증거는 신약성경에도 나타납니다.

예수님의 모친 마리아는 큰 일을 행하신 하나님을 찬송함으로 그분을 높여드립니다.

"능하신 이가 큰 일을 내게 행하셨으니 그 이름이 거룩하시며"(눅1:49)³⁸

---

38) "'큰 일(great things)'(*megala*)은 출애굽 사건 중에 나타난 하나님의 전능하신 행위들을 상기시킨다(신10:21)"(Pao and Schnabel, "Luke", 261). 누가복음 1:49에 대한 파오(Pao)와 슈나벨(Schnabel)의 이 주해는 바로 앞에서 필자가 언급한 출애굽기 14:31의 '큰 일'과 마리아의 노래 속에서 표현된 '큰 일'의 연관성을 더욱 강하게 뒷받침합니다. 이뿐 아니라, 성경 전체에 걸친 구속사의 흐름 속에서, 모세의 노래(출15:1~18), 한나의 노래(삼상2:1~11), 다윗의 노래(삼하22장; 시18편), 마리아의 노래(눅1:46~55), 유리바닷가에서의 성도들의 노래(계15:3~4)는 서로 긴밀한 연결성을 가집니다. 이 노래들은 같은 주제 – '왕이신 여호와와 그 백성에 대한 구원과 영원무궁한 통치' – 를 서로 다른, 그러나 유사한 노랫말로 찬양하고 있습니다. 이뿐 아니라, 이 노래들은 모두 '출애굽 주제(exodus theme)'로 연결되어

예수님께서는 그분 자신이 행하신 일보다 더 큰 일을 장차 사도들이 행하게 될 것이라고 말씀하시면서 이를 기도에 대한 교훈으로 연결시키십니다.

> "내가 진실로 진실로 너희에게 이르노니 나를 믿는 자는 **나의 하는 일**을 저도 할 것이요 또한 **이보다 큰 것도** 하리니 이는 내가 아버지께로 감이니라₁₂ **너희가 내 이름으로 무엇을 구하든지 내가 시행하리니** 이는 아버지로 하여금 아들을 인하여 영광을 얻으시게 하려 함이라₁₃ **내 이름으로 무엇이든지 내게 구하면 내가 시행하리라**₁₄"(요14:12~14)

이 구절의 내용은 앞에서 언급한 다른 본문들과는 좀 다릅니다. 이전의 본문들은 하나님께서 이미 행하신 큰 일을 높여드리는 찬송이나 기도입니다. 그러나 이 구절은 사도들 자신이 예수님께서 그동안 해 오셨던 일 - 하나님의 '큰 일'을 성취하시는 그분의 구원 사역 - 을 계속

있습니다(실제 애굽으로부터의 출애굽, 새 모세인 다윗을 통한 새 출발[a new exodus], 새 다윗이신 어린 양 예수 그리스도를 통한 종말론적 새 출애굽[the eschatological New Exodus]). 이런 점에서 볼 때, 한나, 다윗, 마리아, 유리바닷가 성도들의 찬송은 원 출애굽(the original Exodus) 때 취입한 모세의 원곡에 대한 리메이크 작품들(remake versions)입니다. 이 사실은 필자가 앞에서 언급한 본문들 속에서 모세와 다윗이 고백한 하나님의 '큰 일'이 신약의 노래(찬송) 속에 등장하는 '큰 일'과 매우 긴밀한 연관관계를 지니고 있음을 암시합니다. 또한 이 사실은 오순절 성령 강림 때 발생한 찬송과 기도로서의 방언 현상이 예수 그리스도를 통해 '종말론적 새 출애굽(the eschatological New Exodus)'을 일으키신 하나님의 '큰 일'을 노래하는 것과 관련되어 있음을 강하게 뒷받침합니다. 이 오순절에 출애굽(the original exodus) 때와 마찬가지로, 그러나 새 모세, 새 다윗이신 예수 그리스도 안에서 그 때보다도 더 큰 일이 발생하고 있습니다. 애굽과 그 신들이 심판받은 것처럼, 살아계신 하나님의 독생자 예수 그리스도를 거절하는 자들에게 심판이 임할 것입니다. 이스라엘이 유월절 어린 양의 피로 구원받은 것처럼, 죽으시고 부활하신 예수 그리스도의 이름으로 세례를 받고 죄 사함을 얻는(행2:38) 자들에게는 놀라운 구원이 임하고 성령이 선물로 주어질 것입니다. 그래서 베드로는 이 말로 자신의 설교를 끝냅니다. "너희가 이 패역한 세대에서 구원을 받으라"(행2:40).

해서 수행하는 대리자들이 된다는 점에서 앞의 본문들과는 차이가 있습니다. 하지만 이 구절이 오순절 성령 강림에 대한 예언들(요14~16장) 속에 위치한다는 점에서 그 의미를 무시할 수 없습니다. 뿐만 아니라 예수님께서는 제자들이 이 큰 일을 수행하기 위해 기도해야 할 것을 말씀하심으로 '큰 일'과 '기도' 사이에 강력한 연결 고리가 있음을 가르치셨다는데 의미가 있습니다.

사도들은 높아지신 예수님께 기도함으로써 하나님의 구원사역이라는 이 '큰 일'을 대행하는 구원자들이 될 것입니다. 그리고 이는 오순절 성령 강림을 통해 가능해질 것입니다. 하늘 보좌에 앉으신 예수님께서, 이제 제자들에게 선물로 주신 성령을 통해 하늘의 뜻을 이 땅 위에 이루어달라는 그들의 기도를 성취해나가실 것이기 때문입니다. 성령님께서 머리(예수님)와 몸(사도들과 교회)을 한데 연합시키십니다. 사도들과 교회가 땅 위에서 드리는 찬송과 기도를 하늘로 올리시며, 하늘의 복된 말씀을 이 땅으로 내려주십니다. 예수 그리스도 안에서 하나님과 교회가 화목된 것과 마찬가지로, 이제 성령 안에서 교회가 성부, 성자와 연합하는 이 복이 새 성전이 된 교회로부터 시작하여 온 세상으로 흘러나가게 될 것입니다.

이러한 의미에서, 신약의 첫 오순절(행2장)은 하늘과 땅 전체를 찬송으로 인도하는 축포와도 같습니다. 예수님이 탄생하신 날, 인간 목자들은 "크게 무서워"[39]한 반면(눅2:9) 하늘의 천군과 천사들이 찬송을 주도했습니다(눅2:13~14).[40] 그러나 이 오순절 성령 강림을 통해, 새로운 찬

---

39) 헬라어로 이 표현은 매우 강조되어 있습니다. 이를 직역하면, '큰 두려움으로 두려워했다'가 되는데, '두려움(포보스, φόβος)'이라는 명사와 '두려워하다(포베오, φοβέω)'는 동사를 함께 사용하여 그들의 두려움이 얼마나 컸는지를 강조하고 있습니다.

40) 누가복음 2:20을 보면, 천사들뿐 아니라 목자들 역시 구유에 누인 아기 예수님을 만난

양대가 출범했습니다. 천사들 대신 인간 찬양대가 "각 방언으로 하나님의 큰 일을" 소리 높여 찬양하며, 그분을 높이기 시작했습니다(참고. 행2:11, 10:46~47).[41] 하늘의 영광스런 천사들이 인간 찬양대에 자신들의 자리를 내어주고, 관객이 되었습니다. 천사보다 더 큰 "영광과 존귀로 관 쓰신 예수"(히2:7,9) 그리스도께서 성령을 선물로 주심으로 그분 자신이 제자들의 예복이 되셨기 때문입니다(참고. 롬13:14; 갈3:27). 천사들이 우선권을 가지고 전해왔던 구원의 계시를(행7:35,38,53; 갈3:19; 히1:7, 2:2) 이제 인간들이 온 세상에 전하게 될 것입니다(행1:8).[42]

요약하자면, 오순절 성령 강림 때 발생한 '방언'은 하나님께서 천사들보다 인간의 찬양과 기도를 우선적으로 받으시고, 그들을 통해 예수 그리스도의 구원 사역을 온 세상에 확장하는 종말론적 새 시대(the escha-

---

후에 "하나님께 영광을 돌리고 찬송하며 돌아가"는 장면이 나옵니다. 그러나 그 성탄절 밤에 찬송을 주도한 것은 무엇보다도 천군과 천사들이었으며, 인간 목자들의 찬송은 그 다음이었습니다.

41) "도대체 어떻게 해야 이제 막 설립된 이 작은 세계 교회로 하여금 각양 많은 언어로 하나님의 능하신 일을 선포하게 하신 것보다 더 좋게 이 일이 이루어질 수 있겠는가? 창조 시에 새벽별들이 노래했고, 하나님의 모든 자녀들이 기쁨으로 외쳤다(필자 주: 욥38:7, 여기서의 '새벽별들'과 '하나님의 자녀들'은 천사들을 가리키는 표현일 것이다). 그리스도께서 탄생하셨을 때, 허다한 천군이 하나님의 기쁘신 뜻에 대하여 환호의 노래를 올려드렸다(필자 주: 눅2:13~14, 이들 역시 천사들이다). 교회의 생일에는 교회 자신이 각양 많은 언어로 하나님의 큰 일을 선포한다"(Bavinck, *Dogmatics Vol. 3*, 502~503).

42) 구약시대에 하나님의 계시의 우선적인 전달자는 하늘의 천사들이었습니다. 그리고 심지어는 예수님의 탄생, 부활과 재림의 소식까지도 천사들이 먼저 인간에게 전해줍니다. 그러나 오순절 성령 강림 이후로는 인간들이 우선권을 가지고 이 구원의 복음을 온 세상에 전합니다. 오순절 성령 강림을 기점으로, 천사들은 찬양뿐 아니라 계시 전달과 복음 전파에 있어서도 인간들에게 그 우선권을 내어줍니다. 그러므로 계시록은 (소)아시아에 있는 일곱 교회의 목회자·설교자들을 가리켜 '사자(천사, angel, 헬라어로는 앙겔로스[ἄγγελος])'라고 부릅니다. 이제 새 언약시대에는 인간 사자들(human angels)이 하늘의 영적 천사들(heavenly spiritual angels)보다 더 우선권을 가진 계시 전달자 및 복음 전파자로 승격되었기 때문입니다. 오늘날 한국 교회 안에는 천사 – 심지어는 예수님 – 를 직접 만나 계시를 받았다고 하는 신비주의자들이 넘쳐나고 있습니다. 만일 우리가 오순절 성령 강림 사건과 방언의 참된 의의를 알게 되면, 이것이 얼마나 비성경적이고, 반(反) 기독교적인 현상인지 쉽게 통찰할 수 있습니다.

도표 1. 옛 언약에서 새 언약으로

	옛 언약의 천사와 첫째 아담 이후의 인간	둘째 아담이신 그리스도(직분자)와 새 언약의 교회
송영	천사: 찬송과 경배를 올려드림 인간: 다윗 역시 찬양대를 조직	그리스도: 성부의 영광을 드러냄 사도: 오순절에 방언으로 송영 교회: 찬송과 경배를 올려드림
말씀	천사: 하나님의 계시를 인간에게 전달 직분자들: 받은 계시를 백성에게 전달	그리스도: 성부의 계시를 드러냄 사도: 그리스도의 복음으로 교회 설립 목사: 사도적 복음을 교회에게 전함 성도: 이 복음을 온 세상에 전함
심판	천사: 하나님의 심판을 대행 직분자들: 하나님의 심판을 대행	그리스도: 자신이 성부께 심판을 받음 　　　　　성부와 함께 성령을 보내심 　　　　　장차 심판하러 다시 오심 사도: 옛 이스라엘과 교회를 심판 　　　(설교와 성례와 권징으로) 장로: 하나님의 심판을 대행 　　　(권징으로 교회의 성도들에게) 성도: 하나님의 심판을 대행 　　　(전도로 교회 밖의 세상에게)
위로	천사: 하나님을 대신해 백성들을 보호 직분자들: 하나님의 백성들을 보호	그리스도: 성부의 택하신 자들을 보호 사도: 그리스도의 교회를 보호 집사: 교회 안의 연약한 자들을 보호 성도: 성도를 서로 사랑함으로 섬김 　　　세상에 긍휼의 복음을 전함
신분	천사: 하나님의 아들들(욥1~2장, 38:7) 이스라엘: 하나님의 장자(출4:22~23) 　　　　　하나님의 입양된 아들(롬9:4)	그리스도: 성부의 독생자(친아들)이자 장자 사도: 그리스도의 형제이자 친구 　　　(마12:46~50, 28:10; 요15:13~15) 교회: 그리스도의 신부(새 하와) 　　　(고후11:2~3) 성도: 성부의 입양된 자녀들(롬8:15)

tological New Age)를 여셨음을 포고하는 표적(sign)으로서의 찬송입니다. 이제 천사들이 인간을 섬기고(히1:14), 인간이 온 세상과 천사까지도 심판하는(고전6:2~3) 새 시대가 열렸습니다.[43] 하나님께서는 이 첫 오순절에, 높아지신 그리스도 안에서 함께 높아진 성도들의 첫 찬송을 기쁘게 받으셨습니다. 첫째 아담 안에서 모든 인류가 함께 타락하여 잃어버린 송영(頌詠)이 이제 새·둘째·마지막 아담이신 그리스도 안에서 높아진 새 인류(new man, 참고. 엡2:5~6,15)에 의해 다시 울려 퍼지게 된 것입니다(참고. 롬5:12~21).

다함께 화답하는 예배

이상의 내용을 통해 알게 되는 것은 방언은 '하나님의 큰 일'을 말함으로써 '하나님을 높여드리는' 것인데, 이는 설교적 은사라기보다는 오히려 기도나 찬송이었다는 사실입니다. 이는 방언이 가지는 참으로 독특한 성격이 아닐 수 없습니다.

방언은 하나님의 말씀임에도 불구하고 하나님의 말씀과 관련한 다른 은사들과는 달리 설교나 가르치는 은사가 아닙니다. 방언은 '하나님의 계시'를 받아 '비밀', 즉 '복음'을 '외국어'로 말하는 은사입니다(고전14:2). 그럼에도 불구하고, 방언은 설교적 은사들과는 달리 사람을 그 일차적인 대상으로 하지 않습니다. 방언은 하나님께 말하는 은사입니다(고전14:2). 왜냐하면 방언은 '하나님의 큰 일', 즉 그분이 행하신 큰

---

[43] 사도 바울은 바로 이를 근거로, 교회의 법정(consistory) 대신 세상의 재판장에게 성도 간에 서로 송사하는 일을 강하게 책망합니다. 후자는 우리의 몸을 속박하며 죄를 억제하는 기능을 할 수 있으나, 전자로부터 시행되는 권징은 천국의 문을 닫고 여는 더 큰 권세를 가졌기 때문입니다(참고. 하이델베르크 교리문답 제 85문답). 옛 언약시대에는 천사들이 자주 하나님을 대리하여 인간들을 심판했으나, 이제 오순절 이후에는 교회의 치리회(당회와 노회)가 하나님을 대리하여 이 일을 시행합니다.

구원을 깨달아 '그분을 높여드리는' '찬송' 또는 '기도'[44]이기 때문입니다 (행2:11, 10:46; 고전14:7,14~15). 방언은 하나님께서 행하신 큰 구원에 대한 반응이므로 "축복(praise, 필자 주: '찬송'으로도 번역 가능)"과 "감사(thanksgiving)"로 이어지는 것이 자연스럽습니다(고전14:16).[45] 그러므로 사람을 대상으로 말씀을 전하여 교회 전체의 덕을 세우는 예언과는 달리, 방언은 타인보다는 방언하는 자 자신에게 우선적으로 덕이 됩니다(고전14:4~5). 그런 의미에서 방언은 말씀을 설교하고 가르치는 은사들보다 더 클 수 없습니다(고전12:31). 그러나 만일 방언이 예배시간에 통역된다면, 모인 성도들 모두가 '하나님의 큰 일', 다시 말하자면 예수 그리스도 안에서 성취된 큰 구원('복음의 비밀')에 대하여 "아멘"(고전14:16)으로 화답하여 다함께 '하나님을 높여드릴' 수 있으므로 온 교회에 덕이 됩니다.

하늘 보좌에 앉으신 그리스도로부터 성령을 선물로 받은 신약 교회가 가장 먼저 한 일은 설교가 아니었습니다. 봉사가 아니었습니다. 선교와 전도가 아니었습니다. 그들이 가장 먼저 한 일의 대상은 사람이 아니라

---

44) 우리는 일반적으로 기도를 하나님께 소원을 아뢰는 것으로만 생각하기 쉽습니다. 그러나 예수님께서 가르쳐주신 기도문(마6:9~13; 눅11:2~4)에도 있듯이 기도의 시작은 하나님의 이름을 부르고, 그분의 이름을 높여드리는 것입니다. 이런 의미에서 볼 때, 찬송과 기도는 흔히 생각하는 것보다 훨씬 더 밀접한 관련을 가지고 있습니다. 찬송을 '곡조 있는 기도'라고 하는 것은 결코 지나친 표현이 아닙니다.

45) *한글개역성경*에서 '축복할'로 번역된 이 헬라어 동사는 '율로게오(εὐλογέω)'인데, 이에 대해서는 이 책 제 3장의 각주 27을 참고하십시오. 이 단어는 *한글개역성경* 곳곳(마14:19; 막6:41; 눅9:16, 24:30 등)에서 '축사하다'로 번역되었습니다. 그리고 '감사'로 번역된 이 헬라어 명사는 '유카리스티아(εὐχαριστία)'인데, '감사(하는 마음)(thankfulness, gratitude)', '감사의 기도(the rendering of thanks, thanksgiving)'라는 뜻이며, 영어의 '성찬(Eucharist)', '성찬 감사(eucharist)' 등이 여기서 파생했습니다(Bauer, *Lexicon*, 328~329). 이 단어의 동사는 '유카리스테오(εὐχαριστέω)'인데, *한글개역성경*의 여러 곳(마15:36; 막8:6; 요6:11,23; 행27:35; 고전11:24 등)에서 '축사하다'로 번역되었습니다. 이 두 단어가 사용된 구절들을 서로 비교해보면, 상호 교체적으로 사용되어도 큰 무리가 없음을 알 수 있습니다.

하나님이었습니다. 그들은 찬송과 기도를 통해, 큰 구원을 베푸신 하나님께 모든 영광과 경배를 올려드렸습니다.[46]

오순절 성령 강림이 하나님께서 하늘에서부터 쏘아내린 역(逆) 바벨 운동의 축포라면, 성령 받은 신약 교회의 최초의 행위인 방언은 이 축포에 화답하는 위대한 합창입니다. 옛 언약시대에 나팔과 비파와 수금과 소고와 현악과 퉁소와 제금으로 이스라엘의 찬양을 받으셨던 하나님(시150:3~5)께서는 마침내 이 모든 관현악(orchestra)보다 더 아름다운 악기, 아니 온 우주에서 가장 아름다운 악기인 인간의 목소리로 된 송영(頌詠, doxology)을 받으셨습니다. 악인들에게 둘러싸여 홀로 하나님의 율법의 말씀을 읊조리던 의인 예수 그리스도 한 사람에서 시작된 구슬픈 시편의 찬송(참고. 시1:1~2, 22:1; 마27:46; 막15:34)이 마침내 오순절에 모인 '의인들의 회중'(참고. 시1:5)에 의해 "호흡이 있는 자마다 여호와를 찬양"하는 큰 기쁨의 대규모 합창으로 이어졌습니다(참고. 시150:6). 애초에 아담이 실패한 이 사명, 즉 하나님의 영광을 드러내고 그분을 높여드려야 할 이 송영의 사명은 오직 한 분 의인이신 예수 그리스도에 의해 회복되었고, 오순절에 시작된 초대교회의 합창으로 그 절정에 이른 것입니다.[47]

---

46) "성령님이 임했을 때 120명의 성도들은 성령님이 시키시는 대로 말하기 시작했다(행2:4). 바로 예수 그리스도 안에서 하나님께서 행하신 큰일을 신학하였다(행2:11). 이처럼 신학은 원초적으로 삼위일체 하나님께서 행하신 일을 삼위일체 하나님께 아뢰며 돌려드리는 송영이다" (유해무, 『신학: 삼위일체 하나님을 향한 송영』, 284).

47) 만일 이러한 예배적, 송영(頌詠)적 시각을 갖게 되면, 장로교회의 표준 신앙고백 문서 중 하나인 웨스트민스터 소교리문답이 어렵고 무미건조한 설명문이 아님을 쉽게 알 수 있습니다. 제 1문답은 인생의 최고의 목적으로 시작합니다. 그것은 하나님의 영광을 높여 드리고 그분을 즐기는 인간, 즉 송영하는 인간입니다. 그리고 주기도문의 결론인 마지막 107문답은 하나님을 힘차게 송영함으로 끝납니다. 여기서도 기도와 찬양이 함께 연결되어 있습니다.
"제 107문: 주기도문의 결어는 우리에게 무엇을 가르칩니까?
답: '나라와 권세와 영광이 아버지께 영원히 있사옵나이다 아멘'이라고 하는 주기도문의 결어는

유월절 어린 양 - 인간의 첫 열매인 장자(firstborn)를 상징하는 - 이신 예수 그리스도께서는 장사한 지 사흘 만에 죽은 자들 가운데서 부활하심으로 잠자는 자들의 첫 열매(firstborn)가 되셨습니다(고전15:20,23). 그리고 이제 그분은 부활·승천하여 하늘 보좌에 앉으시고, 첫 열매의 떡을 바쳐드리는 이 오순절(또는 맥추절, 칠칠절, 출23:16; 레23:15~21)에 성령의 첫 열매(롬8:23)[48]를 부어주셨습니다. 그리고 성령을 선물로 받은 최초의 신약 교회는 방언의 찬송과 기도를 통해 하나님을 높여드림으로써 자신들을 첫 열매로 드렸습니다(참고. 약1:18). 이제 그리스도께서는 곡식 대신 사람을 추수하기 시작하셨고(요4:35~38), 이를 통해 새 언약의 백성들은 장자들의 총회에 속하게 되었습니다(히12:23).[49]

고넬료의 가정 역시 마찬가지였습니다. 그들이 성령 받은 결과로 가장 먼저 한 일은 찬송과 기도로 하나님을 높여드린 것이었습니다. 이는

우리가 기도에 있어서 오직 하나님으로부터 용기를 얻을 것과, 우리의 **기도**에서 나라와 권세와 영광을 그분에게 돌리면서 그분을 **찬양**하여야 한다는 것입니다. 그리고 우리의 소원과 기도 응답의 확신에 대한 증거로서 우리는 '아멘'이라고 말합니다."
한국의 장로교회 목회자들과 성도들은 신조와 신앙고백을 마치 무미건조하고 지루한 설명문들의 연속으로 생각하는 잘못된 선입관을 깨뜨려야 합니다. 이와 더불어, 신앙고백을 강조하되 이를 마치 각종 철학과 지식의 향연처럼 가르치려는 사람들 역시 자신들의 교만을 깊이 성찰해야 합니다. 신조와 신앙고백의 최고의 목표는 인간으로 하여금 하나님을 송영케 함으로써 그분께 경배하도록 인도하는 것입니다. 신조와 신앙고백을 찬송의 관점에서 쓴 글로는 Trueman, 『교리와 신앙』, 207~242를 참고하십시오.

48) 로마서 8:23의 "성령의 첫 열매"를 동격으로 해석하여 '성령 곧 첫 열매'로 볼 수 있습니다 (Hendriksen, *Romans*, 270; 박윤선, 『로마서』, 242).

49) 하나님께서는 공동체 전체로서의 이스라엘을 그분의 장자(firstborn)로 삼으셨습니다 (출4:22~23). 하나님의 독생자이신 예수 그리스도께서는 이 땅에 오셔서 하나님의 장자인 이스라엘 전체를 자신의 인격(person)과 사역(work) 안에서 성취하시는 장자(firstborn)가 되셨습니다(눅2:7,23~24,34와 출13:2,12를 비교; 마2:15와 호11:1을 비교). 그리고 이제 그리스도 예수와 합하여 세례를 받은(baptized into Christ Jesus, 롬6:3; 갈3:27; 참고. 고전10:2) 교회는 하늘에 계신 예수 그리스도의 몸이 되어 하늘에 있는 장자들의 총회와 하늘의 예루살렘에 참여한 자가 되었습니다(히12:22~23). 이로써 교회는 여호와의 장자인 옛 언약의 이스라엘을 대체하는(replace) 새 이스라엘이 되었습니다.

예수님께서 미리 예고하신 바, 성령을 보내신 목적이기도 합니다. 왜냐하면 성령님께서는 죽으시고 부활·승천하여 하늘 보좌에 앉으신 예수 그리스도의 영광을 높여드리기 위해 우리에게 오셨기 때문입니다.

> "그(필자 주: 성령님)가 내(필자 주: 예수님) 영광을 나타내리니 내 것을 가지고 너희에게 알리겠음이니라"(요16:14)

이 어찌 감격스런 순간이 아닐 수 있겠습니까? 최초의 신약 교회는 찬양과 감사와 기도를 통해 하나님의 이름을 높여드림으로써 그 화려한 개막식을 시작했습니다. 그리고 관객들에게 복음을 전함으로써 그들을 이 큰 잔치에 초청했습니다.

이 장면이야말로 교회의 본질적인 정체성과 사명을 보여줍니다. 교회는 하나님의 이름을 높여드리기 위해 예배를 드립니다. 그다음, 이 천국 잔치에 수많은 사람들을 초청합니다.[50]

방언이 이렇게 천국 잔치의 기쁨과 감사를 드러내고 있다면, 그리고 관객들까지도 이 잔치 속으로 끌어들이는 호소력을 가지고 있다면, 어떻게 이미 초청을 받아 같은 자리에 함께 모여 있는 성도들이 거기서 제외될 수 있겠습니까? 이 잔치는 개인의 기쁨에만 머물러서는 안 됩니다. 이 잔치는 초청 받은 모든 사람들에게도 큰 기쁨이 되어야 합니다.

---

50) 전(全) 세계적으로 한국 교회만큼 선교에 깊은 열의를 가진 곳을 보기 어렵습니다. 그러나 이러한 모습과는 반대로, 한국 교회 성도들 – 심지어 목회자들조차도 – 은 그들이 드리고 있는 예배의 순서와 그 의미에 대해 너무나도 얕은 수준으로 이해하고 있습니다. 그 원인 중 하나는 사도행전뿐 아니라 성경 전체에서 예배와 선교가 얼마나 깊은 관련성을 가지고 있는지 알지 못하고 있기 때문입니다. 구약의 이스라엘이 참된 예배 공동체 즉 거룩한 제사장 나라로서의 정체성을 상실할 때, 이방을 선교하기는커녕 오히려 그들의 포로가 됩니다. 구약성경에 나타난 이 슬픈 역사는 오늘날 세속화되고 있는 한국 교회에 경종을 울립니다. "하나님이 원가지들도 아끼지 아니하셨은즉 너도 아끼지 아니하시리라"(롬11:21).

그래서 사도 바울은 고린도교회에게 이렇게 명합니다. 방언으로 하나님의 큰 일을 찬송하고 기도하기를 원하는 자는, 이미 예복을 입고 이 잔치에 참여해 있는 모든 회중들이 '아멘'으로 화답하여 다함께 덕과 유익을 얻도록 필히 통역하라고 말입니다. 이는 방언이 그것을 말하는 개인에게 유익이 되는 은사임에 틀림없지만, 방언의 내용을 온 교회가 함께 듣고 유익을 얻어 한 마음으로 입을 모아 하나님께 영광을 돌리도록 하려는 목적을 애초부터 내포하고 있었음을 암시합니다. 그렇지 않고 단지 개인을 위해서만 주신 은사라면, 성령님께서는 왜 방언을 통역하는 은사까지 주셨겠습니까? 모든 은사가 그리스도의 몸, 즉 교회를 세우기 위해 주어졌으므로 방언 역시 예외가 될 수 없습니다. 방언은 일차적으로 개인에게 덕이 되지만, 궁극적으로는 온 교회에게 덕이 되게 하려는 목적으로 주어졌음에 분명합니다.

예배 시간에 방언을 통역할 것을 명한 사도 바울의 의도는 분명합니다. 뜻을 전혀 알아듣지 못하여 구경만 하는 예배에서 다함께 화답하여 참여하는 예배로의 변화, 즉 예배의 회복과 개혁이었습니다.

16세기 종교개혁자들[51]은 회중들이 알아들을 수 없는 라틴어로 집전하는 예배를 반대했습니다. 루터(Martin Luther)는 모든 성도들이 성경을 읽을 수 있도록 그것을 독일어로 번역했습니다.[52] 칼빈(John Calvin)

---

51) 엄밀히 말하면, '교회개혁자들'이 보다 정확한 표현입니다. 그들은 종교를 개혁하는 것이 아니라 교회를 개혁하기를 원했습니다.

52) 개혁신앙을 고백하는 교회들 역시 이 점에 있어서 동일한 신앙을 가지고 있음을 신앙고백서를 통해 증언하고 있습니다.
"… 성경에 대한 권리와 흥미를 가지고 하나님을 경외하는 가운데 성경을 읽고 공부할 명령을 받은 하나님의 백성이 다 성경 원어를 알지는 못하기 때문에, 성경을 그들이 속한 각 민족의 대중어로 번역해야 한다. 그러면 하나님의 말씀이 그들 가운데 풍성하게 거하여서 그들은 하나님을 합당한 방식으로 예배하고, 또 인내와 성경의 위로를 통하여 소망을 가질 것이다"(웨스트민스터 신앙고백서 1:8).

은 예배 시간에 찬송할 권리를 갖지 못했던 성도들 모두가 다함께 입을 모아 찬송해야 한다고 가르쳤습니다. 이를 통해 미신적이고 구경하는 예배였던 중세의 미사는 장사되고, 그 대신 참여하는 예배, 온 교회가 화답하는 예배가 성령의 능력과 함께 부활하기 시작했습니다.

이제 이 예배 개혁의 과제는 한국 교회 앞에도 주어져 있습니다.

함께 생각할 문제

1. 고린도전서 12:31의 "더욱 큰 은사"와 "제일 좋은 길"은 각각 무엇을 가리킵니까? 그리스도의 몸 된 교회 건설과 보존과 성장을 위해서는 이 두 가지가 모두 필요합니다. 왜 그렇습니까?

2. 설교하고 가르치는 은사들은 왜 다른 은사들보다 더 큽니까? 실제로 이 은사들이 우리 안에서 더 크게 여겨지고 있습니까? 그렇지 않다면 그 이유가 무엇입니까?

3. 설교적 은사들과 방언의 공통점과 차이점이 무엇입니까?

4. "더 큰 은사를 사모하라"(고전12:31)는 말씀은 설교와 가르치는 은사를 받기를 사모하라는 뜻입니까?(참고. 고전12:29) 그것이 아니라면, 여기서 '사모하라'는 말씀을 어떻게 이해해야 합니까? 예배에서 설교를 바르게 하는 것, 그리고 그것을 귀 기울여 듣고 이해하여 순종하는 것은 어떤 의미에서 중요합니까?

5. 예배 속의 찬송과 기도는 어떻게 하나님의 말씀과 긴밀하게 연결됩니까? 실제로 그렇게 되기 위해 개혁되어야 할 요소들로는 구체적으로 어떤 것들이 있습니까?

6. 당신은 자신이 받은 은사를 다른 성도들, 나아가서 온 교회의 유익을 위해 사용하고 있습니까? 그 은사를 그리스도의 몸 된 교회 건설과 보존과 성장을 위해 사용하고 있습니까?

7. 당신에게는 예배 가운데 누리는 감격이 있습니까? 예배를 통해 하나님의 크신 일을 깨닫고, 그분께 감사와 찬송과 영광을 돌려드리고 있습니까?

제4장
심판의 불

방언은 불처럼 뜨거운 열정적 은사인가,
아니면 불과 같은 심판의 표적인가?

또 다른 차이 | 표적으로서의 방언과 예언 | '믿지 아니하는 자들'은 누구인가? | 이사야의 예언: 패역한 옛 이스라엘에 대한 경고와 언어 심판 | 이사야 예언의 성취로서의 방언: 패역한 옛 이스라엘에 대한 경고와 언어 심판 | 심판의 표적(sign)으로서의 방언: 언약적 특권의 박탈 | 시대의 전이(transition)와 촛대의 이동 | 마살에서 비유로, 비유에서 방언으로 | 고린도교회의 무서운 범죄와 예상되는 수치

율법에 기록된 바 주께서 가라사대 내가 다른 방언하는 자와 다른 입술로 이 백성에게 말할지라도 저희가 오히려 듣지 아니하리라 하였으니$_{21}$ 그러므로 방언은 믿는 자들을 위하지 않고 믿지 아니하는 자들을 위하는 표적이나 예언은 믿지 아니하는 자들을 위하지 않고 믿는 자들을 위함이니$_{22}$

고전14:21~22

그러므로 생소한 입술과 다른 방언으로 이 백성에게 말씀하시리라

사28:11

방언은 불처럼 뜨거운 열정적 은사인가

불과 같은 심판의 표적인가

제4장
심판의 불

> 율법에 기록된 바 주께서 가라사대 **내가 다른 방언하는 자와 다른 입술로 이 백성에게 말할지라도 저희가 오히려 듣지 아니하리라** 하였으니₂₁ 그러므로 **방언은 믿는 자들을 위하지 않고 믿지 아니하는 자들을 위하는 표적**이나 예언은 믿지 아니하는 자들을 위하지 않고 믿는 자들을 위함이니₂₂(고전14:21~22)
>
> 그러므로 **생소한 입술과 다른 방언으로 이 백성에게 말씀**하시리라 (사28:11)

또 다른 차이

우리는 앞 장에서 설교적 은사들(사도, 선지자, 교사 등)과 방언의 여러 가지 차이점들을 살펴보았습니다. 물론 둘 다 계시적 은사(고전14:2)로서 하나님의 말씀을 그 내용으로 하고 있다는 점에서 공통점을 가지고 있습니다. 그러나 설교적 은사들이 사람을 대상으로 하는데 반해(고전14:3) 방언은 하나님께 말하는 은사(고전14:4)입니다. 왜냐하면 방언은 하나님의 큰 일(행2:11), 즉 복음의 비밀(고전14:2)을 말함으로써 하나님을 높여드리는(행10:46) 찬송이나 기도이기 때문입니다(고전14:14~15). 설교적 은사들과는 달리, 방언은 믿음의 마땅한 반응으로서의 송영(頌詠)을 그 목적으로 하는 은사입니다. 그래서 예언[1]이 교회의 덕을 세우는데(고전14:3) 비해 방언은 자기에게 덕이 됩니다(고전14:4). 이는 방언이 예언보다 작은 은사라고 평가될 수밖에 없는 근본적인 이유가 됩니다(고전12:31).

그러나 성령님께서 방언을 통역하는 은사까지도 주셨다는 사실은 개인의 덕을 넘어 온 교회의 덕을 세우는 데까지 이르는 것이 방언의 궁극적인 목적임을 보여줍니다(고전14:12~13,16).[2] 모든 은사는 그리스도의 몸 된 교회를 바르게 세우기(건축하기) 위해 주어졌기 때문입니다(고전12:12 이하; 참고. 롬12:3~13; 엡4:7~16). 예언과는 달리 방언은 외국어로 말하는 것(행2:8)이므로 다른 성도들도 함께 여기에 "아멘"으로 화답하여 유익을 얻으려면 필히 통역이 되어야 했습니다(고전14:5,13,16). 그렇지 않으면, 방언은 단지 그것을 말하는 사람에게만 유익이 될 뿐입니다.

---

1) 고린도전서 12장에서 14장에 이르는 문맥을 고려할 때, 고린도전서 14장에서의 '예언'은 설교적 은사들(사도, 선지자, 교사)을 총칭하는 것으로 보입니다. 혹 그것이 아니라면, 방언과 비교, 대조하여 교훈하기 위해 앞서 언급한 설교적 은사들 중 하나를 실례로 든 것이라 볼 수 있습니다. 그러나 필자가 보기에는 전자가 후자보다 더 설득력 있어 보입니다. 이에 대해서는 이 책 제 3장의 각주 26을 참고하십시오.

2) 사도 바울은 4절에서 "방언을 말하는 자는 자기의 덕을 세우고 예언하는 자는 교회의 덕을 세"운다고 말씀합니다. 그래서 그는 12~13절에서 방언을 말하는 자는 통역을 통해 "교회의 덕 세우기를" 구하라고 권면합니다. '덕을 세우다'라는 동사와 '덕 세움'이라는 명사는 바울 서신에서 자주 사용됩니다. 헬라어 동사 '오이코도메오(οἰκοδομέω)'는 '(건물이나 집 따위를) 건축하다(build)', '똑바로 세우다(erect)'는 뜻을 가지고 있습니다(롬15:2; 고전8:1,10, 10:23, 14:4[2회 사용],17; 갈2:18; 살전5:11). 또한 헬라어 명사 '오이코도메(οἰκοδομή)'는 '건축(building as a process)' 또는 '건축물(building, edifice)'이라는 뜻입니다(롬14:19, 15:2; 고전3:9, 14:3,5,12,26; 고후5:1, 10:8, 12:19, 13:10; 엡2:21, 4:12,16,29)(Bauer, Lexicon, 558~559). 바울이 이 단어를 사용한 본문들과 용례를 살펴보면, 이 단어는 하나님의 집 – 사람으로 구성된 건물로서의 – 인 교회를 바르게 세우는 것과 매우 긴밀하게 연관되어 있음을 알 수 있습니다.

"너는 감사를 잘하였으나 그러나 다른 사람은 덕 세움을 받지 못하리라"(고전14:17)

이는 예언이 방언보다 더 큰 은사로 평가되는 또 하나의 중요한 이유를 보여줍니다. 그것은 방언이 통역되지 않는 한 자신에게만 유익이 되는 반면, 예언은 그것을 듣는 회중(congregation) 모두가 알아듣고 함께 그 유익을 누릴 수 있다는 점입니다. 그래서 단 몇 마디의 예언이 일만 마디의 방언보다 더 큰 유익을 가져옵니다.

"그러나 교회에서 네가 남을 가르치기 위하여 깨달은 마음으로 다섯 마디 말을 하는 것이 일만 마디 방언으로 말하는 것보다 나으니라"(고전 14:19)

그런데 바로 이 부분에서, 이제 우리는 결코 간과할 수 없는 한 가지 중요한 의문을 짚고 넘어가야 합니다. 만일 하나님께서 방언하는 사람뿐 아니라 온 교회가 함께 유익을 얻기를 원하셨다면, 왜 하필이면 외국어로 말하게 하셨을까요? 만일 하나님께서 애초에 그 교회 성도들이 사용하는 언어로 방언을 주셨다면, 통역이라는 번거로운 절차가 필요 없지 않겠습니까? 그랬다면 고린도교회 안에서 방언으로 야기된 문제들 - 통역하지 않음, 순서를 기다리지 않고 여러 사람이 한꺼번에 무질서하게 방언함(고전14:27~30), 방언을 예언보다 더 큰 은사로 간주함 등의 - 이 발생할 여지도 줄어들지 않겠습니까?

바로 이 질문 속에 엄청난 비밀이 숨어 있습니다. 만일 하나님께서 외국어로 이 은사를 주셨다면, 거기에는 필시 어떤 중요한 이유가 있을 것이기 때문입니다.

어떤 이들은 그 이유를 선교를 하기 위한 목적에서 찾습니다. 예를 들면, 사도 바울처럼 이방인들에게 가서 복음을 전하려면 (물론 헬라어라는 공용어가 있을지라도) 그 종족과 지역의 언어로 말해야 짧은 시간에 큰 효과를 볼 수 있기 때문이라고 생각합니다. 오순절에 로마 제국 곳곳에서 모여든 사람들이 자기들이 난 곳 방언으로 들었기(행2:8) 때문에 복음 전파의 효과가 컸던 것도 사실입니다. 그래서 특히 이방인의 사도로 부르심을 입은 바울이 다른 어느 누구보다 방언을 더 말한 것 때문에 하나님께 감사할 수 있었다고 생각합니다(고전14:18).

이 견해는 어느 정도 일리가 있습니다. 바울의 방언 말함이 이방인들을 더욱 복음 안으로 들어오도록 하는 데에 직간접적으로 이바지했을 것이라고 충분히 예상할 수 있습니다. 그러나 이것만으로는 부족합니다. 왜냐하면 이런 방식으로만 설명하고 만다면, 중요한 핵심 하나를 놓치게 되기 때문입니다. 이 논리의 저변에는 방언이 다른 사람들에게 복음을 전하고 가르치는 도구라는 생각이 깔려 있습니다. 다시 말하자면, 외국어를 배우지 않고도 그 종족과 지역의 사람들에게 복음을 전하기 위해 방언이 필요하다는 논리입니다. 이러한 생각은 방언이 가장 우선적으로 설교와 가르침을 위한 은사가 아니라 찬양이나 기도였다는 점을 간과하고 있습니다. 다시 말하지만, 방언은 복음을 전하고 가르치는 것을 우선적인 기능으로 하는 은사가 아닙니다.[3]

그렇다면 하나님께서는 무슨 이유로 외국어로 된 이 은사를 주셨을까요? 그것은 예언과 방언 사이에는 그 기능상 이제까지 설명해왔던

---

3) 이는 방언의 선교적 목적 자체를 부인하는 명제가 아닙니다. 오순절에 성령 받은 사람들이 방언을 말한 것이 거기에 모여든 무리들이 복음에 대한 관심을 가지게 된 계기가 되었기 때문입니다. 그러나 이것이 방언 말함의 가장 우선적인 목적은 아니었습니다.

것 외에 또 하나의 차이점이 있기 때문이었습니다. 그것이 고린도전서 14:22에 기록되어 있습니다.

> "그러므로 **방언**은 믿는 자들을 위하지 않고 믿지 아니하는 자들을 위하는 **표적**이나⁴ 예언은 믿지 아니하는 자들을 위하지 않고 믿는 자들을 위함이니"

바로 이것입니다. 방언에는 예언과는 다른 또 하나의 차이점, 또 다른 기능이 있었던 것입니다. 예언은 설교하고 가르치는 은사에 속하기 때문에 우선적으로 믿는 자들을 위해 주어졌습니다. 그러나 방언은 믿지 않는 자들을 위한 일종의 '표적(sign)'으로서의 기능을 갖고 있습니다. 이렇게 볼 때, 예언과 방언은 다음의 '도표 2'에서 볼 수 있듯이 서로 공통점과 차이점을 가지고 있습니다.

도표 2. 예언과 방언의 공통점과 차이점

	예 언	방 언
근본 목적	그리스도의 몸(교회)을 바르게 세우기 위함	그리스도의 몸(교회)을 바르게 세우기 위함
계시로서의 기능	계시적 은사	계시적 은사
언어	자국어	외국어
통역	필요 없음	필요함(온 교회를 위해)
유익	온 교회에 유익	온 교회에 유익(통역될 때) 자신에게만 유익(통역되지 않을 때)
말하는 대상	사람에게(설교적 은사)	하나님께(송영적 은사)
은사의 탁월성	더 큰 은사	더 작은 은사
표적으로서의 대상	믿는 자들	믿지 않는 자들

---

4) 22절 전반부를 직역하면, '그러므로 그 방언들은 믿고 있는 자들에게가 아니라 불신실한 자

표적으로서의 방언과 예언

'표적(sign)'[5]은 자주 이적(miracles)과 기사(wonders)를 동반합니다(참고. 롬15:19; 고후12:12). 그래서 사탄 역시 표적을 위조하여 불법의 사람, 즉 이단자를 통해 거짓 기적과 능력을 일으킵니다(살후2:9). 그러나 표적이라고 해서 언제나 이적과 기사를 동반하는 것은 아닙니다. 사도 바울은 자신이 쓴 서신들이 표적이라고 증거합니다(살후3:17). 또한 믿음의 선조 아브라함이 받은 할례가 표적이라고 말씀합니다(롬4:11). 그리고 고린도전서 14:22에서는 방언과 예언이 각각 믿지 않는 자들과 믿는 자들을 위한 표적이라고 교훈합니다. 이런 점에서 볼 때, 표적이란 단순히 어떤 기적적인 현상 그 자체라기보다는 예수를 그리스도라 증거하고 드러내기 위한 이적과 기사, 하나님의 구원의 도리를 집약적으로 나타내는 언약의 중요한 상징(symbol, mark), 성령의 영감을 받아 구원의 복음을 말 또는 글로 나타낸 계시 등 다양한 측면에서 사용된다는 사실을 알 수 있습니다. 그러니 사도 바울이 고린도전서 14:22에서 방언과 예언을 '표적'이라고 부르고 있다면, 이 역시 이런 방식으로 이해해야 합니다. 예언은 믿는 자들, 그리고 방언은 믿지 않는 자들을 위한 일종의 '표적'으로서의 정체성과 기능을 지니고 있습니다.[6]

들에게 표적을 (필자 주: 나타내기) 위해서이다(Therefore the tongues are for a sign not to those who are believing but to the unfaithful)'가 됩니다. 따라서 직역 그 자체는 '방언 = 표적'이라는 등식이 성립되지 않습니다. 그러나 이 문장의 내용은 '방언 = 불신실한(믿지 않는) 자들을 향한 표적'이라고 보아도 무방합니다. 영어성경 중에서 KJV와 NKJV 그리고 NASB는 "tongues are for a sign(방언은 표적을 위해서이다)"으로 직역했으며, ESV는 "tongues are a sign(방언은 표적이다)"으로 번역했습니다.

5) 한글개역성경에서 '표적(sign)'이라고 번역된 헬라어 명사는 '세메이온(σημεῖον)'입니다. 이 단어는 신약성경에서 73회 또는 74회(마16:3 포함) 등장하는데, 그 중 바울서신에서는 8회 등장합니다(TDNT, Vol. VII, 229,258). 로마서 4:11, 15:19(한글개역성경 18절); 고린도전서 1:22, 14:22; 고린도후서 12:12(2회); 데살로니가후서 2:9, 3:17이 그것입니다.

6) 예언과 방언이 '표적(sign)'으로서의 기능을 한다는 사실은 이 두 은사가 모두 '계시(reve-

'믿지 아니하는 자들'은 누구인가?

그렇다면 여기서 '믿는 자들'과 '믿지 아니하는 자들'은 과연 누구일까요? 필자가 어릴 적부터 이 본문과 관련하여 교회의 어르신들로부터 자주 들어온 말이 있습니다.

"성경에 방언은 믿는 자들을 위하지 않고 믿지 않는 자들을 위한다고 했기 때문에 원래 초신자들이 방언을 체험하는 경우가 많단다."

그러나 사실 이러한 설명은 본문의 내용과 맞지 않습니다. '초신자'는 믿지 않는 사람이 아니라 단지 믿은 지 오래 되지 않은 사람입니다. 그는 불신자가 아니라 신자입니다. 사도 바울은 고린도전서 14:22에서 분명한 어조로 말합니다.

"그러므로 **방언은 믿는 자들을 위하지 않고 믿지 아니하는 자들을 위하는 표적**이나 예언은 믿지 아니하는 자들을 위하지 않고 믿는 자들을 위함이니"

그렇다면 여기서의 '믿지 아니하는 자들'은 단순히 이 세상의 모든 불신자들을 가리키는 말입니까? 그냥 무턱대고 그렇게 생각할 것이 아닙니다. 사도 바울은 바로 앞의 21절에서 구약성경을 인용함으로써 여기

---

lation)'로 주어졌음 – '제 2장 드러난 비밀'에서 이미 살핀 것처럼 – 을 더욱 뒷받침합니다. 바빙크(Bavinck)가 방언을 가리켜 '언어의 이적'이라고 설명한 것 역시 이와 맥을 같이 합니다. "누가의 묘사에 의하면, 우리는 여기서 청취의 이적이 아닌 말 또는 언어의 이적(not with a miracle of hearing but with a miracle of speaking or language)으로 다루어야 한다"(Bavinck, *Dogmatics Vol. 3*, 501).

서의 '믿지 아니하는 자들'이 가장 우선적으로 누구를 가리키는지 중요한 실마리를 제공해줍니다.

> "율법[7]에 기록된 바 주께서 가라사대 **내가 다른 방언하는 자와 다른 입술로 이 백성에게 말할지라도 저희가 오히려 듣지 아니하리라** 하였으니"

이사야의 예언: 패역한 옛 이스라엘에 대한 경고와 언어 심판

이 구약의 말씀을 인용한 바로 다음에 사도 바울은 "그러므로"[8]라는 말과 함께 '방언이 믿지 아니하는 자들을 위하는 표적'이라고 설명합니다. 즉, 21절에서 인용된 구약의 성경 본문은 방언의 기능을 규명(22절)하는 근거 또는 이유가 됩니다.[9] 그렇다면 사도 바울이 인용한 구약 본문을 이해하는 것이 이 어구, 즉 "방언은 믿는 자들을 위하지 않고 믿지 아니하는 자들을 위하는 표적"이라는 표현을 보다 명료하게 이해하기 위한 선행 조건이 될 것입니다. 21절은 구약 이사야 선지자의 예언을 인용한 것입니다. 일찍이 이사야 선지자는 당대의 이스라엘 백성들에게 이렇게 선포했습니다.

---

7) 사도 바울은 여기서 이사야 28:11을 인용하면서 "율법"이라고 부릅니다. 여기서의 '율법'은 모세가 받은 율법 또는 모세오경을 가리킨다기보다는 구약성경 전체를 의미합니다. 예수님과 사도들 당대인들은 구약성경을 가리켜 이렇게 "율법"으로, 또 어떤 때는 "율법과 선지자"(마5:17, 7:12, 11:13, 22:40; 눅16:16; 행13:15, 24:14, 28:23; 롬3:21)로, 또 어떤 때는 "율법과 선지자와 시편"(눅24:44)으로 표현했습니다.

8) 『한글개역성경』에서 '그러므로'라고 번역된 헬라어 단어 '호오스테(ὥστε)'는 '이런 이유로(for this reason)', '그러므로(therefore)', '그래서(so that)' 등 앞의 내용의 근거 또는 이유가 되어 결과나 목적으로 이끄는 접속사입니다(Bauer, *Lexicon*, 899~900).

9) "본 구절과 앞의 절 사이의 연관성은 **그러므로**라는 말에 의해 표시되고 있다. 결론은 바로 앞의 절에서 이끌어낼 수 있을 것이다"(Hodge, 『고린도전서』, 408).

"그러므로 생소한 입술과 다른 방언으로 이 백성에게 말씀하시리라"(사 28:11)

사실 이사야가 전한 이 예언은 여호와께서 이스라엘 백성들에게 내리신 무서운 심판 선고 중 한 부분입니다. (에브라임 지파로 대변되는) 북 왕국 이스라엘(사28:1,3)과 남 왕국 유다(사28:7,14) 모두 하나님 앞에서 타락으로 치닫고 있었습니다.[10] 여호와께서는 그들에 대하여 오래 참으시고, 선지자들을 보내어 그들에게 회개의 기회를 주셨지만, 대부분의 경우 남북 양쪽 왕국 모두 오히려 선지자들의 외침에 귀를 기울이지 않았습니다.[11] 오히려 선지자들을 조롱하고, 핍박하며, 옥에 가두고, 죽였습니다.

옛 언약백성들의 이러한 영적 타락상에 대해 여호와의 선지자 이사야는 먼저 그들의 죄악상을 고발합니다(사28:1~10). 옛 언약백성들은 하나님의 말씀에 대해 마치 순종하는 것처럼 어느 정도 반응을 합니다. 그들은 마치 어느 정도 회개하는 것처럼 보입니다. 그러나 이는 그들의 마음 속 깊은 곳에서부터 우러나오는 진정한 회심이 아니었습니다. 그들의 행동은 마치 하나님의 말씀에 귀를 기울이고 순종하는 것처럼 보

---

10) 남 왕국 유다의 궁중 선지자였던 이사야가 활동하던 주전 8세기에는 웃시야, 요담, 아하스, 히스기야가 이어서 통치했습니다(사1:1). 이 중 아하스를 제외한 세 명은 경건한 왕들이었으며, 특히 웃시야 치세 때는 분열왕국시대를 통틀어 최전성기였습니다. 그래서 남 왕국 유다의 타락도 함께 고발하는 이런 예언이 문맥상 맞지 않게 느껴질 수도 있습니다. 그러나 사실 아하스 치세에 와서 남 왕국은 극도로 타락했으며, 히스기야의 사후(므낫세와 아몬의 치세)에도 그러했습니다. 또한 솔로몬 이후 이사야의 시대에 이르기까지 약 200년 가까이 지나는 동안 남 왕국 유다의 전반적인 영적 상태가 점점 나빠진 것도 사실입니다.

11) 분열왕국시대를 통틀어 볼 때에도 북 왕국(대략 주전 930~722년)의 경우 19명의 왕들 중 단 한 사람도 경건한 자가 없었으며, 북 왕국보다 훨씬 더 오랜 기간 동안 유지된 남 왕국(대략 주전 930~586년)의 경우에도 같은 숫자인 19명의 왕들 중 하나님을 경외하는 자는 소수에 지나지 않았습니다.

입니다. 그러나 그것은 일종의 구색 맞추기에 지나지 않습니다. 옛 언약백성들의 이런 모습이 다음의 구절에 단적으로 요약되어 있습니다.

"대저 <u>경계에 경계를 더하며 경계에 경계를 더하며 교훈에 교훈을 더하며 교훈에 교훈을 더하되 여기서도 조금, 저기서도 조금</u> 하는구나 하는도다[10] … 여호와께서 그들에게 말씀하시되 <u>경계에 경계를 더하며 경계에 경계를 더하며 교훈에 교훈을 더하며 교훈에 교훈을 더하고 여기서도 조금, 저기서도 조금</u> 하사 그들로 가다가 뒤로 넘어져 부러지며 걸리며 잡히게 하시리라[13]"(사28:10,13)

위의 10절과 13절에 공통적으로 나타나는 히브리어 표현(밑줄 친 부분)을 한글로 음역하면 다음과 같습니다.

'짜우 라짜우 짜우 라짜우
카우 라카우 카우 라카우
제이르 샴 제이르 샴'

이 부분은 마치 술 취한 사람이 비틀거리면서 혼잣말로 중얼중얼, 웅얼웅얼하는 것처럼 묘사되어 있습니다. 이는 앞의 7절 말씀과 잘 부합됩니다.

"이 유다 사람들도[12] 포도주로 인하여 옆걸음 치며 독주로 인하여 비틀

---

12) 한글개역성경의 '이 유다 사람들도'에 해당하는 히브리어 '브감–에일레(וְגַם־אֵלֶּה)'를 직역하면, '그리고 이것들(까지)도'가 됩니다(한글개역개정성경에서는 "그리하여도 이들은"으로 번역됨). 즉, 7절에는 '유다 사람들'이라는 표현이 없습니다. 그러나 5절의 "그 남은 백성"과 14절의

거리며 제사장과 선지자도 독주로 인하여 옆걸음 치며 포도주에 빠지며 독주로 인하여 비틀거리며 이상을 그릇 풀며 재판할 때에 실수하나니"(사28:7)

옛 언약백성들 심지어 그들을 하나님께로 인도해야 할 제사장과 선지자까지도 술에 취해 비틀거립니다. 하나님께서 줄기차게 그분의 참 선지자들을 보내 회개시키려 했으나, 이것이 그들이 한 반응입니다.

"하나님 알았다고요.
그렇게 원하시는데, 회개하고 순종하죠 뭐.
일단 술 좀 먹고 봅시다.
으허, 취한다.
선지자 양반, 뭐라고요?
아하, 알아들었으니 잔소리 좀 그만하시오.
귀 안 먹었으니 큰 소리 좀 그만 치시오.
뭐라고 하는지 정말 알아들었냐고요?
이렇게 하라는 거잖아요?
짜우 라짜우 짜우 라짜우, 카우 라카우 카우 라카우, 제이르 샴 제이르 샴….
웅얼웅얼, 옹알옹알, 중얼중얼….
그러면 선지자 당신이 하는 말이나 내가 술 먹고 하는 말이나 그게 그거네 뭐.
당신도 알아듣지 못할 말을 지껄이고, 우리도 술 먹고 그렇게 하니 어차피 매한가지 아니요?

"예루살렘"이라는 표현을 염두에 둔다면, 문맥적으로는 유다 사람들일 가능성이 큽니다(한정건, 『이사야의 메시아 예언 I: 임마누엘의 메시아』, 335~336).

이제 됐죠?

오늘 술맛 좀 당기는구먼요."

옛 언약백성들은 하나님께서 그들을 돌이키기 위해 주신 말씀을 이 정도로 받아들였습니다. 그 말씀을 받아들이는 척 하면서 오히려 하나님을 경멸하고, 조롱했습니다. 하나님의 사람인 선지자의 경고를 술주정으로 받아들이고, 똑같이 술주정으로 비틀거리며 화답했습니다. 이들의 모습은 예수님께서 요약하신 그대로였습니다.

"예루살렘아 예루살렘아 선지자들을 죽이고 네게 파송된 자들을 돌로 치는 자여 암탉이 그 새끼를 날개 아래 모음같이 내가 네 자녀를 모으려 한 일이 몇 번이냐 그러나 너희가 원치 아니하였도다37 보라 너희 집이 황폐하여 버린바 되리라38 (마23:37~38)

드디어 참고 참았던 여호와 하나님의 분노가 폭발하기 시작합니다. 패역한 옛 언약백성들에 대한 하나님의 이 선포는 짧지만 매우 강력하고 충격적입니다.

"그러므로 **생소한 입술과 다른 방언**으로 이 백성에게 말씀하시리라"(사 28:11)

여기서 '생소한'에 해당하는 히브리 형용사 '라에익(לָעֵג)'은 '말을 더듬다(stammer)', '외국어로 야만스럽게 말하다(speak barbarously in a foreign language)', '이해할 수 없는 외국어를 말하다(speak an incomprehensible foreign language)', '조롱하다(mock, deride)' 등의 뜻을 가진 동사 '라악 (לָעַג)'에서 왔습니다.[13] 우리는 이 단어의 '말을 더듬다'라는 뜻에 근거하여 방언이란 '말을 더듬는 것처럼 제대로 된 발음이 아닌 소리'라는 식으로 말할 수 없습니다. 이 구절에서 '생소한 입술'과 '다른 방언'이 서로 다른 두 가지가 아니라 같은 것을 의미하는 다른 표현, 즉 동격이라는 사실은 독자라면 누구나 쉽게 이해할 수 있습니다. 여기서 '방언'이라는 이 단어는 우리가 이미 이 책 '제 1장 바벨 & 교회'에서 이미 살펴본 '라숀(לָשׁוֹן 또는 לָשֹׁן)'이라는 그 단어입니다. 이는 분명히 당대 어떤 특정 지역에서 특정한 족속이 사용하고 있던 외국어입니다. 이뿐 아니라 이사야 28장의 문맥 속에서 '생소한(라에익, לָעֵג)'이라는 이 표현은 이스라엘 백성들이 선지자의 경고를 술에 취해 말을 더듬는 술주정으로 받아들이고 조롱하던 것과 꼭 마찬가지로, 여호와 하나님께서도 그들이 미개하게 생각하고 흉내 내곤 하던 다른 족속의 언어로 그분의 말씀을 주시어 그들을 조롱하시겠다는 뜻입니다. 여호와 하나님께서는 아무런 규칙이나 질서 없이 심판을 행하시는 분이 아니십니다. 그분은 약속의 하나님, 언약의 하나님이십니다. 그래서 언약을 깨뜨린 자에게 언약하신 그대로 심판하십니다. 율법을 범한 자들에게 언약의 율법(the law of the covenant)에 정해놓으신 대로 심판하십니다. 구약의 율법은 이러한 하나님의 공의로우심을 이렇게 요약합니다.

"눈은 눈으로, 이는 이로"(출21:23~25; 레24:19~20; 신19:19~21; 참고. 욥2:4)

---

13) Gesenius and Kautzsch, *Lexicon*, 440; Hollady, 『구약성경의 간추린 히브리어, 아람어 사전』, 235.

일찍이 애굽 왕 바로가 애굽의 하수에 히브리 사내아이들을 모두 던지라고 명했습니다(출1:22). 이후에 여호와께서는 그의 선지자 모세를 통해 애굽의 모든 "물들과 하수들과 운하와 못과 모든 호수", 그리고 "애굽 온 땅"과 "나무 그릇"과 "돌 그릇"에 담긴 물까지 피로 변하게 하셨습니다(출7:19).

'물은 물로, 피는 피로'

이 첫 번째 재앙으로 시작된 이 심판은 마침내 애굽인의 "장자"와 생축의 "처음 난 것"을 모두 다 죽임으로써 끝났습니다(출12:29~30).

'생명은 생명으로, 장자는 장자로'(참고. 출4:22~23; 호11:1; 마2:15)

이제 여호와 하나님께서는 동일한 규칙, 즉 그분의 공의를 드러내는 보복의 원리를 옛 이스라엘에게 그대로 적용하여 심판하시겠다고 선포하십니다. 하나님의 말씀에 대하여 그들이 조롱으로 반응한 것(사28:10)과 똑같은 방식으로 그들을 조롱하시며 심판하시겠다고 선포하십니다.

"그러므로 생소한 입술과 다른 방언으로 이 백성에게 말씀하시리라[11] … 여호와께서 그들에게 말씀하시되 경계에 경계를 더하며 경계에 경계를 더하며 교훈에 교훈을 더하며 교훈에 교훈을 더하고 여기서도 조금, 저기서도 조금 하사 그들로 가다가 뒤로 넘어져 부러지며 걸리며 잡히게 하시리라[13]"(사28:11,13)

이 말씀을 쉽게 풀이하면 다음과 같습니다.

"내가 너희를 얼마나 오래 참았느냐?
너희가 언제까지 나의 말을 거절하겠느냐?
내가 보낸 선지자의 경고를 너희가 술주정하는 소리로 받아들이니, 너희가 거절하는 바로 그 방식으로 너희를 심판하겠노라.
너희가 나의 음성을 조롱하고 비웃으니, 나도 너희가 하는 꼭 같은 방식으로 너희를 조롱하겠노라.
너희는 생소한 입술과 다른 방언으로 말하는 음성을 듣게 되리라.
너희가 알아듣지 못하는 외국어로 된 말씀을 듣게 되리라.
그 계시의 말씀이 너희가 볼 때에는 술에 취해 비틀거리며 더듬는 말처럼 여겨질 것이다.
그러나 그것이야말로 너희가 나의 말을 조롱한 대가이다.
오히려 내가 그런 방식으로 계시를 주어 너희를 조롱하리라.
내가 그런 방식으로 계시를 주어 너희가 알아듣지 못하게 만들어 너희를 심판하리라.
그래서 너희를 뒤로 자빠뜨려 뒤통수가 깨지고 그물에 걸려 잡히게 만들어 버리리라.[14]"

그러므로 이스라엘에 대한 여호와 하나님의 언어 심판은 그분의 공의를 가장 잘, 그리고 가장 극명하게 드러내는 방식입니다.

---

14) 카이저(Kaiser)는 13절을 맨 뒷부분을 다음과 같이 번역했습니다. "… 그렇게 말하면서 그들은 가다가 뒤로 자빠지리라. 뒤통수가 깨지고 그물에 걸려 잡히리라"(Kaiser, 『이사야 II』, 328).

'눈은 눈으로, 이는 이로, 생명은 생명으로, 말은 말로, 언어는 언어로'

이사야 예언의 성취로서의 방언 :
패역한 옛 이스라엘에 대한 경고와 언어 심판

하나님께서는 이렇게 패역한 옛 언약백성들에게 큰 긍휼과 오래 참으심을 나타내셨습니다. 그들에게 선지자들을 보내어 회개의 기회를 주시던 하나님께서는 마침내 이제까지 보낸 모든 선지자들보다 더 크고 위대한 선지자를 그들에게 보내셨습니다. 하나님께서는 자신의 독생자 예수 그리스도를 그들에게 보내어 말씀하셨습니다. 예수 그리스도는 요나보다, 세례 요한보다, 그 어떤 선지자들보다 더 큰 분이십니다.[15]

"옛적에 선지자들로 여러 부분과 여러 모양으로 우리 조상들에게 말씀하신 하나님이,[1] 이 모든 날 마지막에 아들로 우리에게 말씀하셨으니 이 아들을 만유의 후사로 세우시고 또 저로 말미암아 모든 세계를 지으셨느니라.[2]"(히1:1~2)

"나(필자 주: 세례 요한)는 너희로 회개케 하기 위하여 물로 세례를 주거니와 내 뒤에 오시는 이(필자 주: 예수 그리스도)는 나보다 능력이 많으시니 나는 그의 신을 들기도 감당치 못하겠노라 그는 성령과 불로 너희에게 세례를 주실 것이요,[11] 손에 키를 들고 자기의 타작 마당을 정하게 하사 알곡은 모아 곡간에 들이고 쭉정이는 꺼지지 않는 불에 태우시리라,[12]"(마3:11~12; 참고. 막1:7~8; 눅3:16~17; 요1:15,27,30)

---

15) 성경에 계시된 예수 그리스도의 선지자 직분에 대해서는 웨스트민스터 신앙고백서 8장; 대교리 제 42~43문답; 소교리 제 23~24문답이 잘 요약하고 있습니다.

"그러면 너희가 어찌하여 나갔더냐 선지자를 보려더냐 옳다 내가 너희에게 이르노니 선지자보다도 나은 자니라"(마11:9; 참고. 눅7:26)

"심판 때에 니느웨 사람들이 일어나 이 세대 사람을 정죄하리니 이는 그들이 요나의 전도를 듣고 회개하였음이어니와 요나보다 더 큰 이가 여기 있으며"(마12:41; 참고. 눅11:32)

"모세가 말하되 주 하나님이 너희를 위하여 너희 형제 가운데서 나 같은 선지자 하나를 세울 것이니 너희가 무엇이든지 그 모든 말씀을 들을 것이라22 누구든지 그 선지자의 말을 듣지 아니하는 자는 백성 중에서 멸망 받으리라 하였고23 또한 사무엘 때부터 옴으로 말한 모든 선지자도 이때를 가리켜 말하였느니라24 너희는 선지자들의 자손이요 또 하나님이 너희 조상으로 더불어 세우신 언약의 자손이라 아브라함에게 이르시기를 땅 위의 모든 족속이 너의 씨를 인하여 복을 받으리라 하셨으니25 하나님이 그 종을 세워 복 주시려고 너희에게 먼저 보내사 너희로 하여금 돌이켜 각각 그 악함을 버리게 하셨느니라26"(행3:22~26)

그러나 옛 언약백성들이 하나님의 독생자 예수 그리스도의 말에 귀를 기울였습니까? 우리가 잘 아는 대로입니다. 그들은 오히려 이 대(大) 선지자를 정죄하여 십자가에 못 박아 죽였습니다. 물론 물리적으로는 빌라도가 재판을 행하고, 로마의 군병들이 그분을 십자가에 매달았습니다. 그러나 성경은 예수 그리스도의 죽으심에 대한 가장 큰 영적 책임을 옛 언약백성들과 그들의 지도자들에게 돌리고 있습니다.

"이 때로부터 예수 그리스도께서 자기가 예루살렘에 올라가 장로들과 대제사장들과 서기관들에게 많은 고난을 받고 죽임을 당하고 제 삼 일에 살아나야 할 것을 제자들에게 비로소 가르치시니"(마16:21; 참고. 막8:31; 눅9:22)

"새벽에 모든 대제사장과 백성의 장로들이 예수를 죽이려고 함께 의논하고$_1$ 결박하여 끌고 가서 총독 빌라도에게 넘겨 주니라$_2$"(마27:1~2)

"이스라엘 사람들아 이 말을 들으라 너희도 아는 바에 하나님께서 나사렛 예수로 큰 권능과 기사와 표적을 너희 가운데서 베푸사 너희 앞에서 그를 증거하셨느니라$_{22}$ 그가 하나님의 정하신 뜻과 미리 아신 대로 내어 준 바 되었거늘 너희가 법 없는 자들의 손을 빌어 못 박아 죽였으나$_{23}$ … 그런즉 이스라엘 온 집이 정녕 알지니 너희가 십자가에 못 박은 이 예수를 하나님이 주와 그리스도가 되게 하셨느니라 하니라$_{36}$"(행2:22~23, 36)

"아브라함과 이삭과 야곱의 하나님 곧 우리 조상의 하나님이 그 종 예수를 영화롭게 하셨느니라 너희(필자 주: 이스라엘 사람들)가 저를 넘겨주고 빌라도가 놓아주기로 결안한 것을 너희가 그 앞에서 부인하였으니$_{13}$ 너희가 거룩하고 의로운 자를 부인하고 도리어 살인한 사람을 놓아 주기를 구하여$_{14}$ 생명의 주를 죽였도다 그러나 하나님이 죽은 자 가운데서 살리셨으니 우리가 이 일에 증인이로라$_{15}$"(행3:13~15)

"너희(필자 주: 이스라엘 백성의 관원과 장로들)와 모든 이스라엘 백성들은 알라 너희가 십자가에 못 박고 하나님이 죽은 자 가운데서 살리신 나사렛 예수 그리스도의 이름으로 이 사람이 건강하게 되어 너희 앞에 섰느니라[10] 이 예수는 너희 건축자들의 버린 돌로서 집 모퉁이의 머릿돌이 되었느니라[11]"(행4:10~11)

"목이 곧고 마음과 귀에 할례를 받지 못한 사람들(필자 주: 산헤드린의 회원들)아 너희가 항상 성령을 거스려 너희 조상과 같이 너희도 하는도다[51] 너희 조상들은 선지자 중에 누구를 핍박지 아니하였느냐 의인이 오시리라 예고한 자들을 저희가 죽였고 이제 너희는 그 의인을 잡아 준 자요 살인한 자가 되나니[52] 너희가 천사의 전한 율법을 받고도 지키지 아니하였도다 하니라[53]"(행7:51~53)

"요한이 그 달려갈 길을 마칠 때에 말하되 너희가 나를 누구로 생각하느냐 나는 그리스도가 아니라 내 뒤에 오시는 이가 있으니 나는 그 발의 신 풀기도 감당치 못하리라 하였으니[25] 형제들, 아브라함의 후예와 너희 중 하나님을 경외하는 사람들아 이 구원의 말씀을 우리에게 보내셨거늘[26] 예루살렘에 사는 자들과 저희 관원들이 예수와 및 안식일마다 외우는 바 선지자들의 말을 알지 못하므로 예수를 정죄하여 선지자들의 말을 응하게 하였도다[27] 죽일 죄를 하나도 찾지 못하였으나 빌라도에게 죽여 달라 하였으니[28] 성경에 저를 가리켜 기록한 말씀을 다 응하게 한 것이라 후에 나무에서 내려다가 무덤에 두었으나[29]"(행13:25~29)

"유대인은 주 예수와 선지자들을 죽이고 우리를 쫓아내고 하나님을 기쁘시게 아니하고 모든 사람에게 대적이 되어[15] 우리가 이방인에게 말하여 구원 얻게 함을 저희가 금하여 자기 죄를 항상 채우매 노하심이 끝까지 저희에게 임하였느니라.16"(살전2:15~16)

물론, 유대인들과 그들의 지도자들이 범한 이 반역이 빌라도의 책임을 면제시켜주지는 않습니다(행4:27~28). 그러나 빌라도는 공범일 뿐입니다. 주범은 따로 있습니다. 바로 옛 언약백성들입니다. 유대인들과 그들의 지도자들입니다.

하나님께서는 그들에 대하여 오래 오래, 정말 아주 오랜 기간 동안 참으셨습니다. 그들에게 주신 회개의 기회는 셀 수 없을 정도였습니다. 그래서 그들이 회개하도록 선지자들을 보내고, 또 보내셨습니다. 그리고 마침내 그분의 독생자까지 보내셨습니다. 그러나 그들은 이 모든 기회를 놓쳐버렸습니다. 선지자들을 조롱하고, 때리고, 죽였습니다. 그리고 마침내 하나님의 독생자까지 거절하여 죽였습니다. 이들의 죄악은 이제 하늘을 찔렀습니다. 그들이 흘린 의로운 피가 온 땅을 적셨고, 그 피는 하나님께서 자신들을 신원(vindication)해주시기를 호소하며 부르짖었습니다(창4:10~12; 대하24:22; 계6:9~11, 18:20,24). 예수님께서도 이들의 범죄에 대하여 이렇게 말씀하실 정도였습니다.

"화 있을찐저 외식하는 서기관들과 바리새인들이여 너희는 선지자들의 무덤을 쌓고 의인들의 비석을 꾸미며 가로되29 만일 우리가 조상 때에 있었더면 우리는 저희가 선지자의 피를 흘리는데 참여하지 아니하였으리라 하니30 그러면 너희가 선지자를 죽인 자의 자손 됨을 스스로 증거함이로다31 너희가 너희 조상의 양을 채우라32 뱀들아 독사의 새끼들아 너희가 어떻게 지옥의 판결을 피하겠느냐33 그러므로 내가 너희에게 선지자들과 지혜 있는 자들과 서기관들을 보내매 너희가 그 중에서 더러는 죽이고 십자가에 못 박고 그 중에 더러는 너희 회당에서 채찍질하고 이 동네에서 저 동네로 구박하리라,34 그러므로 의인 아벨의 피로부터 성전과 제단 사이에서 너희가 죽인[16] 바라갸의 아들 사가랴의 피까지[17] 땅 위에서 흘린 의로운 피가 다 너희에게 돌아가리라,35 내가 진실로 너희에게 이르노니 이것이 다 이 세대에게 돌아가리라,36 예루살렘아 예루살렘아 선지자들을 죽이고 네게 파송된 자들을 돌로 치는 자여 암탉이 그 새끼를 날개 아래 모음같이 내가 네 자녀를 모으려 한 일이 몇 번이냐 그러나 너희가 원치 아니하였도다,37 보라 너희 집이 황폐하여 버린 바 되리라,38 내가 너희에게 이르노니 이제부터 너희는 찬송하리로다 주의 이름으로 오시는 이여 할 때까지 나를 보지 못하리라 하시니라,39"(마 23:29~39)

---

[16] 아벨부터 사가랴까지 구약시대 의인들을 죽인 사람들은 예수님 당대의 유대인들이 아니었습니다. 그런데도 예수님께서는 '너희가 죽인', '너희에게 돌아가리라'라고 말씀하십니다. 이는 어느 한 시대의 인물이나 집단이 아니라 옛 언약 공동체로서의 이스라엘 백성 전체의 책임을 묻는 말씀입니다. 즉, 언약의 단일 공동체로서의 연대책임(covenant solidarity)을 의미합니다. 즉, 당대의 백성에게 말씀하고 계시지만, 옛 이스라엘 전체에 대한 심판을 의미합니다. 이 구절에서 '피(하이마, αἷμα)'라는 단어가 세 번이나 사용됨으로써 이 연대성과 심판의 의미를 강화합니다.

[17] 아벨의 순교와 그의 피의 호소는 창세기 4:8,10에, 그리고 사가랴(스가랴)의 순교와 그의 호소는 역대하 24:20~22에 기록되어 있습니다. 사가랴는 남 유다왕국의 일곱 번째 왕 요아스 시대의 인물이었습니다. 그는 구약시대 마지막 순교자는 아니었습니다. 그런데도 예수님께서 아벨부터 사가랴까지라고 말씀하신 데는 이유가 있습니다. 오늘날 우리가 가지고 있는 구약성경 목록은 히브리 성경의 헬라어 번역본인 70인역(LXX)의 제목과 순서에 따른 것입니다. 원래 히브리 구약성경에서 역대기는 한 권이며, 24권(오늘날의 39권과 동일)의 목록 중 마지막 순서에 있는 성경이었습니다. 그러니 히브리 구약성경 목록의 순서는 창세기부터 역대기까지입니다. 그러므로 예수님께서 '아벨의 피로부터… 사가랴의 피까지'라고 하신 이 말씀은 구약성경의 첫 번째 책이 창세기부터 마지막 책인 역대기에 이르기까지 순교 당한 모든 의인들의 피를 의미합니다. 이 구절에 대한 보다 자세한 주해와 논의에 대해서는 Davies and Allison, *Matthew 19~28*, 316~319; France, *Matthew*, 880~881을 참고하십시오.

이뿐 아니라, 예수님께서는 옛 언약백성들의 패역이 극에 달할 것을 다음의 비유로도 말씀하셨습니다. 이것이 바로 그 유명한 악한 포도원 농부 비유입니다.

"다시 한 비유를 들으라 한 집주인이 포도원을 만들고 산울로 두르고 거기 즙 짜는 구유를 파고 망대를 짓고 농부들에게 세로 주고 타국에 갔더니,[33] 실과 때가 가까우매 그 실과를 받으려고 자기 종들을 농부들에게 보내니,[34] 농부들이 종들을 잡아 하나는 심히 때리고 하나는 죽이고 하나는 돌로 쳤거늘,[35] 다시 다른 종들을 처음보다 많이 보내니 저희에게도 그렇게 하였는지라,[36] 후에 자기 아들을 보내며 가로되 저희가 내 아들은 공경하리라 하였더니,[37] 농부들이 그 아들을 보고 서로 말하되 이는 상속자니 자 죽이고 그의 유업을 차지하자 하고[38] 이에 잡아 포도원 밖에 내어쫓아 죽였느니라,[39] 그러면 포도원 주인이 올 때에 이 농부들을 어떻게 하겠느뇨[40] 저희가 말하되 이 악한 자들을 진멸하고 포도원은 제 때에 실과를 바칠 만한 다른 농부들에게 세로 줄지니이다,[41] 예수께서 가라사대 너희가 성경에 건축자들의 버린 돌이 모퉁이의 머릿돌이 되었나니 이것은 주로 말미암아 된 것이요 우리 눈에 기이하도다 함을 읽어 본 일이 없느냐,[42] 그러므로 내가 너희에게 이르노니 하나님의 나라를 너희는 빼앗기고 그 나라의 열매 맺는 백성이 받으리라,[43] 이 돌 위에 떨어지는 자는 깨어지겠고 이 돌이 사람 위에 떨어지면 저를 가루로 만들어 흩으리라 하시니,[44] 대제사장들과 바리새인들이 예수의 비유를 듣고 자기들을 가리켜 말씀하심인 줄 알고,[45] 잡고자 하나 무리를 무서워하니 이는 저희가 예수를 선지자로 앎이었더라.[46]"(마 21:33~46; 참고. 막12:1~12; 눅20:9~19)

예수님께서 죽음을 바로 며칠 앞두고서 하신 이 비유는 구약시대에서부터 예수님에 이르기까지의 모든 역사에 대한 일종의 요약입니다. 옛 언약백성들이 어떻게 의인들과 선지자들의 피를 흘렸으며, 이제 그들이 어떻게 그 조상의 양을 채울지에 대한 완벽한 요약이자 심판 선고입니다. 포도원 주인은 이 악한 자들을 진멸하고 그 포도원을 다른 농부에게 위탁할 것입니다. 예수님께서 이 비유 바로 다음에 연이어 하신 비유 역시 같은 내용을 다룹니다.

"예수께서 다시 비유로 대답하여 가라사대₁ 천국은 마치 자기 아들을 위하여 혼인 잔치를 베푼 어떤 임금과 같으니₂ 그 종들을 보내어 그 청한 사람들을 혼인 잔치에 오라 하였더니 오기를 싫어하거늘₃ 다시 다른 종들을 보내며 가로되 청한 사람들에게 이르기를 내가 오찬을 준비하되 나의 소와 살진 짐승을 잡고 모든 것을 갖추었으니 혼인 잔치에 오소서 하라 하였더니₄ 저희가 돌아보지도 않고 하나는 자기 밭으로, 하나는 자기 상업차로 가고₅ 그 남은 자들은 종들을 잡아 능욕하고 죽이니₆ 임금이 노하여 군대를 보내어 그 살인한 자들을 진멸하고 그 동네를 불사르고₇ 이에 종들에게 이르되 혼인 잔치는 예비되었으나 청한 사람들은 합당치 아니하니₈ 사거리 길에 가서 사람을 만나는 대로 혼인 잔치에 청하여 오너라 한대₉ 종들이 길에 나가 악한 자나 선한 자나 만나는 대로 모두 데려오니 혼인 자리에 손이 가득한지라₁₀ 임금이 손을 보러 들어올새 거기서 예복을 입지 않은 한 사람을 보고₁₁ 가로되 친구여 어찌하여 예복을 입지 않고 여기 들어왔느냐 하니 저가 유구무언이어늘₁₂ 임금이 사환들에게 말하되 그 수족을 결박하여 바깥 어두움에 내어 던지라 거기서 슬피 울며 이를 갈이 있으리라 하니라₁₃ 청함을 받

은 자는 많되 택함을 입은 자는 적으니라"(마22:1~14)

하나님께서는 옛 언약백성들을 미리 청해놓으셨습니다. 그리고 마침내 아들을 보내시고 천국 잔치를 베푸셨습니다. 그러나 정작 미리 청해 놓은 그들을 부르자, 그들은 이 잔치에 오지 않습니다. 심지어 그들의 왕이신 하나님께서 보내신 종들을 잡아 능욕하고 죽이기까지 했습니다. 그들은 임금이 보낸 군대에 의해 진멸될 것입니다.[18]

그러니 이 패역한 이스라엘에 대하여 이사야가 예고한 그 말씀이 성취되어야 하지 않겠습니까? 하나님의 말씀을 조롱하는 이들에 대해 "눈은 눈으로, 이는 이로"라는 하나님의 공의에 따라 언어 심판이 주어져야 하지 않겠습니까? "그러므로 생소한 입술과 다른 방언으로 이 백성에게 말씀하시리라"(사28:11)는 이 말씀이 성취되어야 하지 않겠습니까? 이 패역한 이스라엘에 대하여 이사야가 예고한 이 하나님의 심판은 마침내 오순절 성령 강림을 통해 성취되었습니다. 성령 받은 제자들이 방언을 말하자, 어떤 이들은 그것을 듣고 "우리가 다 우리의 각 방언으로 하나님의 큰 일을 말함을 듣는도다"(행2:11)라고 말했습니다. 그러

---

18) 이런 의미에서 볼 때, 14절의 '청함을 받은 자'는 단순히 길거리에서 전도 쪽지를 받은 사람과 같은 부류가 아니라 언약의 외적 표(할례 또는 세례)를 가진 사람을 의미합니다. 다시 말하자면, 외형적으로는 언약백성이라고 자타가 공인하는 사람입니다. 그리고 '택함을 입은 자'는 하나님의 택함을 받아 온전한 구원에 이르는 사람을 의미합니다. 예수님께서 말씀하신 이 결론은 참으로 두려운 교훈이자 교리입니다. 이는 전도 쪽지를 받은 사람은 많지만 교회로 찾아오는 사람이 적다는 뜻이 아니라 외적 언약백성은 많지만 참된 믿음을 가지고 구원에 이르는 자(택하심을 입은 자)의 수가 적다는 뜻이기 때문입니다. 이스마엘도 할례 받은 자이지만, 그는 아브라함의 장막으로부터 쫓겨났습니다. 에서도 할례 받은 자이지만, 그는 스스로 약속의 땅을 떠났습니다. 광야시대 수많은 사람들이 하나님과 모세의 권위에 도전하다 멸망에 이르렀습니다. 이들 모두는 외적으로는 할례 받은 언약백성이었습니다. 이 원리는 예수님 당대에도, 사도시대에도, 그리고 오늘날도 마찬가지입니다. 이 비유가 보여주는 청함(언약)과 택함(선택)의 관계에 대한 좋은 설교의 실례로는 고재수(Gootjes), 『구속사적 설교의 실제』, 100~107을 참고하십시오.

나 다른 이들은 이 엄청난 종말론적 성취에 대하여 조롱했습니다.

"또 어떤 이들은 조롱하여 가로되 저희가 새 술이 취하였다 하더라"(행 2:13)

이사야의 시대에 이스라엘 백성들은 술에 취해 비틀거리며, 하나님의 말씀을 술주정뱅이의 말더듬는 소리 정도로 취급했습니다. 그리고 오순절 성령 강림으로 방언 현상이 발생했을 때, 똑같은 일이 발생했습니다. 하나님의 말씀을 조롱하는 이들이 보기에 방언은 마치 술에 취해 하는 말처럼 보였습니다(실제로는 외국어였는데 말입니다). 그러나 그것이야말로 그들이 한 그 패역한 죄악을 그대로 갚으시는 하나님의 공의로운 심판이었습니다.

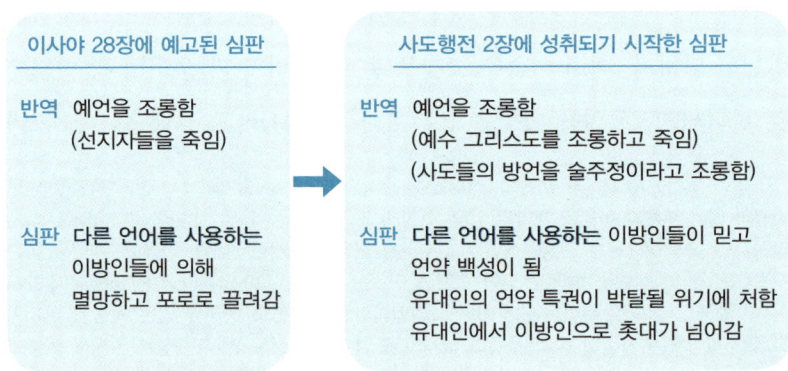

그림 4. 이사야 28장과 사도행전 2장의 방언을 통한 언어 심판

그렇다면 이제 우리는 사도 바울이 고린도전서 14:22에서 언급한 '**믿지 아니하는 자들**'이 누구인지 더욱 확신을 가지고 말할 수 있습니다. 고린도전서의 문맥이 이를 증거하며, 성경 전체의 플롯(plot)이 이를 뒷

받침합니다. 그들은 언약의 외인(外人)들인 세상의 일반 불신자들이 아니라 회개하지 않는 옛 언약백성들입니다. 복음을 대적하고 있는 유대인들입니다. 그 옛날 선지자들을 끊임없이 죽인 자들의 자손들입니다(마23:31). 하나님의 독생자를 거절하고 죽인 자들입니다. 그리고 이제 하나님께서 그들 대신 세워 준 다른 농부들인 사도들, 그리고 이 사도들이 복음으로 씨를 뿌리고 가꾸며 건설하고 있는 새 포도원인 교회를 대적하며 핍박하고 있는 자들입니다. 그들은 진멸될 것입니다. 그리고 방언은 바로 이 대적하는 유대인들에 대한 심판의 표적이 되었습니다.

심판의 표적(sign)으로서의 방언: 언약적 특권의 박탈

그렇다면 이제 우리는 이 장 앞부분에 했던 핵심적인 질문으로 다시 돌아가야 합니다. 방언이 외국어로 주어졌습니다. 이것이 왜 이스라엘 백성들에게 심판의 표적(sign)이 됩니까? 하나님의 말씀을 조롱하는 이들에 대하여, 하나님께서도 "생소한 입술과 다른 방언으로 이 백성에게 말씀하"심(사28:11)으로써 그분의 공의를 보여주셨다 할지라도 그것이 왜 실제적으로 그들에게 심판이 됩니까? 이에 대한 대답은 오순절에 주어진 방언이 이스라엘의 언약적 특권의 박탈을 의미하기 때문입니다.

독자 여러분! 필자도 여기서 여러분에게 한 가지 질문을 던지겠습니다. 맞춰보십시오. 이스라엘 백성들이 이방인과 구별하여 가지고 있던 가장 큰 특권이 무엇입니까? 그들이 언약백성으로서, 하나님의 특별한 소유인 제사장 나라요 거룩한 백성(출19:5~6)으로서, 그분의 장자(firstborn) 백성(출4:22; 호11:1)으로서 오랫동안 누려온 가장 큰 특권이 무엇입니까? 그것은 바로 하나님의 말씀에 대한 독점권입니다. 사도 바울은 이를 한 마디로 요약해줍니다.

"그런즉 유대인의 나음이 무엇이며 할례의 유익이 무엇이뇨₁ 범사에 많으니 첫째는 저희가 하나님의 말씀을 맡았음이니라₂"(롬3:1~2)

하나님께서 그들에게 주신 특권들이 이루 헤아릴 수 없지만(참고. 롬 9:4~5), 그들에게 주어진 단 하나, 최고의 특권이 있다면 그것은 바로 '하나님의 말씀'입니다. 하나님의 말씀을 듣지 않고서는 결단코 믿음을 가질 수 없습니다. 말씀이 구원 얻는 믿음을 생성시키기 때문입니다(롬 10:17; 하이델베르크 교리문답 제 25주일, 제 65문답)[19]. 그런데 옛 언약시대에는 아브라함 이후부터 하나님의 이 구원의 말씀이 이스라엘이라는 한 민족에게 집중되어 주어졌습니다. 마치 이글거리며 타오르는 하늘의 태양의 열기를 돋보기로 모아 색종이를 태우듯이…. 옛 언약시대에 하나님의 계시가 이 한 민족에게 폭포처럼 쏟아 부어졌습니다. 그래서 이방인들이 구원을 얻으려면 이스라엘을 통해 하나님의 말씀을 들어야 했습니다. 옛 언약시대에도 구원의 문은 이방인에게 열려 있었지만, 매우 예외적인 경우를 제외하고는 모두 이스라엘을 통해서만 구원을 얻을 수 있었습니다. 그 이유는 이스라엘이 하나님의 말씀을 맡았기 때문입니다. 그래서 모세는 그의 고별 예언에서 이스라엘 백성들에게 이렇게 선포했습니다.

"내가 오늘날 네게 명한 이 명령은 네게 어려운 것도 아니요 먼 것도 아

---

19) "그러므로 믿음은 들음에서 나며 들음은 그리스도의 말씀으로 말미암았느니라"(롬10:17)
"제 65문: 오직 믿음으로만 우리가 그리스도와 그의 모든 은덕에 참여할 수 있는데, 이 믿음은 어디서 옵니까?
답: 성령님에게서 옵니다. 그분은 거룩한 복음의 설교로 우리의 마음에 믿음을 일으키시며, 성례의 시행으로 믿음을 굳세게 하십니다."

니라[11] 하늘에 있는 것이 아니니 네가 이르기를 누가 우리를 위하여 하늘에 올라가서 그 명령을 우리에게로 가지고 와서 우리에게 들려 행하게 할꼬 할 것이 아니요[12] 이것이 바다 밖에 있는 것이 아니니 네가 이르기를 누가 우리를 위하여 바다를 건너가서 그 명령을 우리에게로 가지고 와서 우리에게 들려 행하게 할꼬 할 것도 아니라[13] 오직 그 말씀이 네게 심히 가까와서 네 입에 있으며 네 마음에 있은즉 네가 이를 행할 수 있느니라[14]"(신30:11~14)

그래서 예수님께서도 사마리아 여인에게 이렇게 말씀하실 정도였습니다.

"너희는 알지 못하는 것을 예배하고 우리는 아는 것을 예배하노니 이는 **구원이 유대인에게서 남이니라**"(요4:22)

이 얼마나 엄청난 복입니까? 이것이 얼마나 엄청난 특권입니까? 역사상 이보다 더 큰 복과 특권을 누린 민족은 그 어디에도 없습니다.

그러나 유대인들은 이 특권을 소중히 간직하지 않았습니다. 하나님의 말씀을 조롱했습니다. 끊임없이 선지자들을 때리고, 돌로 쳐 죽였습니다. 그리고 마침내 포도원 주인의 아들까지 이 포도원 밖으로 쫓아내어 죽였습니다(마21:39; 막12:8; 눅20:15; 참고. 히13:12). 이런 그들에게 사도 바울은 그 옛날 모세가 이스라엘의 특권을 선포한 바로 그 신명기의 말씀을 인용하여 이렇게 그들의 죄악을 고발합니다.

"믿음으로 말미암는 의는 이같이 말하되 네 마음에 누가 하늘에 올라

가겠느냐 하지 말라 하니 올라가겠느냐 함은 그리스도를 모셔 내리려
는 것이요,6 혹 누가 음부에 내려가겠느냐 하지 말라 하니 내려가겠느냐
함은 그리스도를 죽은 자 가운데서 모셔 올리려는 것이라,7 그러면 무엇
을 말하느뇨 말씀이 네게 가까와 네 입에 있으며 네 마음에 있다 하였
으니 곧 우리가 전파하는 믿음의 말씀이라,8 … 그러나 내가 말하노니
저희가 듣지 아니하였느뇨 그렇지 아니하다 그 소리가 온 땅에 퍼졌고
그 말씀이 땅 끝까지 이르렀도다 하였느니라,18"(롬10:6~8,18; 참고. 신
30:11~14)

이런 그들에게 합당한 하나님의 공의로운 심판이 무엇이겠습니까? 그
것은 바로 그들의 이 특권을 박탈해버리는 것입니다. 그들의 이 특권을
빼앗아 그분의 마음에 합당한 다른 백성들에게 주는 것입니다. 방언은
바로 이 하나님의 심판을 보여주는 표적(sign)이 되었습니다.

오순절에 성령이 제자들에게 강림하자, 방언이 외국어로 주어졌습니
다. 다양한 각 종족의 언어로 주어졌습니다(행2:8~11). 이 사실은 이스
라엘에게 말씀의 독점권이 사라져가고 있다는 무서운 징조, 즉 제사장
나라요 장자 백성으로서 오랫동안 누려왔던 특권이 박탈될 것이라는
일종의 표적(sign)이 되었습니다. 오랫동안 자국어로 하나님의 말씀을
독점하던 이스라엘 백성들에게 이보다 더 두렵고도 확실한 심판의 도
구가 어디 있겠습니까? 그들에게 생명을 주시는 구원의 하나님과 맺은
언약을 파기하고, 그 대신 사망의 권세와 손잡고 언약을 맺은 이들[20]에

---

20) 이사야 28:15,18에 의하면, 이스라엘 백성들은 여호와의 말씀을 독점하면서도 오히려
여호와와 맺은 언약을 깨뜨리고, 그 대신 '사망'과 언약을 맺었습니다. 여기서, '사망'이 의인화
(personification)되어 나타난다는 사실이 매우 의미심장한데, 이는 사도 바울이 쓴 서신들의
중요한 구약적 배경 중 하나가 되었습니다(참고. 시49:14; 롬6:6~14,18,22; 7:1~3). 이스라

게 이보다 더 강력한 심판의 증거가 어디 있겠습니까?

> "방언은 처음부터 축복의 상징이 아니라, 저주의 상징이었다. 바벨탑에서 하나님을 향하여 오만하던 인간들의 언어가 나뉜 이후로 의사소통이 어렵게 되었다. 구약성경의 방언 예언은 저주의 언약이었음이 드러난다. 방언은 구원역사의 과정에서 저주의 출현이다. 소통을 방해하는 외국어의 등장은 심판의 상징이다."[21]

사실 **이스라엘에 대한 심판과 알아듣지 못하는 외국어(방언)의 연결성**은 이사야 28:11 단 한 구절에만 등장하지 않습니다. 언어를 통한 심판은 이미 구약성경에서부터, 옛 언약시대 내내 주어진 경고의 말씀이었습니다. 하나님께서는 애초에 이스라엘 백성들을 그들과 방언이 다른 애굽으로부터 구해내셨습니다.

> "이스라엘이 애굽에서 나오며 야곱의 집이 방언(로에이즈, לֹעֵז)[22] 다른

엘은 그녀의 남편이신 하나님을 버리고, 다른 남편(사망·죄)과 언약을 맺었습니다. 그래서 하나님께서는 이제 이스라엘에게 하시던 말씀을 중단하시고, 다른 백성을 불러 그들에게 다른 언어로 말씀하실 것입니다.
죄와 사망의 의인화와 바울서신에 대한 이사야의 강력한 영향, 그리고 위의 본문들에 대한 구체적인 주해를 위해서는 Holland, *Pauline*, 85~234; idem, *Romans*, 168~250을 참고하십시오.

21) 김재성, 『개혁주의 성령론』, 295. 그 외에도 방언이 복음을 대적하는 옛 언약백성(유대인)들에 대한 심판의 표징이라는 점에 대해서는 Gaffin, *Pentecost*, 55~87; Robertson, *Final Word*, 41~50; Macarthur, *Charismatics*, 167~168을 참고하십시오.

22) '방언'으로 번역된 이 단어는 이사야 28:11의 "생소한 입술과 다른 방언"에서 '생소한'으로 번역된 '라에익(לָעֵג)'과 그 뜻에 있어서 대동소이합니다. '이해할 수 없는 외국어로 말하다(speak an incomprehensible foreign language)'라는 뜻을 가진 히브리어 동사 '라아즈(לָעַז)'의 분사형으로 사용되어 '이해할 수 없는 외국어'를 의미합니다(Hollday, 『구약성경의 간추린 히브리어, 아람어 사전』, 235; Gesenius and Kautzsch, *Lexicon*, 440).

민족에게서 나올 때에₁ 유다는 여호와의 성소가 되고 이스라엘은 그의 영토가 되었도다."(시114:1~2)₂

이스라엘 민족의 구속사적 분수령이 된 이 출애굽 사건이 다른 언어를 사용하는 민족으로부터의 구원이었으므로 하나님의 심판은 이에 대한 역전현상으로 발생합니다. 다른 언어(방언, 라숀, לְשׁוֹן 또는 לָשׁוֹן)를 사용하는 민족이 그들에게 쳐들어와 그들을 포로로 사로잡아갈 것입니다.

"네가 주리고 목마르고 헐벗고 모든 것이 핍절한 중에서 여호와께서 보내사 너를 치게 하실 대적을 섬기게 될 것이니 그가 철 멍에를 네 목에 메워서 필경 너를 멸할 것이라₄₈ 곧 여호와께서 원방에서, 땅 끝에서 한 민족을 독수리의 날음 같이 너를 치러 오게 하시리니 이는 네가 그 언어(방언, לְשׁוֹנוֹ)를 알지 못하는 민족이요₄₉"(신28:48~49)

그리고 이스라엘이 패역하여 언약을 저버리기를 밥 먹듯 하며 끝끝내 돌아오지 않자, 하나님께서는 마침내 이렇게 선포하셨습니다. 오래 전, 모세를 통해 경고하신 언약의 저주를 하나님께서 마침내 성취하신 것입니다.

"그러므로 생소한 입술과 다른 방언으로(וּבְלָשׁוֹן) 이 백성에게 말씀하시리라"(사28:11; 참고. 고전14:21~22)

"나 여호와가 말하노라 이스라엘 족속아 보라 내가 한 나라를 원방에서 너희에게로 오게 하리니 곧 강하고 오랜 나라이라 그 방언(לְשׁוֹנוֹ)을 네가 알지 못하며 그 말을 네(필자 주: 어떤 사본에는 "너희")가 깨닫지 못하느니라₁₅ 그 전통은 열린 묘실이요 그 사람들은 다 용사라₁₆ 그들이 네 자녀들의 먹을 추수 곡물과 양식을 먹으며 네 양떼와 소떼를 먹으며 네 포도나무와 무화과나무 열매를 먹으며 네가 의뢰하는 견고한 성들을 칼로 파멸하리라₁₇"(렘5:15~17)

하나님께서 그분의 심판을 '방언'이라는 단어와 함께 사용하신 데는 이유가 있습니다. 선지자들을 보내 이스라엘이 알아듣는 말로 전했으나, 그들이 이 은혜와 특권을 거부했기 때문입니다.

"그가 또 내게 이르시되 인자야 이스라엘 족속에게 가서 내 말로 그들에게 고하라₄ 너를 방언(싸파, שָׂפָה)²³이 다르거나 말(방언, לָשׁוֹן)이 어려운 백성에게 보내는 것이 아니요 이스라엘 족속에게 보내는 것이라₅ 너를 방언이 다르거나 말이 어려워 네가 알아듣지 못할 열국에 보내는 것이 아니니라 내가 너를 그들에게 보내었더면 그들은 정녕 네 말을 들었으리라₆ 그러나 이스라엘 족속은 이마가 굳고 마음이 강퍅하여 네 말을 듣고자 아니하리니 이는 내 말을 듣고자 아니함이니라₇"(겔3:4~7)

그러나 방언이 다른 민족에게로 사로잡혀갔을지라도 하나님께서 그들을 포로에서 돌이키시면 그들이 회복될 것입니다. 이 역시 방언이라는 언어 심판의 역전 현상으로 묘사됩니다.

---

23) '입술(lip)'이라는 뜻을 가진 히브리 단어인데, 말하는 기관으로서의 '입술'과 말하는 방법으로서의 입술, 즉 '언어(language)'라는 의미를 함께 표현할 때 쓰입니다(Hollday, 『구약성경의 간추린 히브리어, 아람어 사전』, 472~473; Gesenius and Kautzsch, *Lexicon*, 793).

"네가 강포한 백성을 다시 보지 아니하리라 그 백성은 방언(싸파, שָׂפָה)이 어려워서 네가 알아 듣지 못하며 말(방언, לָשׁוֹן)이 이상하여(라에익, נִלְעַג)[24] 네가 깨닫지 못하는 자니라"(사33:19)

이와 같이, 방언은 구약성경에서부터 언약의 복과 저주, 구원과 심판의 양면성을 나타내는 중요한 징조였습니다. 그리고 마침내 오순절에 성령이 제자들에게 강림하시자 그들의 입에서 방언이 터져 나온 것입니다. 그러니 방언은 단순히 성경의 어느 한 쪽 구석 깊은 곳, 또는 골방에 박혀 있는 변두리 주제가 아닙니다. 신학과 신앙생활의 계륵(鷄肋)과 같은 주제가 아닙니다. 방언은 계시적 은사일 뿐 아니라 믿지 않는 유대인들을 향한 하나님의 심판의 표적(sign)이 되었습니다.

시대의 전이(transition)와 촛대의 이동

한편, 유대인들이 드디어 말씀의 독점권을 잃어버리고 심판과 저주 아래 들어가고 있다는 사실은 반대로 이방인들이 그들을 대신하여 언약 공동체 안으로 초청받고 있다는 복된 새 시대의 여명을 보여줍니다. 유대인 중심의 언약 공동체에서 이방인 중심의 언약 공동체로 촛대가 옮겨가는 구속사의 새로운 분수령(watershed)이 되었습니다. 그런 의미에서 볼 때, 방언은 유대인들을 향한 심판의 표적임과 동시에 이방인을 중심으로 한 새 언약 공동체로의 새로운 시대가 시작된다는, 이른바 시대 전이적 표적이 되었습니다.

---

24) 이사야 28:11에서 언급된 히브리 단어는 '라에익(לַעֲגֵי)'이며, 이미 앞에서 설명했습니다. 이사야 28:11와 같이 '방언(라숀, לָשׁוֹן)'과 이 단어가 함께 사용되었다는 점에서 의미심장합니다. 이사야 28:11과 33:19은 짝을 이루어 전자는 방언을 통한 심판, 후자는 방언으로부터의 구원을 보여줍니다.

오순절에 방언 현상을 보고 놀라는 이들에게, 사도 베드로는 구약시대의 선지자 요엘의 예언이 성취된 것이라고 하면서 이렇게 인용합니다.

"때가 제 삼 시니 너희 생각과 같이 이 사람들이 취한 것이 아니라₁₅ 이는 곧 선지자 요엘로 말씀하신 것이니 일렀으되₁₆ 하나님이 가라사대 말세에 내가 내 영으로 모든 육체에게 부어 주리니 너희의 자녀들은 예언할 것이요 너희의 젊은이들은 환상을 보고 너희의 늙은이들은 꿈을 꾸리라₁₇ 그 때에 내가 내 영으로 내 남종과 여종들에게 부어 주리니 저희가 예언할 것이요₁₈ 또 내가 위로 하늘에서는 기사와 아래로 땅에서는 징조를 베풀리니 곧 피와 불과 연기로다₁₉ <u>주의 크고 영화로운 날</u>이 이르기 전에 해가 변하여 어두워지고 달이 변하여 피가 되리라₂₀ 누구든지 주의 이름을 부르는 자는 구원을 얻으리라 하였느니라₂₁"(행 2:15~21)

여기서 사도 베드로는 '주의 크고 영화로운 날'이라고 요엘서를 인용했습니다. 사실 이 어구는 원래 요엘 선지자가 한 말과 문자적으로 약간 차이가 있습니다. 요엘 선지자는 "여호와의 크고 두려운 날"(욜2:31)이라고 예언했습니다.[25]

<u>"여호와의 크고 두려운 날(the great and the terrible day of Yahweh)</u>이

---

25) 베드로가 요엘서를 잘못 인용했다거나 의도적으로 변개시킨 것이 아닙니다. 사도행전에서 베드로는 히브리 성경의 헬라어 번역본인 70인역(LXX)에 따라 인용한 것입니다. 실제로 신약성경에 인용된 구약성경 중 상당한 부분이 70인역을 따르고 있습니다. 70인역은 하나님의 이름인 '여호와(יהוה)'라는 말이 나오면, 그 대신 '주님(κύριος)'라는 표현을 사용합니다.

이르기 전에 해가 어두워지고 달이 핏빛 같이 변하려니와,31 누구든지 여호와의 이름을 부르는 자는 구원을 얻으리니 이는 나 여호와의 말대로 시온산과 예루살렘에서 피할 자가 있을 것임이요 남은 자 중에 나 여호와의 부름을 받을 자가 있을 것임이니라,32"(욜2:31~32)

즉, 베드로가 인용한 '주의 크고 영화로운 날'은 요엘이 예언한 '여호와의 크고 두려운 날'을 가리킵니다. 여기서 우리가 눈여겨보아야 할 것은 요엘이 예언한 '여호와의 날'은 언약의 양면성, 즉 구원과 심판이 함께 나타나는 날이라는 점입니다. 어떤 이들에게는 이 날이 '큰 날(the great day)' – 이는 구약의 '희년(Jubilee)'과 같은 의미입니다. – 즉, 큰 구원의 날이 될 것입니다. 여호와의 이름을 부르는 모든 자가 구원을 얻을 것입니다. 이와 동시에 어떤 이들에게 이 날은 '두려운 날', 즉 '공포의 날(the terrible day)'이 될 것입니다.[26]

오순절의 방언은 바로 이 양면성을 함께 보여줍니다. 먼저 메시아를 거절하고 죽인 옛 언약백성들에게는 심판의 표적이 됩니다. 동시에 이는 여호와의 이름을 부르는 모든 자들을 초청하는 기능을 수행합니다. 이 사실은 오순절 성령 강림에 대하여 예언한 구약시대 마지막 선지자에 의해서도 확인됩니다. 그 사람은 세례 요한입니다.

"이미 도끼가 나무 뿌리에 놓였으니 좋은 열매 맺지 아니하는 나무마다 찍어 불에 던지우리라,10 나는 너희로 회개케 하기 위하여 물로 세례를 주거니와 내 뒤에 오시는 이는 나보다 능력이 많으시니 나는 그의 신을

---

26) '두렵게 하다(terrify)'라는 뜻을 가진 히브리 동사 '야레이(ירא)'의 니팔형이 사용되어 '공포스러운(terrible/dreadful)'이라는 뜻이 됩니다(Gesenius and Kautzsch, *Lexicon*, 364).

들기도 감당치 못하겠노라 그는 성령과 불로 너희에게 세례를 주실 것이요,[11] 손에 키를 들고 자기의 타작 마당을 정하게 하사 알곡은 모아 곡간에 들이고 쭉정이는 꺼지지 않는 불에 태우시리라[12]"(마3:10~12; 참고. 눅3:9,16~17)

요한은 오순절 성령 강림에 대해 예언하기를 메시아께서 한편으로는 불로 악한 자들을 태워버리시고, 다른 한편으로는 알곡을 모아 곡간에 들이실 것이라고 예언합니다. 여기서의 '불'은 분명 하나님의 맹렬한 심판을 상징합니다. 메시아(예수님)께서 성령과 불로 세례를 베푸시는 그 날이 오면 구원과 심판이라는 이 양쪽 역사가 동시에 발생할 것입니다. 우리는 그 날이 언제인지 이미 알고 있습니다. 하늘 보좌에 앉으신 예수 그리스도께서 성령을 부어주신 오순절(행2장)입니다.

"오순절날이 이미 이르매 저희가 다 같이 한 곳에 모였더니,[1] 홀연히 하늘로부터 급하고 강한 바람 같은 소리가 있어 저희 앉은 온 집에 가득하며,[2] 불의 혀 같이 갈라지는 것이 저희에게 보여 각 사람 위에 임하여 있더니,[3] 저희가 다 성령의 충만함을 받고 성령이 말하게 하심을 따라 다른 방언으로 말하기를 시작하니라,[4]"(행2:1~4)

한글개역성경에서는 잘 표현되지 않았는데, 헬라어 성경의 번역을 따라서 읽으면 '불의 혀같이 갈라지는'과 '방언'이 연결됩니다. 즉 '방언(들)이 불같이 갈라지니라'가 됩니다. 최갑종 교수의 번역은 '불'과 '방언'의 연관성을 잘 보여줍니다.

"오순절의 날이 다 채워졌을 때에 모든 사람들이 동일한 장소에 함께 있었다.

그리고 하늘로부터 갑자기 맹렬한 바람을 동반한 소리가 왔다.

그리고 그들이 앉아있는 온 집을 채웠다.

그리고 방언들이 불같이 나누어지면서 그들에게서 나타났다.

그리고 각 방언이 그들 각 사람에게 임하였다.

그리고 모든 사람들이 성령으로 채워졌다.

그리고 그들은 성령이 그들에게 말하게 하심을 따라 여러 방언들을 말하기 시작했다."[27]

방언이 불처럼 갈라졌습니다. 이는 성경 전체에 나타난 '불'과 동일하게 하나님의 심판을 의미합니다. 방언이 믿지 아니하는 옛 언약백성들, 즉 유대인들에 대한 심판의 표적이기 때문입니다. 동시에 다른 한편으로는 성령의 충만함을 받는 복된 공동체가 있습니다. 방언을 통해 언약의 양면성이 드러나고 있습니다. 이는 오순절 성령 강림 사건이 제자들에게는 종말론적 희년(욜2:28 이하; 사61:1 이하)의 성취이지만, 이는 동시에 믿지 않는 유대인들에게는 공포의 날(terrible day)이 되고 있음을 의미합니다. 요엘 선지자가 한 예언의 성취입니다.

동시에 가깝게는 예수님께서 제자들을 세우실 때 하신 바로 그 말씀의 성취이기도 합니다.

"내가 세상에 화평을 주러 온 줄로 생각지 말라 화평이 아니요 검을 주러 왔노라[34] 내가 온 것은 사람이 그 아비와, 딸이 어미와, 며느리가 시

---

27) 최갑종, 『예수 · 교회 · 성령: 누가와 바울의 성령론에 관한 연구』, 47~48.

어미와 불화하게 하려 함이니35 사람의 원수가 자기 집안 식구리라36."
(마10:34~36)

"내가 **불**을 땅에 던지러 왔노니 이 불이 이미 붙었으면 내가 무엇을 원하리요49 나는 받을 세례가 있으니 그 이루기까지 나의 답답함이 어떠하겠느냐50 내가 세상에 화평을 주려고 온 줄로 아느냐 내가 너희에게 이르노니 아니라 도리어 분쟁케 하려 함이로라51 이 후부터 한 집에 다섯 사람이 있어 분쟁하되 셋이 둘과, 둘이 셋과 하리니52 아비가 아들과, 아들이 아비와, 어미가 딸과, 딸이 어미와, 시어미가 며느리와, 며느리가 시어미와 분쟁하리라 하시니라53"(눅12:49~53)

드디어 이 오순절에 예수님께서는 하늘에서 땅으로 이 심판의 불을 던지셨습니다(행2:1~4; 참고. 계8:1~5). 아벨부터 사가랴의 피, 그 많은 의인들과 순교자들이 자신들의 피를 신원해달라고 호소하던 바로 그 심판의 불이 하늘에서 땅으로 던져져 불이 붙기 시작했습니다(참고. 창4:10; 대하24:22; 마23:35~36; 계6:9~11, 8:1~5). 마치 불처럼 갈라진 방언(들)이 바로 그 심판의 표적이 되었습니다. 이 방언은 불이 되어 유대인들의 빛을 꺼뜨리기 시작했습니다(행2:20[28]). 이는 유대인들에게 즉각적으로 큰 두려움을 일으켰습니다.

---

28) 하늘의 천체의 붕괴, 그리고 일월성신(日月星辰)이 어두워지거나 떨어지는 천지대격변을 묘사하는 시적 언어를 이용하여 한 국가나 민족의 파멸과 회복을 나타내는 방식은 구약성경, 특히 선지자들에게 매우 익숙한 방식이었습니다(삿5:20; 민24:17~19; 사5:30, 13:9~10, 34:3~4, 58:8,10, 60:20; 렘4:23,28, 13:16; 겔32:7~15, 34:12; 욜2:10,28~31; 암5:18~20, 8:2~10; 습1:4~15). 이를 개혁신앙의 입장에서 필자와 같은 견해로 설명한 글로는 Kik, *Eschatology*, 127~135; Carver, *Jesus*, 177~178; Kimball, *Tribulation*, 152~169; Chilton, *Paradise*, 97~105; idem, *Tribulation*, 16~28을 참고하십시오.

> "저희가 이 말을 듣고 **마음에 찔려** 베드로와 다른 사도들에게 물어 가
> 로되 **형제들아 우리가 어찌할꼬** 하거늘[37] … 또 여러 말로 확증하며 권
> 하여 가로되 **너희가 이 패역한 세대에서 구원을 받으라** 하니[40] … **사람**
> **마다 두려워하는데** 사도들로 인하여 기사와 표적이 많이 나타나니[43]"
> (행2:37,40,43)

이 모든 내용들이 무엇을 말합니까? 오순절 성령 강림으로 주어진 방언이 한편으로는 옛 언약시대의 붕괴라는 심판을, 다른 한편으로는 새 언약시대의 개막이라는 구원의 문을 열고 있다는 뜻입니다.

새 시대가 개막되었습니다. 유대인을 중심으로 하는 옛 언약 공동체에서 신약 교회라는 새 언약 공동체로 하나님의 촛대가 옮겨지고 있습니다(계1:20). 성막과 돌 성전이 예배의 중심이 되던 시대에서 사람이 성전이 되는 시대로 옮겨지고 있습니다(고전3:16~17, 6:19~20; 엡2:20~22; 벧전2:5). 레위지파 제사장의 시대에서 하나님의 백성 모두가 왕 같은 제사장이 되는 시대로 옮겨지고 있습니다(벧전2:5; 계1:6, 5:10, 20:6). 이스라엘이 제사장 나라인 시대에서 교회가 제사장 나라가 되는 시대로 옮겨지고 있습니다(벧전2:9~10; 참고. 출19:5~6).

오순절 이전에는 빌라도가 예수님께 이렇게 말했습니다.

> "빌라도가 대답하되 내가 유대인이냐 네 나라 사람과 대제사장들이 너
> 를 내게 넘겼으니 네가 무엇을 하였느냐"(요18:35)

그러나 오순절 이후에 예수 그리스도께서는 새 나라와 새 직분자들, 그리고 새 백성을 창설하셨습니다.

"오직 너희는 택하신 족속이요 왕 같은 제사장들이요 거룩한 나라요 그의 소유된 백성이니 이는 너희를 어두운데서 불러 내어 그의 기이한 빛에 들어가게 하신 자의 아름다운 덕을 선전하게 하려 하심이라"(벧전 2:9)

그러니 옛 언약백성들이 이에 굴복하고 새로운 촛대가 세워진 교회로 들어와야 하지 않겠습니까?

"또 여러 말로 확증하며 권하여 가로되 너희가 이 패역한 세대에서 구원을 받으라 하니$_{40}$ 그 말을 받는 사람들은 세례를 받으매 이 날에 제자의 수가 삼천이나 더하더라$_{41}$"(행2:40~41)

평균케 하는 원리로 받았으며 결코 팔아서는 안 되는 옛 기업의 땅(레 25:23)을 이제는 팔아 새 기업이 된 교회로 복속시켜야 하지 않겠습니까?

"믿는 무리가 한 마음과 한 뜻이 되어 모든 물건을 서로 통용하고 제 재물을 조금이라도 제 것이라 하는 이가 하나도 없더라$_{32}$ 사도들이 큰 권능으로 주 예수의 부활을 증거하니 무리가 큰 은혜를 얻어$_{33}$ 그 중에 핍절한 사람이 없으니 이는 밭과 집 있는 자는 팔아 그 판 것의 값을 가져다가$_{34}$ 사도들의 발 앞에 두매 저희가 각 사람의 필요를 따라 나눠줌이러라$_{35}$ 구브로에서 난 레위족인이 있으니 이름은 요셉이라 사도들이 일컬어 바나바(번역하면 권위자)라 하니$_{36}$ 그가 밭이 있으매 팔아 값을 가지고 사도들의 발 앞에 두니라$_{37}$"(행4:32~37; 참고. 마19:29; 막

10:29~30; 눅18:29~30)

옛 언약 공동체를 위해 그 직무를 수행하던 제사장들 역시 자신의 직분을 버리고 새 직분자들인 사도들과 구제를 담당하는 새 언약의 직분자들, 그리고 왕 같은 제사장이 된 교회 안으로 편입되어야 하지 않겠습니까?

> "형제들아 너희 가운데서 성령과 지혜가 충만하여 칭찬 듣는 사람 일곱을 택하라 우리가 이 일을 저희에게 맡기고,₃ 우리는 기도하는 것과 말씀 전하는 것을 전무하리라 하니,₄ 온 무리가 이 말을 기뻐하여 믿음과 성령이 충만한 사람 스데반과 또 빌립과 브로고로와 니가노르와 디몬과 바메나와 유대교에 입교한 안디옥 사람 니골라를 택하여,₅ 사도들 앞에 세우니 사도들이 기도하고 그들에게 안수하니라,₆ 하나님의 말씀이 점점 왕성하여 예루살렘에 있는 제자의 수가 더 심히 많아지고 허다한 제사장의 무리도 이 도에 복종하니라."(행6:3~7)[29]

이 모든 시발점이 된 날은 사도행전 2장의 오순절이요, 그 시발점의 단초는 바로 방언이었습니다. 이처럼 방언은 옛 언약시대에서 새 언약시대로의 전환(transition)을 보여주는 놀라운 표적(sign)이었습니다. 오

---

29) 이런 의미에서 볼 때, 사도행전의 역사는 (오늘날 수많은 선교단체들이 일반적으로 생각하는 것과는 달리) 단순한 전도 역사가 아닙니다. 이는 옛 언약에서 새 언약으로의 결정적이고도 획기적인 전환의 역사입니다. 바로 이 때문에 사도행전은 사도 바울이 이제는 더 이상 유대인들에게 먼저 가지 않고 이방인에게로 가겠다는 선포, 그리고 하나님 나라 복음의 놀라운 역사로 끝납니다(행28:25~31). 사도행전은 1~28장으로 완전한 복음입니다. 29장이라는 무언가 새로운 메시지를 추가해야 한다든지, 종결되지 않은 성경이라든지 하는 식의 설명은 이 완전한 복음이 담긴 하나님의 말씀을 훼손할 가능성이 농후합니다.

늘날의 소위 '천국 언어'라고 하는 방언(?)이 과연 이런 기능과 관련이 있습니까? 이런 심판의 기능을 보여줍니까? 이런 새 시대의 개막을 보여줍니까? 그렇지 않다는 것을 우리는 너무나도 잘 압니다.

마샬에서 비유로, 비유에서 방언으로

이 장을 끝내기 전에, 방언이 구약 선지자들의 마샬(מָשָׁל), 그리고 예수님께서 하신 비유(파라볼레, παραβολή)와 갖는 연관성을 살펴볼 필요가 있습니다. 이것이 방언이 갖는 심판적 의미를 잘 보여주기 때문입니다.

구약의 선지자들 역시 패역한 이스라엘 백성들에게 심판과 구원을 자주 선포했습니다. 그들은 주로 이스라엘 백성들이 사용하는 언어, 즉 자국어로 하나님의 말씀을 전했습니다. 그런데 여기서 눈여겨봐야 할 점은 그들이 자주 '마샬(מָשָׁל)'이라는 독특한 방식의 화법을 사용하여 그들에게 이 일을 했다는 점입니다.

'마샬(מָשָׁל)'을 한 마디로 규정하기란 대단히 어렵습니다. 왜냐하면 이는 '속담(wisdom saying)' 또는 '격언(proverb)'이라는 기본적인 의미에서부터 시작하여 익살(jest), 비웃음(taunt), 조롱(derision)[30], 수수께끼(riddle), 풍유(allegory), 풍자(satire), 직유(similitude), 은유(metaphor), 우화(fable), 묵시(apocalyptic revelation), 상징(symbol), 필명(pseudonym), 허구의 인물(fictitious person), 예(모범, example), 주제(theme), 논증(argument), 변증(apology), 반론(반박, refutation) 등 다양한 의미로, 그

---

30) 마샬의 용법 중 '비웃음'과 '조롱'이라는 의미가 포함되어 있는 것 역시 '방언'이라는 주제와 무관하지 않습니다.

리고 다양한 용법으로 사용되는 단어이기 때문입니다.[31] 이는 선지자들이 다양한 방식으로 이스라엘 백성들에게 예언 활동을 했다는 반증이기도 합니다.

'마샬(מָשָׁל)' 중 두 가지 실례만 소개하면 다음과 같습니다. 그 첫 번째는 에스겔의 '녹슨 가마 마샬'입니다.

"너는 이 패역한 족속에게 비유(마샬, מָשָׁל)를 베풀어 이르기를(마샬, וּמְשֹׁל)[32] 주 여호와의 말씀에 한 가마를 걸라, 건 후에 물을 붓고 양떼에서 고른 것을 가지고 각을 뜨고 그 넓적다리와 어깨고기의 모든 좋은 덩이를 그 가운데 모아 넣으며 고른 뼈를 가득히 담고 그 뼈를 위하여 가마 밑에 나무를 쌓아 넣고 잘 삶되 가마 속의 뼈가 무르도록 삶을찌어다, 4~5 그러므로 나 주 여호와가 말하노라 피 흘린 성읍, 녹슨 가마 곧 그 속의 녹을 없이 하지 아니한 가마여 화 있을찐저 제비뽑을 것도 없이 그 덩이를 일일이 꺼낼찌어다, 6 그 피가 그 가운데 있음이여 피를 땅에 쏟아서 티끌이 덮이게 하지 않고 말간 반석 위에 두었도다, 7 내가 그 피를 말간 반석 위에 두고 덮이지 않게 함은 분노를 발하여 보응하려 함이로라, 8 그러므로 나 주 여호와가 말하노라 화 있을찐저 피를 흘린 성읍이여 내가 또 나무 무더기를 크게 하리라, 9 나무를 많이 쌓고 불을 피워 그 고기를 삶아 녹이고 국물을 졸이고 그 뼈를 태우고, 10 가마가 빈 후에는 숯불 위에 놓아 뜨겁게 하며 그 가마의 놋을 달궈서 그 속에 더러운 것을 녹게 하며 녹이

---

31) Jeremias, *Parables*, 20; Stein, *Parables*, 16~18; idem, 『예수님께서는 무엇을, 어떻게 가르치셨는가』, 97~100; Snodgrass, "Parable", 593~594; 홍창표, 『하나님 나라와 비유』, 15~17.

32) 여기에 마샬의 중복 사용이 나타나는데, 하나는 명사, 다른 하나는 동사로 사용되었습니다. 그러니까 '마샬을 마샬하여 이르되'라고 번역할 수 있습니다.

소멸하게 하라[11] 이 성읍이 수고하므로 스스로 곤비하나 많은 녹이 그 속에서 벗어지지 아니하며 불에서도 없어지지 아니하는도다[12]"(겔24:3~12)

에스겔은 하나님의 심판을 받아들이지 않고 거절하는 예루살렘 성을 가마솥에 빗댑니다.[33] 하나님께서 그 가마솥을 펄펄 끓여 곰국을 졸이는 중입니다. 그 솥에 담긴 고기와 뼈는 예루살렘 주민들입니다. 그들은 완전히 멸망할 것입니다.

두 번째 예는 예레미야의 '두 무화과 광주리 마샬'입니다.

"바벨론 왕 느부갓네살이 유다 왕 여호야김의 아들 여고냐와 유다 방백들과 목공들과 철공들을 예루살렘에서 바벨론으로 옮긴 후에 여호와께서 여호와의 전 앞에 놓인 무화과 두 광주리로 내게 보이셨는데, 한 광주리에는 처음 익은 듯한 극히 좋은 무화과가 있고 한 광주리에는 악하여 먹을 수 없는 극히 악한 무화과가 있더라[2] 여호와께서 내게 이르시되 예레미야야 네가 무엇을 보느냐 내가 대답하되 무화과이온데 그 좋은 무화과는 극히 좋고 그 악한 것은 극히 악하여 먹을 수 없게 악하니이다[3] 여호와의 말씀이 또 내게 임하니라 가라사대[4] 이스라엘의 하나님 여호와가 이같이 말하노라 내가 이곳에서 옮겨 갈대아인의 땅에 이르게 한 유다 포로를 이 좋은 무화과같이, 보아 좋게 할 것이라[5] 내가 그들을 돌아보아

---

33) 에스겔은 포로시대 선지자이지만, 그가 잡혀간 때(주전 597년경의 바벨론 2차 침공과 포로유수)는 아직 남 유다왕국이 완전히 멸망(주전 586~587년경)하기 전이었습니다. 아직 예루살렘 성과 성전이 파괴되지 않은 때였습니다. 거짓 선지자들은 시드기야 왕과 유다 왕국의 백성들에게 아직 예루살렘 성과 성전이 건재하므로 여호와께서 바벨론의 손에서 해방시켜 주시리라는 거짓 예언을 퍼뜨렸습니다(렘28:1~4,10~11).

좋게 하여 다시 이 땅으로 인도하고 세우고 헐지 아니하며 심고 뽑지 아니하겠고, 내가 여호와인 줄 아는 마음을 그들에게 주어서 그들로 전심으로 내게 돌아오게 하리니 그들은 내 백성이 되겠고 나는 그들의 하나님이 되리라, 나 여호와가 이같이 말하노라 내가 유다 왕 시드기야와 그 방백들과 예루살렘의 남은 자로서 이 땅에 남아 있는 자와 애굽 땅에 거하는 자들을 이 악하여 먹을 수 없는 악한 무화과같이 버리되, 세상 모든 나라 중에 흩어서 그들로 환난을 당하게 할 것이며 또 그들로 내가 쫓아보낼 모든 곳에서 치욕을 당하게 하며 **말거리**(마샬, וְלִמְשָׁל)가 되게 하며 조롱과 저주를 받게 할 것이며, 내가 칼과 기근과 염병을 그들 중에 보내어 그들로 내가 그들과 그 열조에게 준 땅에서 멸절하기까지 이르게 하리라 하시니라₁₀"(렘24:1~10)

에스겔과 동시대 선지자인 예레미야³⁴는 여호와께서 남 유다왕국을 두 무화과 광주리에 빗대시는 환상을 보았습니다. 당시 바벨론에게 항복하라는 하나님의 경고를 무시하고, 시드기야 왕을 위시한 거짓 선지자들과 타락한 제사장들, 그리고 유다 왕국의 대다수 백성들은 바벨론으로부터 해방될 것이라는 망상에 사로잡혀 있었습니다. 그러나 대다수 사람들의 기대와는 달리, 극히 좋은 무화과가 담겨 있는 광주리는 바벨론입니다. 그 속에 담겨 있는 무화과들은 포로로 사로잡혀 끌려간 자들입니다. 하나님께서는 그들에게 은혜를 베푸실 것입니다(5~7절). 반대로, 도저히 먹을 수도 없는 무화과가 담긴 광주리는 하나님의 거룩한 도성이라 자처하는 예루살렘입니다. 그 속에 담긴 질 나쁜 무화과들은 예루

---

34) 예레미야와 에스겔은 동시대인입니다. 에스겔은 포로로 잡혀간 바벨론에서, 그리고 예레미야는 같은 시기에 예루살렘에서 사역했습니다.

살렘에 남아서 반역을 꾀하고 있는 시드기야와 그의 신하들과 예루살렘 주민들입니다(8~10절). 하나님께서는 그들을 심판하실 것입니다. 그래서 이 일이 사람들에게 '말거리(속담, 마샬, מָשָׁל)'가 되어 이 패역한 백성들이 조롱과 저주를 받게 할 것이라 선포하십니다(9절).

이상의 두 가지 마샬이 가지는 공통점이 무엇입니까? 그것은 첫째, 이스라엘 백성들에게 선지자들이 사용하는 매우 인상적이면서도 강력한 설교 방식입니다. 마샬을 한 번 듣게 되면, 뇌리에서 쉽게 지울 수 없습니다.[35] 둘째, 선지자들은 마샬을 사용하여 패역한 자들에게는 심판과 저주를, 겸손히 회개하고 순종하는 자들에게는 구원과 복을 선포합니다.

예수님께서 하신 비유(파라볼레, παραβολή)는 분명히 그분만의 독특한(unique) 설교 방식입니다.[36] 그러나 동시에 그분의 이 비유 설교는 구약 선지자들의 마샬과 완전히 단절된 방식이 아닙니다. 마샬은 예수님의 비유라는 독특한 장르의 구약적 배경이 되었습니다. 이런 의미에서 선지자들의 마샬은 예수님의 비유와의 연결성도 가지고 있습니다.[37]

---

35) "그러므로 추론과 해석이 마샬의 본질이다. 따라서 마샬의 어투는 강렬해서, 구전시대 문화에서는 잊혀지지 않는 것이었다"(홍창표, 『하나님 나라와 비유』, 17).

36) 예수님의 비유는 설교의 예화가 아닙니다. 예화는 그 자체로는 완전성을 가지고 있지 않습니다. 그러나 비유는 그 자체로 완전한 복음이요 설교입니다. 랍비 문서 등에서 이와 유사한 것들이 발견된다 할지라도 이러한 방식의 설교를 독자적으로, 그렇게나 많이, 그리고 그런 어투와 문체로 말씀하신 분은 오직 예수 그리스도뿐입니다. 그러므로 비유는 예수님만의 유일무이한(unique) 설교 방식입니다.
"예수님께서는 비유를 식전의 간식(에피타이저, appetizer) 정도가 아니라 정식(main meal)으로 여기셨습니다. 복음에 대한 예화(illustration) 중 하나가 아니라 복음 그 자체(the gospel itself)로 여기셨습니다"(Timmer, *Kingdom Equation*, 8).

37) "사람들이 그분의 가르침에 대해 공격해왔으므로, 예수님께서는 *마샬*(mashal)로 알려진 문학 장치를 사용하여 수수께끼(riddles)와 비유(parables)의 형태로 그들에게 말씀하기 시작하셨다. *마샬*(mashal)은 어떤 일반적인 진리에 이르도록 구체적인 어떤 상황을 제시한다. *마샬*(mashal)의 특징은 논리적 정확성이 아니라 직관에 호소(appeal to intuition)한다는데 있다"

예수님께서 본격적으로 이야기체로 말씀하신 첫 번째 비유는 '씨 뿌리는 자의 비유'입니다(마13:3~23; 참고. 막4:1~20; 눅8:4~15). 그리고 그 이후로는 무리에게 비유로만 말씀하시고, (그분을 따르는 제자들 외에는) 그 비유들에 대한 그 어떤 설명도 해주지 않으셨습니다(마13:34~35). 어느 순간부터, 예수님의 모든 설교는 해석도, 아무런 설명도 없는 비유가 되었습니다. 비유 전체가 예수님의 설교이며, 예수님의 설교 전체가 비유였습니다. 이는 예수님께로 모여든 수많은 무리뿐 아니라 바로 곁에서 그분의 말씀을 듣고 있던 제자들에게조차 충격적인 일이었습니다. 그래서 예수님께 여쭈었습니다.

"… 어찌하여 저희에게 비유로 말씀하시나이까"(마13:10)

예수님께서 그들에게 대답해주셨습니다.

"… 천국의 비밀[38]을 아는 것이 너희에게는 허락되었으나 저희에게는 아니 되었나니,, 무릇 있는 자는 받아 넉넉하게 되되 무릇 없는 자는 그 있는 것도 빼앗기리라,, 그러므로 내가 저희에게 비유로 말하기는 저희가 보아도 보지 못하며 들어도 듣지 못하며 깨닫지 못함이니라[39],, 이사

(Vanderwaal, *Matthew – Luke, Vol. 7*, 37).

[38]) 우리가 이미 앞의 '제 2장 드러난 비밀'에서 이 부분을 다루었다는 점을 기억하십시오. 예수님께서도 비유라는 방식으로 복음의 비밀을 말씀하시고, 방언 역시 "비밀을 말함"(고전 14:2)이라는 점에서 연결성을 가집니다.

[39]) 예수님께서 비유로 말씀하시는 이유에 대하여 마태복음은 접속사 '호티(ὅτι)'를 사용하였고, 마가복음과 누가복음은 접속사 '히나(ἵνα)'를 사용했습니다(막4:12; 눅8:10). 마가복음과 누가복음의 표현대로 하자면, 예수님께서는 무리들로 하여금 깨닫지 못하게 하려고 비유를 말씀하셨다는 뜻이 됩니다. 마태복음의 표현대로 하자면, 무리들이 깨닫지 못하기 때문에 예수님께서 비유로 말씀하셨다는 의미가 됩니다. 그래서 어쩌면 원인과 결과가 상반되게

야의 예언이 저희에게 이루었으니 일렀으되 너희가 듣기는 들어도 깨닫지 못할 것이요 보기는 보아도 알지 못하리라,, 이 백성들의 마음이 완악하여져서 그 귀는 듣기에 둔하고 눈은 감았으니 이는 눈으로 보고 귀로 듣고 마음으로 깨달아 돌이켜 내게 고침을 받을까 두려워함이라 하였느니라,, 그러나 너희 눈은 봄으로, 너희 귀는 들음으로 복이 있도다,, 내가 진실로 너희에게 이르노니 많은 선지자와 의인이 너희 보는 것들을 보고자 하여도 보지 못하였고 너희 듣는 것들을 듣고자 하여도 듣지 못하였느니라,,"(마13:11~17)

이것이 무엇을 의미합니까? 복음서는 예수님께서 지금 이스라엘 백성들에게 비유라는 방식을 도구로 사용하여 일종의 언어 심판을 행하고 계심을 보여줍니다. 하나님 나라의 비밀이 제자들에게는 계시되었습니다. 그러나 반대로 반역하는 옛 언약백성들에게는 은폐되었습니다. 예수님의 비유는 자국어로 주어졌습니다. 그러나 소수의 제자들을 제외하면 어느 누구도 깨닫지 못합니다. 이는 옛 언약백성들에게 있어서 참으로 두려운 심판이 아닐 수 없습니다.

비유로 말씀하신 이 예수님께서 죽으시고 부활, 승천하여 하늘 보좌에 앉으셨습니다. 그리고 그분이 오순절에 성령을 제자들에게 부어주시자, 놀라운 일이 발생했습니다. 제자들이 방언을 말하기 시작했습니다. 그들은 이제 자국어가 아닌 외국어로 복음의 비밀을 말하기 시작했

보일 수도 있습니다. 이에 대한 필자의 대답은 이것입니다. 마가복음과 누가복음은 예수님의 비유가 갖는 은폐성의 목적을 더욱 강조하고 있으며, 마태복음은 무리들의 패역함으로 인해 예수님께서 비유라는 매우 독한 방식으로 말씀하게 되었음을 강조하고 있습니다. 어떤 것으로 보든지, 이스라엘 백성들의 완악함과 거절(마11~12장) → 예수님께서 비유로 말씀하여 천국 복음을 은폐하심(마13장) → 제자들은 천국의 비밀을 깨닫고, 이스라엘 백성들은 더욱 깨닫지 못하게 됨(마14장 이하)이라는 진행으로 나아갑니다.

습니다. 방언은 믿지 아니하고 반역하는 옛 언약백성들에게 두려운 심판의 표적(sign)이 되었습니다.

> "방언을 말하는 자는 사람에게 하지 아니하고 하나님께 하나니 이는 알아듣는 자가 없고 그 영으로 비밀을 말함이니라"(고전14:2)

> "그러므로 방언은 믿는 자들을 위하지 않고 믿지 아니하는 자들을 위하는 표적이나…"(고전14:22)

예수님은 비유로, 오순절 이후의 제자들은 방언으로 말했습니다. 이 둘은 공통점을 갖고 있습니다. 이 둘의 내용은 모두 천국의 비밀, 복음의 비밀입니다. 이 둘은 모두 언어 심판이 되었습니다. 이 둘은 모두 믿지 않는 옛 언약백성들에 대한 언어 심판입니다. 한편, 이 둘 사이에는 차이점도 있습니다. 예수님께서는 자국어로 비유를 말씀하셨습니다. 그러나 이제 제자들은 외국어로 방언을 말합니다. 구약시대에 선지자들은 마샬을 말하고는 그 의미를 반역하는 자들에게나 순종하는 자들 모두에게 가르쳐주면서 경고했습니다. 그러나 예수님께서는 옛 언약백성들에게 비유를 말씀하시긴 하지만, 제자들에게는 그 뜻을 가르쳐주셨습니다. 그리고 이제 제자들은 옛 언약백성들 앞에서 그들이 볼 수 있도록 방언을 말하지만, 더 이상 그들을 대상으로 말하지 않고 하나님께 말하여 그분을 송영합니다. 이스라엘 백성들이 점점 하나님의 말씀으로부터 제외되고 있으며, 그들의 특권이 발탁되어가는 과정을 겪고 있습니다. 선지자들의 마샬 → 예수님의 비유 → 제자들의 방언으로 갈수록 구속사적 진전이 발생하며, 옛 언약백성들에 대한 하나님의 심판의 강도가 커지고 있습니다. 이 얼마나 무서운 일입니까?

방언의 이러한 심판적 측면은 예수님께서 잡히시던 날 밤에 제자들에게 오순절 성령 강림에 대한 예고를 하시던 문맥(요14~16장) 속에서도 나타납니다.

> "내가 진실로 진실로 너희에게 이르노니 **나를 믿는 자는 나의 하는 일을 저도 할 것이요 또한 이보다 큰 것도 하리니** 이는 내가 아버지께로 감이니라₁₂ 너희가 내 이름으로 무엇을 구하든지 내가 시행하리니 이는 아버지로 하여금 아들을 인하여 영광을 얻으시게 하려 함이라₁₃ 내 이름으로 무엇이든지 내게 구하면 내가 시행하리라₁₄ 너희가 나를 사랑하면 나의 계명을 지키리라₁₅ 내가 아버지께 구하겠으니 그가 **또 다른 보혜사를 너희에게 주사 영원토록 너희와 함께 있게 하시리니**₁₆ 저는 진리의 영이라 세상은 능히 저를 받지 못하나니 이는 저를 보지도 못하고 알지도 못함이라 그러나 너희는 저를 아나니 저는 너희와 함께 거하심이요 또 너희 속에 계시겠음이라₁₇"(요14:12~17)

예수님께서는 제자들도 예수님께서 하시는 일을 할 것이라고 말씀하십니다. 그런데 제자들은 예수님께서 하시는 일보다 더 큰 일을 할 것이라고 예고하십니다. 그리고 이를 위해 보혜사(성령)를 그들에게 보내주실 것이라고 약속하십니다.

제자들은 예수님보다 더 '큰 일'을 행합니다. 이 예언은 제자들이 전하는 복음이 예수님께서 전하셨던 복음보다 더 풍성하기 때문에 성취되었습니다. 제자들은 예수님의 죽으심과 부활, 그리고 다시 오심에 관해서도 전파하였습니다.⁴⁰ 물론 이는 사실입니다. 그러나 다른 한편으로, 이 예언은 제자들이 방언을 말했다는 측면에서도 성취되었습니다. 구약 선지자들이 선포한 마샬보다, 예수님께서 하신 비유보다, 어떤 측면에서는 제자들이 말한 방언이 구속사의 진전을 더욱 심화시키고 있기 때문입니다. 이전보다 더 임박한 심판을 보여주고 있기 때문입니다. 옛 언약시대에서 새 언약시대로의 전이를 더 극적으로 보여주고 있기 때문입니다.

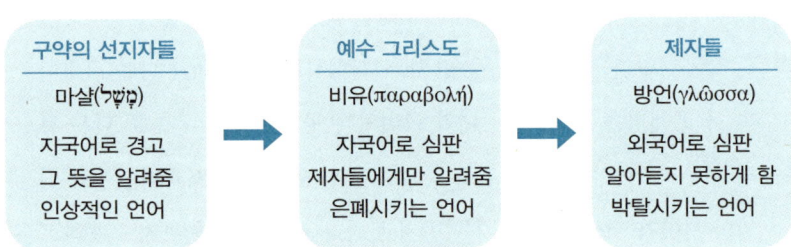

그림 5. 심판 계시의 구속사적 진전

고린도교회의 무서운 범죄와 예상되는 수치

하나님께서는 선지자들을 보내 마샬로 말하게 하셨으나, 그들은 이를 거부했습니다. 이제 하나님께서는 그분의 독생자 예수 그리스도를 보내 비유로 말씀하게 하십니다. 이는 자국어이지만, 깨닫지 못하게 하는 은폐성을 지니고 있습니다(마13:11~17). 이제 하나님께서는 예수 그리스도까지 거부하고 죽인 옛 언약백성들에게 제자들을 통해 방언을 말하게 하십니다. 하나님의 말씀을 독점하던 그들 앞에서 이제 제자들이 외국어로 말합니다. 그들에게 말하는 대신, 하나님께 말하며 그분을 높

---

40) 이러한 관점에서 제자들이 예수님보다 더 큰 일을 했다고 보고 설교한 글로는 고재수, 『구속사적 설교의 실제』, 130~137을 참고하십시오.

입니다. 그들의 시대, 그들의 특권이 박탈되고 있습니다. 방언은 이렇게 믿지 않는 유대인들에게 무서운 심판의 표적(sign)이 되었습니다. 이제까지 그들이 독점해왔던 하나님의 말씀이 이제는 이방인의 언어로 주어지고 있기 때문입니다. 하나님께서는 이를 통해 한편으로는 배교한 유대인 대신 이방인들을 부르셨고, 또 다른 한편으로는 유대인으로 하여금 이 무서운 심판의 표적을 보고 두려움을 느껴 시기가 나서 다시 언약 안으로 들어올 마음을 갖게 하신 것입니다(롬11:17 이하).

그러나 이렇게 심판의 표적으로 주어진 방언의 은사는 믿지 않는 유대인들이 아니라 믿는 이방인 공동체였던 고린도교회의 예배 안에서 아무런 통역도 없고, 질서도 없이 시행되었습니다. 이 때문에 방언의 원래 목적이 왜곡되었습니다. 아무런 통역 없이 방언하는 자들에 의해, 고린도교회 성도들의 특권 – 복음의 비밀을 듣고 깨닫는 – 이 오히려 상실되었습니다. 어느 누구도 이를 알아들을 수 없었기 때문입니다. 이로써 교회의 질서를 깨뜨리는 자들은 옛 언약백성들이 아닌 새 언약백성, 새 언약 공동체인 교회를 무너뜨리고 붕괴시키고 있었습니다. 하나님의 계시를 조롱하고 비웃는 자들을 향한 하나님의 조롱과 비웃음이 되어야 할 이 심판의 도구를 잘못 사용하자, 오히려 교회가 새 언약 공동체의 외인(外人)들에 의해 조롱받는 꼴이 되었습니다.

"그러므로 방언은 믿는 자들을 위하지 않고 믿지 아니하는 자들을 위하는 표적이나 예언은 믿지 아니하는 자들을 위하지 않고 믿는 자들을 위함이니[22] 그러므로 온 교회가 함께 모여 다 방언으로 말하면 무식한 자들이나 믿지 아니하는 자들이 들어와서 너희를 미쳤다 하지 아니하겠느냐[23]"(고전14:22~23)

아, 독자 여러분! 은사를 받지 못해서가 아니라 은사를 잘못 이해하고 그것을 오용할 때 어떤 일이 벌어지는지 똑똑히 보십시오. 하나님의 백성·자녀·제사장 나라, 그리스도의 신부·몸, 그리고 성령의 전으로 부르심을 입은 교회, 복음의 비밀을 온 세상에 전파하도록 부르심을 입은 교회, 삼위 하나님께서 땅 위에 창설하신 유일한 기관인 교회가 오히려 새 언약 공동체 바깥의 사람들에 의해 조롱받습니다. 내부적으로 분열됩니다. 교정을 받지 않으면, 그래서 회개하여 다시 질서 있는 예배와 신앙생활로 돌이키지 않으면 참으로 그렇게 될 것입니다.

함께 생각할 문제

1. 예언과 방언의 공통점과 차이점을 말해보십시오.

2. 방언이 표적(sign) 중 하나라는 사실을 알고 계십니까? 방언은 누구를 대상으로 하는 표적입니까?

3. 율법에 나타난 보복의 원리(눈은 눈으로, 이는 이로, 생명은 생명으로)와 방언 사이에는 어떤 관계가 있습니까?

4. 구약의 선지자들의 외침보다 예수님의 비유가, 예수님의 비유보다 사도들의 방언이 더 큰 심판의 표적이 되었다면, 이것이 배교하는 옛 언약백성에게 주는 의미가 무엇입니까?

5. 방언이 표적이라는 의미에서 볼 때, 고린도교회는 이 은사를 어떻게 잘못 사용하였습니까? 은사를 그 목적과 기능에 맞게 사용하는 것이 교회 건설에 얼마나 중요합니까?

6. 오늘날 우리가 하나님의 심판을 소망하고, 그것을 요청하는 내용을 담고 있는 시편을 예배 중에 불러야 하는 이유가 무엇입니까?

7. 오늘날 우리가 사적 미움과 보복을 하지 않는 대신, 하나님의 공의로운 심판을 요청하는 기도를 예배 중에 그리고 개인적으로 해야 하는 이유가 무엇입니까?

8. 하나님의 말씀과 그분의 공의로운 심판이 언약 바깥의 외인(外人) 이전에 가장 우선적으로 그 언약백성들을 향하고 있다는 사실은 예배에 대한 우리의 자세를 어떻게 변화시킵니까?

9. '코람데오(Coram Deo)'라는 말이 단순히 '하나님 앞에서'가 아니라, 공의로운 심판주이신 하나님 앞에 서 있는 죄인의 모습을 의미한다는 사실을 알고 계십니까? 우리가 예배를 드릴 때마다, 설교를 들을 때마다, 찬송과 기도를 올릴 때마다, 그리고 우리의 모든 삶의 모습 가운데서 이 경고의 음성을 듣고 있습니까?

제5장

예언과 방언의 시대에서 예배 개혁을 향하여

방언의 은사는 오늘날에도 여전히 존재하는가, 아니면 폐지되었는가?

옛 언약과 새 언약의 중첩: 과도기적 은사 | 방언의 성격과 특징에 대한 요약 | 불연속성(Discontinuity) | 교회사와 신앙의 선조들 | 예언하기를 사모하며, 방언 말하기를 금하지 말라 | 연속성(Continuity): 예언과 방언의 시대에서 예배 개혁을 향하여

그런즉 형제들아 어찌할꼬 너희가 모일 때에 각각 찬송시도 있으며 가르치는 말씀도 있으며 계시도 있으며 방언도 있으며 통역함도 있나니 모든 것을 덕을 세우기 위하여 하라

고전14:26

그런즉 내 형제들아 예언하기를 사모하며 방언 말하기를 금하지 말라$_{39}$ 모든 것을 적당하게 하고 질서대로 하라$_{40}$

고전14:39~40

> 방언의 은사는
> 오늘날에도 여전히 존재하는가
> 폐지되었는가

제5장
예언과 방언의 시대에서 예배 개혁을 향하여

그런즉 형제들아 어찌할꼬 너희가 모일 때에 각각 찬송시도 있으며 가르치는 말씀도 있으며 계시도 있으며 방언도 있으며 통역함도 있나니 모든 것을 덕을 세우기 위하여 하라(고전14:26)

그런즉 내 형제들아 예언하기를 사모하며 방언 말하기를 금하지 말라₃₉ 모든 것을 적당하게 하고 질서대로 하라₄₀(고전14:39~40)

옛 언약과 새 언약의 중첩: 과도기적 은사

방언이 믿지 않는 유대인들을 향한 심판의 도구였다는 점을 생각할 때, 우리는 사도들이 (유대인들을 중심으로 한) 옛 언약과 (이방인들을 중심으로 한) 새 언약이 중첩된(overlapped) 과도기적 시대에 살고 있었다는 사실을 함께 기억해야 합니다.

하나님께서는 옛 언약시대 내내 오래 참고 또 참으셨습니다. 그러면서 계속 그분의 선지자들을 이스라엘 백성들에게 보내어 회개를 촉구하셨습니다. 그러나 그들은 하나님의 이 초대장에 불응했으며, 선지자들의 피를 계속 채웠습니다(마23:29~36). 그들은 왕의 잔치에 참여하기를 거절할 뿐 아니라 그분이 보낸 종들을 잡아 능욕하고 죽였습니다(마22:5~6). 이스라엘의 지도자들은 하나님의 포도원(이스라엘)을 맡았으나 그분의 종들을 잡아 심히 때리고, 죽이고, 돌로 치는 일을 멈추지 않앉습니다(마21:35~36). 하나님께서는 이제 자신의 종인 선지자들 대신 독생자를 직접 그들에게 보내셨습니다. 그러나 이 악한 포도원 농부들은 아들마저도 죽였습니다(마21:37~39). 이제 남은 일이 무엇이겠습니까? 자기 아들을 위해 큰 잔치를 베푸신 왕, 포도원 주인이신 그분이 군대를 보내 이 악한 자들을 진멸하는 때가 이제 곧 눈앞에 다가오지 않겠습니까? 이 포도원을 다른 농부에게 주고, 이 큰 잔치에 그들 대신 다른 사람들을 초청할 날이 이제 곧 닥치지 않겠습니까?(마21:40~46, 22:7~14) 유대인과 그들의 성전을 중심으로 한 옛 언약은 그 기반이 흔들리고 있었습니다. 그들의 시대는 이제 얼마 남지 않았습니다. 예수님께서 말씀하신 그대로, 한 세대가 지나기 전에 이 일이 다 그들에게 성취될 것입니다(마23:36, 24:34).

오순절에 갈라진 불, 즉 방언은 바로 이러한 의미에서 유대인들을 중심으로 한 옛 언약의 세상이 붕괴될 날이 눈앞에 다가왔음을 보여주는 심판의 표적이 되었습니다. 그동안 언약의 특권들을 독점하다시피 한 유대인들과 그들의 성전은 이제 얼마 후면 무너져버릴 것입니다. 오순절에 시작된 방언은 그들 대신 이방인들을 하나님을 경외하는 자리로 불러들이는 구원의 도구가 되었습니다. 즉, 방언은 믿지 않는 유대인들에게 심판의 표적이 된 반면, 이제 언약의 외인(外人)들에게는 그들을 새 언약 공동체 안으로 불러들이는 구원의 표적이 되었습니다.

방언은 이렇게 (오순절 성령 강림의 결과로 신약 교회가 창시됨으로써) 새 언약이 이미 시작되었으나 옛 언약은 아직 완전히 붕괴되지 않은 언약의 중첩 기간에 발생하였습니다. 따라서 이는 **과도기적 은사**라는 특징을 지니고 있었습니다. 오늘날 우리들은 새 언약만이 존재하고 있는 시대에 살고 있습니다. 옛 언약은 이미 지나가고 없습니다. 다시 말하자면, 오늘날의 우리는 이제 방언의 원래 목적인 배교한 옛 언약 백성들을 향한 심판의 표적이 더 이상 필요하지 않은 시대에 살고 있습니다.

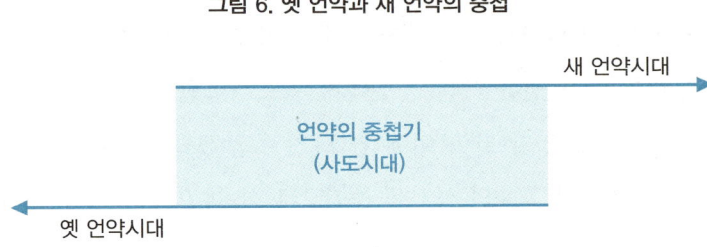

그림 6. 옛 언약과 새 언약의 중첩

방언의 성격과 특징에 대한 요약

이상의 독특한 특징을 고려하면서 방언에 대해 이제까지 우리가 살핀 내용을 요약하면 다음과 같습니다.

1) 방언은 당대 여러 지역에서 여러 족속들이 **실제로 사용하던 언어**였습니다. 그러므로 그 언어를 사용하지 않는 사람들에게 그것은 일종의 **외국어**였습니다.

2) 방언은 예수 그리스도에 관한 종말론적 복음의 비밀을 그 핵심 내용으로 하는 **계시적 은사**였습니다. 이 특징은 자국어로 말하는 은사인 예언과의 공통점입니다.

3) 그러나 방언은 설교적 은사들과는 달리 가장 우선적으로 하나님께 기도와 찬송을 올려드리는 **송영적 은사**였습니다.

4) 방언은 **고린도교회의 공중 예배 가운데** 시행되었습니다.

5) 예언이 자국어로 주어진 반면, 방언은 외국어로 주어졌으므로 그것이 **통역이 되지 않는 한**, 고린도교회의 회중은 그 내용을 알아들을 수 없었습니다.

6) 이런 이유로 인해, **방언이 통역될 때 온 교회에 유익이 되지만, 그렇지 않을 때 그것을 말하는 사람에게만 유익** – 하나님에 대한 송영이므로 – 이 되었습니다.

7) 그러므로 방언은 설교적 은사들에 비해 상대적으로 **더 작은 은사**였습니다.

8) 한편, 방언은 **믿지 않는 옛 언약백성들, 즉 유대인들에 대한 심판의 표적**이 되었습니다. 하나님의 계시가 방언이라는 다른 종족의 언어로 주어지고 있다는 사실은 오랫동안 말씀을 독점해온 유대인의 언약적 특권이 박탈될 것을 예고하고 있기 때문입니다.

9) 다른 한편으로, 방언은 이제 **유대인들에게서 이방인들에게로, 옛 언약시대에서 새 언약시대로 촛대가 이동하는 시대전이적 특징**을 지니고 있었습니다. 이제 옛 언약백성들인 유대인들 대신 이방인들이 그 자리에 들어와 동일한 언약 특권을 소유하는 시대가 도래했습니다.

10) 그러므로 방언은 새 언약시대가 이미 개막되었으나 옛 언약시대는

아직 완전히 끝나지 않은, **두 언약시대의 중첩**(overlap)이라는 매우 독특한 시기에 발생하였습니다.

우리는 오늘날 주위에서 - 혹은 자신에게 - 발생하고 있는 소위 방언 현상이 이상의 특징들을 지니고 있는지 솔직하고 진지하게 자문해야 합니다.

불연속성(Discontinuity)

이상의 특징들을 생각할 때, 우리는 성경에 기록된 것과 문자적으로 동일한 방언의 은사가 오늘날 더 이상 존재하지 않는다고 확실하게 말할 수 있습니다. 왜냐하면 사도시대와 오늘날의 우리 사이에는 결정적이고도 중요한 몇 가지 불연속성(discontinuity)이 존재하기 때문입니다. 그것은 특히 세 가지 점에서 그러한데, 첫째 구속사의 시기, 둘째 직분, 셋째 계시의 수여에 있어서 그러합니다.

1) 구속사의 시기에 있어서의 불연속성 :
오늘날의 교회는 옛 언약과 새 언약의 중첩 기간에 살고 있지 않습니다.

앞의 '그림 6. 옛 언약과 새 언약의 중첩'에서 볼 수 있듯이, 사실 방언은 이러한 과도기적 시기에 존재하던 매우 독특한 은사였습니다. 그러나 오늘날 우리는 옛 언약과 새 언약이 공존하는 시대에 살고 있지 않습니다. 우리는 새 언약만 존재하는 시대에 살고 있습니다. 사도들과 초대교회 성도들이 살던 때는 옛 언약의 특징들과 새 언약의 특징들이 함께 공존하던 시기였습니다. 다시 말하자면, 예수 그리스도의 인격(person)과 사역(work) 안에서 새 시대가 시작했으나 옛 시대가 아직 종결되지 않던 시기였습니다. 남아프리카 공화국의 개혁주의 신학자 반 더발은 성경 본문에서 이에 대한 많은 증거들을 제시합니다.

> "그리스도께서는 율법 아래 나셨다(갈4:4). … 그분은 할례를 받으셨다(눅2:21). … 대속물이 그분을 위해 지불되었다… (눅2:22~24). 그분은 성전세를 바치기를 거부하지 않으셨다(마17:24~27). … 그분은 큰 절기들을 신실하게 지키기 위해 올라가셨다. 그분은 돌아가시기 전에 유월절을 예비하셨다(눅22:7~13)."[1]

이뿐 아닙니다. 옛 언약의 성취자이자 새 언약의 창시자이신 예수님께서는 구약의 마지막 선지자인 세례 요한(마11:11~14; 눅7:28)과 동시대에 사셨습니다. 옛 언약과 새 언약이 공존하고 있는 독특한 시대이기 때문입니다. 또한 예수님께서는 그분 자신을 종말론적 참 성전으로 계시하셨습니다(요1:14[2], 2:19~22). 옛 언약시대의 돌 성전은 그분에 대한 그림자에 불과했습니다. 그러나 그분이 오셨다고 해서 곧바로 돌 성전이 무너지거나 사라지지 않았습니다. 오히려 사람이 되신 참 성전(예수님)과 돌로 만든 그림자 성전은 일정 기간 공존했습니다. 예수님께서는 이 돌 성전이 파괴될 것을 예고하셨으나(마24:1~2; 막13:1~2; 눅21:5~6), 그 일이 발생하기 위해서는 한 세대라는 유예 시간이 존재한

---

1) Vanderwaal, *Covenantal Gospel*, 75.
2) "말씀이 육신이 되어 우리 가운데 거하시매…"에서 '거하시매'로 번역된 헬라어 동사 '스케노우(σκηνόω)'는 '장막을 쳐서 그 속에 거주하다(dwell in a tent)'라는 뜻입니다. 이는 구약 모세의 성막과 이스라엘 백성들의 광야생활을 연상케 합니다. 하나님께서는 성막 제도를 통해 이스라엘 가운데 거하셨고, 그분의 영광을 보여주셨습니다. 요한복음은 예수 그리스도의 성육신을 일종의 성막 건축으로 이해합니다. 이에 대해서는 Köstenberger, "John", 422; Walker, *Holy City*, 164, 167~169을 참고하십시오.

다는 사실도 알려주셨습니다(마24:34; 막13:30; 눅21:32). 돌 성전은 틀림없이 무너질 것입니다. 그러나 예수님께서 오셨다고 해서 곧바로 무너지는 것이 아니라 어느 정도의 기간이 지난 후에 무너질 것입니다. 즉, 새 언약의 성전이신 예수님과 옛 언약의 돌 성전은 일정 기간 공존할 것입니다.[3]

어떤 이들은 여기까지만 읽고서 이렇게 생각할 수도 있을 것입니다.

'예수님께서 하신 이 일들은 모두 십자가에 달리시기 이전이니까 그렇지.'

훌륭한 지적입니다. 그러나 예수 그리스도의 십자가 죽음과 부활로 옛 언약시대가 곧바로 완전히 끝나버렸다는 생각은 오늘날 상당수의 그리스도인들이 - 심지어 신학자들조차 - 자주 범하고 있는 선입관의 오류입니다.

당장 사도행전을 봐도 사도들과 초대교회 성도들이 옛 언약시대와 새 언약시대의 중첩기에 살고 있다는 점이 확연히 드러납니다. 사도행전 안에서 옛 언약과 새 언약은 공존하는 동시에 이 양쪽에 속한 공동체가 서로 충돌하고 있다는 사실을 쉽게 알 수 있습니다. 다음의 '그림 7. 사도행전에 나타난 두 언약 공동체'를 보십시오.

---

3) 옛 언약과 새 언약 사이의 한 세대의 중첩기, 그리고 옛 언약의 상징인 돌 성전의 파괴에 관해서는 Boersma, *Bible*, 76~90; Chilton, *Paradise*, 65~209; idem, *Tribulation*, 1ff; Gentry, "Tribulation", 11~66; Kimball, *Tribulation*, 1ff; Kik, *Eschatology*, 1ff; Sproul, *Last Days*, 1ff; Vanderwaal, *Covenantal Gospel*, 75~176을 참고하십시오. 언급된 저자들은 모두 개혁신앙의 입장에 서 있는 학자들입니다.

그림 7. 사도행전에 나타난 두 언약 공동체

옛 언약 공동체	새 언약 공동체
유대인(옛 이스라엘)	교회 그리스도인(새 이스라엘)
중앙 성소인 예루살렘 성전(Temple)	새 성전인 교회(Church)
각 지역의 회당들(synagogues)	각 지역 교회들(churches)
예수님과 스데반을 죽이는 산헤드린	신앙의 일치를 위해 모인 예루살렘 공회
유대 종교 지도자들	사도들과 장로들
할례와 제사와 의식법	세례와 예배(설교와 성찬)
옛 언약의 기업인 토지	토지를 파는 회심한 유대인들
율법을 선물로 받음	성령을 선물로 받음(율법이 마음에 새겨짐)
거짓 증인들을 내세움	부활의 증인들의 증거
교회를 멸하려고 시도함	죄를 멸하는 권세를 소유
바울을 죽이려고 암살단을 파송	사도 바울을 선교사로 파송
끝까지 복음을 대적함	유대인에게서 이방인에게로 촛대가 옮겨짐
주후 70년 예루살렘 성전 파괴 및 멸망	재림 때까지 보존되며 성장

약속된 성령이 드디어 오순절에 새 언약백성들에게 선물로 주어졌습니다(행2:1~4). 그들은 외국어로 방언을 말함으로써 하나님을 송영했습니다(행2:11). 이는 동시에 오랫동안 하나님의 말씀(계시)을 독점해온 옛 언약백성(유대인)들(롬3:1~2)에게는 다가올 심판의 표적(sign)이 되었습니다(고전14:22). 방언은 옛 언약백성들이 마침내 그들의 모든 특권을 빼앗길 날이 임박했음을 알려주는 긴급한 신호(signal), 또는 알람(alarm)의 기능을 했습니다. 그러나 방언은 심판의 표적이지, 그 자체가 최종적인 심판은 아닙니다. 아직 이스라엘을 위한 회개의 기간이 남아있습니다. 이 말은 약속된 메시아 예수님께서 오셨으나, 그리고 오순절에 종말론적 성령이 선물로 주어졌으나, 그리고 심지어 옛 언약백성들에게 심판이 선고되었으나, 아직 옛 언약시대가 완전히 종결되지는 않았다는 뜻이기도 합니다. 이제 얼마 후면, 그들이 언약백성으로서 누리

고 있던 특권이 사라질 것입니다. 그러나 아직은 아닙니다. 아직은 한 세대의 유예기간이 남아 있습니다.

그래서 초대교회는 "날마다 마음을 같이하여 성전(필자 주: 예루살렘 성전)에 모이기를 힘"썼습니다(행2:46). 예수 그리스도께서 이 땅 위에 계실 때, 그분 자신이야말로 참 성전이셨습니다(요1:14; 2:19~21). 그런데, 하늘로 올라가신 그리스도께서는 이제 그분을 믿는 모든 자들에게 성령을 부어주셨습니다. 그래서 이제 신약 교회가 "성령의 전", 즉 새 성전이 되었습니다(고전3:16~17, 6:19~20; 엡2:20~22; 벧전2:4~5). 그런데 예수님께서 하셨던 것과 마찬가지로, 새 성전이 된 교회 역시 돌 성전에서 회집했습니다. 예수 그리스도의 죽음과 부활 이후에도 옛 시대와 새 시대가 아직 일정 기간 공존하고 있는 것입니다.

사실 예수님께서 십자가에 달리실 때 성전의 성소 휘장이 찢어짐으로(마27:51; 막15:38; 눅23:45; 참고. 히6:19~20, 10:19~20) 이제 돌 성전의 법적인 기능은 끝났습니다. 히브리서 기자가 서신 전반에 걸쳐 이제 희생제사 제도를 드리는 옛 언약으로 돌아가서는 안 된다고 교훈한 이유가 바로 이 때문입니다. 그러나 이 돌 성전이 물리적으로 무너진 때는 이로부터 한 세대가 지난 뒤인 주후 70년 로마 군대의 침공을 통해서입니다. 그래서 아직까지는 한 세대의 유예기간이 남아 있다고 할 수 있습니다. 이는 죄인에 대하여 오래 참으시는 하나님의 은혜 때문입니다. 하나님께서는 옛 언약백성들로부터 모든 특권을 박탈하시기 전에 한 세대의 유예기간을 주셨습니다. 하나님께서 이러한 은혜를 베푸셨기 때문에 마지막까지 회개하지 않는 자들에게는 더 이상 핑계거리가 없습니다. 그들은 하나님의 심판대 앞에서 아무런 말을 하지 못할 것입

니다.⁴

사도들이 초대교회 성도들에게 설교와 교육을 한 장소가 예루살렘 성전 안이었다는 사실 역시 이를 뒷받침합니다.

> "저희가 날마다 성전에 있든지 집에 있든지 예수는 그리스도라 가르치기와 전도하기를 쉬지 아니하니라"(행5:42)

스데반이 순교하여 많은 사람들이 흩어진 뒤에도, 사도들이 굳건히 예루살렘에 남아 있었던 이유가 바로 이 때문입니다.

> "사울이 그의 죽임 당함을 마땅히 여기더라 그 날에 예루살렘에 있는 교회에 큰 핍박이 나서 사도 외에는 다 유대와 사마리아 모든 땅으로 흩어지니라"(행8:1)

이방인의 사도로 부르심을 받은 바울이 유대인의 회당을 방문하여 옛 언약백성들에게 먼저 복음을 전한 이유 역시 바로 이 때문입니다(행 13:5,14~15, 14:1, 17:1~3,10,17, 18:4,19, 19:8; 참고. 행28:17~23). 이방인 백부장 고넬료 사건을 통해, 하나님께서는 새 언약 공동체 안에서는 유대인과 이방인 사이에 이제 더 이상 특권의 차별이 없음을 알리셨습니다. 그러나 사도 바울은 자신이 이방인의 사도임에도 유대인들에게 먼저 복음을 전하려고 힘썼습니다. 그 이유 역시 새 언약시대가 시작되었으나, 아직 옛 언약시대가 완전히 종결되지 않은 중첩기였기 때문입

---

4) 우리는 '성령 훼방죄'(마12:31~32; 막3:28~29; 눅12:10)를 바로 이러한 관점, 즉 구속사의 진전 가운데서 이해해야 합니다.

니다.⁵

> "내가 복음을 부끄러워하지 아니하노니 이 복음은 모든 믿는 자에게 구원을 주시는 하나님의 능력이 됨이라 첫째는 유대인에게요 또한 헬라인에게로다"(롬1:16)

갈라디아 지역의 교회들⁶(참고. 갈1:2)에게 할례를 받아서는 안 된다고 그토록 강한 어조로 서신을 보낸 바울(갈5:2~4⁷) 자신은 정작 디모데에게 할례를 받게 했습니다(행16:1~3). 할례자들을 두려워하여 구약의 의식법과 정결법을 완전히 탈피하지 못한 게바(베드로)를 그토록 강하게 책망한 바울(갈2:11~14)은 3차 선교 사역이 끝나갈 무렵에 머리를 깎는 등 그 자신이 직접 결례를 행했습니다(행18:18, 21:24~26, 24:18; 참고. 민6:5,19~20). 사도행전에 기록된 바울의 이러한 행동들은 그의

---

5) 유대인들에게 먼저 복음을 전하던 사도 바울은 로마에 가서도 유대인들에게 복음을 전합니다(행28:17~23). 그리고 그들이 이 복음을 거절하자 이제는 이방인들에게로 가겠다고 선포합니다(행28:24~28). 사도행전 28장 마지막 부분의 이 내용은 구속사적으로 매우 중요한 또 하나의 분기점이 됩니다. 사도시대가 끝나갈 무렵, 이제 옛 언약시대의 완전한 종결이 가까워지고 있으며, 이에 따라 유대인들은 언약으로부터 완전히 내침을 받게 되었다는 뜻이기 때문입니다. 사도행전의 전체 흐름이 이렇게 진행되므로 오늘날 소위 '사도행전 29장 운동(Acts 29)'은 신학적 위험성을 내포합니다. 하나님께서는 사도행전을 28장으로 끝내셨습니다. 사도행전은 유대인들의 우선권이 이제 끝났으며, 하나님 나라의 복음이 이방인들에게 충만히 전해져서 아무도 금하는 사람이 없게 되었다는 선포로 종결됩니다. 우리는 계속 선교할 수 있지만, 사도행전이 미완성의 책인 것처럼 생각해서는 안 됩니다.

6) 에베소, 고린도와는 달리, 갈라디아는 어느 한 도시가 아니라 여러 도시들을 포함하는 매우 넓은 지역이었습니다. 그래서 사도 바울은 "갈라디아 여러 교회들에게"(갈1:2) 동일한 서신을 보냈습니다.

7) "보라 나 바울은 너희에게 말하노니 너희가 만일 할례를 받으면 그리스도께서 너희에게 아무 유익이 없으리라₂ 내가 할례를 받는 각 사람에게 다시 증거하노니 그는 율법 전체를 행할 의무를 가진 자라₃ 율법 안에서 의롭다 함을 얻으려 하는 너희는 그리스도에게서 끊어지고 은혜에서 떨어진 자로다₄"(갈5:2~4)

이중인격을 보여주거나, 그의 범죄를 고발하기 위한 것이 아닙니다. 사도들이 살고 있던 당대는 역사상 두 번 다시 반복될 수 없는 독특한 시기, 즉 언약의 중첩기였기 때문입니다. 예수 그리스도의 죽음과 부활로 인해 옛 언약의 모든 제도와 상징들이 새 언약으로 흡수 및 대체되었지만, 아직 옛 언약백성(유대인)들에 대한 유예기간이 남아 있었기 때문입니다. 그래서 바울은 헬라인(이방인) 디도에게는 할례를 받게 하지 않았으나(갈2:3), 부모 중 한 분이 유대인인 디모데에게는 할례를 받게 한 것입니다(행16:1~3). 아직 옛 언약백성들의 성소인 예루살렘 돌 성전, 그들의 성례인 할례, 그리고 그들의 의식법과 정결법 등이 유예기간으로 남아 있던 시대이기 때문입니다.[8]

그러나 이 중첩기가 언제까지나 지속되지는 않을 것입니다. 실체(reality)와 성취(fulfillment)와 원형(archetype)이신 예수 그리스도께서 오신 이상, 그림자(shadow)와 예언(prophecy)과 모형(typos)은 이제 뒤로 물러가야 합니다. 구약의 마지막 선지자 세례 요한이 "그는 흥하여야 하겠고 나는 쇠하여야 하리라"[9](요3:30)고 고백한 그대로, 이미 그리스도의 죽음과 부활로 인해 법적인 기능을 다한 옛 언약은 한 세대가 지나기 전에 완전히 물러갈 것입니다. 이는 서신 전체를 통해 새 언약을 강조하면서 옛 언약으로의 회귀를 강하게 책망하고 있는 히브리서

---

8) 언약의 중첩기에 대한 더 많은 성경 본문상의 증거들에 대해서는 Vanderwaal, *Covenantal Gospel*, 75~94를 참고하십시오.

9) 이는 새 언약시대를 개막하시는 예수 그리스도로 인해, 세례 요한으로 대표되는 옛 언약시대(마11:11~13; 눅7:28, 16:16~17)가 물러가야 한다는 뜻입니다. 그러나 세례 요한은 예수 그리스도께서 왕성하게 사역하고 계신 중에도 어느 정도 살아 있다가 죽습니다. 복음서는 세례 요한의 잡힘과 죽음을 예수님께서 들으셨다고 합니다(마4:12, 14:12~13). 그리고 이로 인해 세례 요한의 사역이 쇠하는 것과 예수 그리스도의 사역이 흥왕하는 것이 서로 대조되면서 구속사가 급속히 진전되는 모습을 그려줍니다(참고. 마4:12 이하, 14:13 이하; 막1:14 이하, 6:30 이하; 눅3:21 이하, 9:10 이하).

의 교훈 그대로입니다.

"새 언약이라 말씀하셨으매 첫 것은 낡아지게 하신 것이니 **낡아지고**[10] **쇠하는**[11] **것은 없어져 가는 것**[12]**이니라**"(히8:13)

이 구절의 뒷부분을 다시 번역하면 다음과 같습니다.

'… 낡아지고 있는, 그리고 쇠하고 있는 것은 이제 곧 없어질 것이다(없어질 때가 가까웠다).'

첫 것(옛 언약)이 '없어질 때가 가까웠다'는 말은 아직 사라지지는 않았으나, 이제 그 종결이 목전에 있다는 뜻입니다. 이것이 사도들과 초대교회 성도들이 살던 시대입니다. 방언은 바로 이런 비상한 시기에 옛 언약백성들의 심판의 표적으로 주어진 은사입니다. 이제 옛 언약이 효력을 발휘하는 시대가 완전히 종결될 것과 회개하지 않는 유대인들이 언약 바깥 어두움 가운데로 쫓겨나 슬피 울며 이를 갈게 될 날이 가까웠다는 사실을 알리는 경고등입니다. 그러니 더 이상 옛 언약시대 자체가 존재하지 않는 오늘날의 우리에게 이러한 목적과 기능을 할 방언이

---

10) '노후시키다(make old)'라는 뜻을 가진 동사 '팔라이오($\pi\alpha\lambda\alpha\iota\acute{o}\omega$)'의 현재, 수동태, 분사로서 '노후되고 있는(becoming old)', '쇠퇴하고 있는(폐물이 되고 있는, becoming obsolete)'이라는 의미입니다(Bauer, Lexicon, 606).

11) '늙어가다(grow old)'라는 뜻을 가진 동사 '게라스코($\gamma\eta\rho\acute{a}\sigma\kappa\omega$)'의 현재, 능동태, 분사입니다(ibid, 158).

12) '(공간이나 시간적으로) 가까운(near, close to)'이라는 뜻을 가진 형용사 '엥귀스($\dot{\epsilon}\gamma\gamma\acute{u}\varsigma$)'와 '소멸(disappearance)', '파멸(destruction)'이라는 뜻을 가진 명사 '압화니스모스($\dot{a}\varphi\alpha\nu\iota\sigma\mu\acute{o}\varsigma$)'가 합쳐진 어구입니다(ibid, 124, 214).

존재할 수가 없습니다.

도표 3. 언약의 중첩기와 특징들

언약시대	옛 언약시대[13]	언약의 중첩기		새 언약시대
		옛 언약	새 언약	
언약백성 (씨)	할례 받은 백성 (이스라엘과 개종한 이방인)	유대인	사도들과 초대교회	신약 교회
성례	할례와 유월절	할례와 유월절	세례와 성찬	세례와 성찬
기업(땅)	하나님(이스라엘의 기업) 이스라엘(하나님의 기업) 가나안과 예루살렘	가나안과 예루살렘	예수 그리스도 (교회의 기업) 밭을 팔아 연보 교회(새 기업) 영원한 천국	예수 그리스도 교회 영원한 천국
성소	성막과 성전	돌 성전	교회(사람 성전)	교회(사람 성전)
예배	희생제사와 제물들	희생제사와 제물들	그리스도의 대속 감사의 예배	감사의 예배
직분	제사장과 레위인 왕 선지자	구약의 직분들	예수 그리스도 사도들 목사, 장로, 집사	목사 장로 집사
의식법	결례 등 각종 의식법	구약의 의식법	그리스도의 대속 없음(거룩한 삶)	없음(거룩한 삶)
절기	3대 절기를 포함한 연중 7절기	구약의 절기들	그리스도의 대속과 부활(절기 성취) 없음(부활의 날)	없음(부활의 날) 재림의 날 대망
찬양	성막시대: 공식 찬양대 없음 성전시대: 찬양대 조직	방언이 유대인에게 심판의 표적이 됨	방언으로 찬양 자국어로 찬양	자국어로 찬양
봉헌	세 종류의 십일조 각종 희생 제물	구약의 봉헌	예수 그리스도께서 자신을 봉헌 연보	연보
물질의 복	재물과 귀금속을 주셔서 그것으로 성막과 성전을 건축하게 하심	물질적인 복	예수 그리스도(복) 성령의 은사로 사람 성전을 건축	성령의 은사로 사람 성전을 건축

---

13) 사실 옛 언약시대는 하나님께서 이스라엘이라는 한 민족을 택하신 족장언약 이전까지도 포함합니다. 아담과 맺으신 언약, 그리고 노아와 맺으신 언약에 기초한 구속사가 있으나, 여기서는 그 부분에 대한 설명을 생략했습니다.

2) 직분에 있어서의 불연속성 :
오늘날의 교회 안에는 사도들이 존재하지 않습니다. 그 대신 사도적 복음과 항존 직분자들을 가지고 있습니다.

사도들도 우리와 성정이 같은 사람입니다. 그들도 그리스도인입니다. 또한 그리스도의 몸 된 교회의 회원이자 지체이기도 합니다. 그러나 오늘날의 우리와는 달리, 사도들만이 갖고 있는 독특한 위치와 기능이 있습니다. 그것은 그들이 교회의 회원임과 동시에 교회의 터(기초)를 닦는 사람이 되었다는 점입니다. 교회는 그들이 닦은 터 위에 세워진 사람 성전입니다. 성경은 이에 대해 단호하고도 명시적으로 선포하고 있습니다.

"너희는 사도들과 선지자들의 **터** 위에 세우심을 입은 자라 그리스도 예수께서 친히 모퉁이 돌이 되셨느니라[20] 그의 안에서 건물마다 서로 연결하여 주 안에서 성전이 되어 가고[21] 너희도 성령 안에서 하나님의 거하실 처소가 되기 위하여 예수 안에서 함께 지어져 가느니라[22]"(엡 2:20~22)

"우리는 하나님의 동역자들이요 너희는 하나님의 밭이요 하나님의 집이니라[9] 내게 주신 하나님의 은혜를 따라 내가 지혜로운 건축자와 같이 **터**를 닦아 두매 다른이가 그 위에 세우나 그러나 각각 어떻게 그 위에 세우기를 조심할지니라[10] 이 닦아 둔것 외에 능히 다른 **터**를 닦아 둘 자가 없으니 이 터는 곧 예수 그리스도라[11]"(고전3:9~11)

"그러나 하나님의 견고한 **터**는 섰으니 인침이 있어 일렀으되 주께서 자

기 백성을 아신다 하며 또 주의 이름을 부르는 자마다 불의에서 떠날찌어다 하였느니라"(딤후2:19)

"크고 높은 성곽이 있고 열 두 문이 있는데 문에 열 두 천사가 있고 그 문들 위에 이름을 썼으니 이스라엘 자손 열 두 지파의 이름들이라₁₂ 동편에 세 문, 북편에 세 문, 남편에 세 문, 서편에 세 문이니₁₃ 그 성에 성곽은 열 두 <u>기초석</u>이 있고 그 위에 어린 양의 십 이 사도의 열 두 이름이 있더라₁₄"(계21:12~14)[14]

이상의 구절에서 '터', '기초석'이라고 번역된 모든 단어에는 '기초(창설, 토대, foundation)'라는 뜻을 가진 헬라어 명사 '쒜멜리오스(θεμέλιος)'가 사용되었습니다. 이는 '교회 창설 직분'을 맡은 사도들의 독특한 사역을 보여줍니다. 필자는 이에 대해서 이미 이 책 '제 3장 하나님의 큰 일'에서 설명했습니다.[15]

중요한 것은 오늘날에는 더 이상 사도가 없다는 점입니다. 방언은 시기적으로 옛 언약과 새 언약의 중첩기에 발생했습니다. 그뿐 아니라 오

---

14) 개혁주의 신학자들 중에는 계시록 21~22장을 예수 그리스도의 우주적, 물리적 재림 이후의 완성된 천국의 모습으로 보는 이들과 현재의 교회의 모습으로 보는 이들로 크게 나누어집니다. 이 양쪽 중 어느 쪽이든 무관하게, 이 새 예루살렘의 열두 문에 이스라엘 열두 지파의 이름이 새겨져 있는 것은 교회가 천국의 문을 열고 닫는 권세를 위임 받았음을, 열두 기초석에 열두 사도의 이름이 새겨져 있는 것은 이들이 교회의 터를 세우는 독특한 직분과 기능을 맡았음을 보여줍니다.

계시록 전반에 대해 필자는 부분적 과거주의(partial preterism)의 입장을 취합니다. 이는 신약의 미래 예언 중 일부는 예수 그리스도의 우주적, 물리적 재림을 말하고 있으나, 상당한 분량은 주후 1세기 당대에 성취될 임박한 사건들에 대한 예언으로 보는 견해입니다. 이러한 입장에서 쓴 계시록 주석으로는 Chilton, *Vengeance*, 1ff; 송영목, 『요한계시록』, 1ff를 참고하십시오. 또한 이러한 입장에서 계시록의 내적, 외적 증거들에 기초하여 기록 연대를 논증한 최근의 연구로는 Gentry, *Jerusalem*, 1ff; idem, *Beast*, 1ff를 참고하십시오.

15) 이에 대해서는 이 책 제 3장의 각주 17을 참고하십시오.

늘날에는 더 이상 존재하지 않는 직분자들, 즉 교회의 터를 닦은 사도들이 활동하던 시기에 발생했습니다. 사도들은 부활하신 예수 그리스도를 직접 눈으로 목격한 사람으로서 그분의 부활의 증인이 되어야 했습니다.[16] 그들은 옛 언약에 속한 백성들에게 임박한 심판의 경고를 발하여 예수 그리스도의 인격(person)과 사역(work) 안에서 개막된 종말론적 새 언약으로 초청하는 임무를 맡았습니다. 그와 함께 이 복음을 언약의 외인들인 이방인들에게까지 전하는 임무를 맡았습니다.

> "내가 복음을 부끄러워하지 아니하노니 이 복음은 모든 믿는 자에게 구원을 주시는 하나님의 능력이 됨이라 첫째는 유대인에게요 또한 헬라인에게로다"(롬1:16)

> "악을 행하는 각 사람의 영에게 환난과 곤고가 있으리니 첫째는 유대인에게요 또한 헬라인에게며, 선을 행하는 각 사람에게는 영광과 존귀와 평강이 있으리니 첫째는 유대인에게요 또한 헬라인에게라[10]"(롬2:9~10)

물론 사도들만이 방언을 말한 것은 아닙니다. 이방인 백부장 고넬료도(행10:46), 에베소의 제자들도 방언을 말했습니다(행19:6). 그러나 방언이 패역한 옛 언약백성들에 대한 심판의 표적이라면, 그래서 옛 언약이 끝나가고 새 언약의 기초가 든든히 세워지는 시기에 주어진 것이라면, 이는 교회의 창설 직분으로 부르심을 입은 사도들의 사역과 불가분의 관계에 있을 수밖에 없습니다. 사도들이야말로 바로 이 일을 위해 가장 우선적으로 부르심을 입은 사람들이기 때문입니다.

---

16) 이에 대해서는 이 책 제 3장의 각주 15를 참고하십시오.

오늘날의 교회는 더 이상 언약의 중첩기에 살고 있지 않습니다. 그래서 옛 언약백성들을 향해 경고하고, 그들과 이방인들을 새 언약 공동체 안으로 들이는 사도들도 이제 존재하지 않습니다. 교회의 터는 이미 견고히 닦였습니다. 이 터를 다시 닦거나 다른 터를 닦을 필요도 없고, 그렇게 해서도 안 됩니다(고전3:10~11).

사도들이 살아 있던 비상한 시기에는 옛 언약시대가 이제 종결될 날이 멀지 않았으며, 유대인들의 모든 특권들이 사라지고 그 대신 그들에게 임할 심판이 임박했음을 알리기 위해 방언이 필요했습니다. 그러나 사도들은 교회의 터를 견고히 닦은 후 모두 죽었습니다. 이제 우리에게는 사도 대신 사도가 전해준 복음만이 남아 있습니다.[17] '교회 창설 직분' 대신 목사(가르치는 장로)와 다스리는 장로, 그리고 구제하는 집사라는 항존 직분이 존재합니다. 이들은 사도들이 닦아놓은 터 위에서 교회를 든든히 세워야 합니다. 그러니 이제 방언이 존재할 필요가 없습니다.

3) 계시의 수여에 있어서의 불연속성 :
오늘날의 교회는 새로운 계시를 받지 않습니다. 그 대신 완성된 성경을 가지고 있습니다.

우리는 '제 2장 드러난 비밀'에서 방언이 계시적 은사임을 살폈습니다. 예언(프롭훼테이아, προφητεία, prophecy)과 방언(글로싸, γλῶσσα, tongue)은 일종의 직통계시입니다. 사실 구약시대에 선지자(프롭훼테

---

[17] 세계 곳곳, 그리고 한국 교회 안에는 오늘날에도 사도가 있다고 주장하는 이단들이 나타나고 있습니다. 그들은 오늘날에도 사도가 존재한다고 주장합니다. 이에 대한 반론은 '부록 1. 더 이상 사도는 없습니다: 사도시대에서 사도적 복음의 시대로(고전15:3~8; 엡2:20; 벧전1:8)'를 참고하십시오.

스, προφήτης, prophet)들을 통해 말씀하신 하나님께서는 이제 마지막 때가 되어 당신의 독생자 예수 그리스도를 보내 말씀하셨습니다.

> "옛적에 선지자들로 여러 부분과 여러 모양으로 우리 조상들에게 말씀하신 하나님이, 이 모든 날 마지막에 아들로 우리에게 말씀하셨으니 이 아들을 만유의 후사로 세우시고 또 저로 말미암아 모든 세계를 지으셨느니라₂"(히1:1~2)[18]

그러니 예수 그리스도를 통해 하신 말씀이 마지막 말씀입니다. 예수님은 모든 율법과 선지자의 성취요 완성입니다.

> "내가 율법이나 선지자나 폐하러 온 줄로 생각지 말라 폐하러 온 것이 아니요 완전케 하려 함이로라"(마5:17)

그러나 예수님의 죽음과 부활이 있은 후에도, 그리고 그분의 승천과 오순절 성령 강림 이후에까지도 하나님께서는 종종 직접 계시를 주셨습니다. 다시 말하자면, 사도들이 살아 있던 초대교회 당대에도 하나님께서 직접 계시를 주시는 일이 중단되지 않았다는 말입니다. 이와 함께 사도시대에는 하나님의 말씀을 문서로 남기는 일이 계속 진행되었습니다(눅1:1~4; 요20:31, 21:24~25; 고전14:37; 빌3:1; 골4:16; 살전5:27; 살후2:15, 3:14~18; 딤전5:17~18; 벧후1:13~15, 3:15~16; 유3; 계1:3, 22:18~19 등). 그래서 한편으로는 주로 사도들과 선지자들을 통해 계시

---

18) 성경이 예수 그리스도의 초림을 '말세', 즉 마지막 때로 보고 있다는 점에 대해서는 '부록 2. 말세, 언제인가?(히1:1)'를 참고하십시오.

가 주어지면서, 다른 한편으로는 성령의 영감으로 신약성경이 기록되었습니다. 그러나 오늘날 우리는 이제 더 이상 새로운 계시를 받지도 않을 뿐 아니라 받을 필요도 없습니다. 성령의 영감으로 기록된 성경이 완성된 시기에 살고 있기 때문입니다. 그러니 우리와 사도들이 살던 시대 사이에는 성경이 완성되어 더 이상 새로운 계시가 주어지지 않는다는 점에 있어서도 결정적인 불연속성이 존재합니다. 오늘날의 교회는 이제 직통으로 주어지는 계시, 성령이 감동하여 직접 언어로 주시는 계시 대신 기록된 계시, 정확무오한 하나님의 말씀인 성경을 가지고 있습니다. 그러니 하나님께로부터 직접 계시를 받는다는 점에서의 선지자적 은사가 오늘날 존재하지 않습니다. 이와 동시에 계시적 은사인 예언과 방언 모두가 이제 존재할 필요가 없게 된 것입니다.[19]

바로 이런 이유로 인해, 보편적 장로교회가 고백하는 웨스트민스터 신앙고백서는 제 1장(성경)부터 다음과 같은 고백을 담고 있습니다.

---

[19] 사도시대가 계시가 직접 주어지는 동시에 신약성경 기록으로 완성되는 전환기였다는 점에 대한 더 구체적인 설명으로는 '부록 3. 꿈과 환상에서 완성된 계시로: 성경의 절대적 중요성(히1:1~2)'을 참고하십시오.
한편, 칼빈주의 침례교 목사인 챈트리(Chantry)는 고린도전서 13:8~12를 정경론적 관점에 기초하여 예언과 방언의 은사가 오늘날 더 이상 초대교회와 같은 형태로 주어지지 않는다는 것을 논증합니다(Chantry, *Signs*, 49~53). 다른 한편으로, 대다수의 학자들은 이 본문의 '온전한 것'은 정경 완성이 아니라 예수님의 재림이라고 이해합니다. 그렇다고 해서 정경 완성 이후에도 그리스도의 재림 때까지 예언과 방언이 존재한다는 뜻으로 그들 모두가 이 본문을 해석하는 것은 아닙니다. 고린도전서 13:8~12은 예언과 방언이 한시적인 은사들이며, 언젠가는 사라질 것이라고 말씀할 뿐이지 재림 때까지 계속 지속될 것이라고 말씀하는 것은 아닙니다. 그러므로 '온전한 것'이 계시의 완성(정경)을 가리키든, 재림을 가리키든 예언과 방언은 한시적인 은사인 것이 분명합니다. 이 구절이 재림 때까지 계시적 은사가 지속된다고 주장할 수 있는 근거가 되지는 못한다는 뜻입니다(Gaffin, *Pentecost*, 109~112; Robertson, *Final Word*, 67~70). 필자는 그 본문의 의미가 무엇이든 상관없이, 수많은 성경 본문의 내적 증거와 교회사의 외적 증거, 그리고 이에 기초한 합당한 추론에 의해 성경의 완성과 함께 방언이 더 이상 존재할 필요가 없게 되었다는 견해를 견지합니다. 개혁주의 입장에서 고린도전서 13:8에 대한 좀 더 진전된 주해로는 김재성, 『개혁주의 성령론』, 338~356을 참고하십시오.

"본성의 빛, 그리고 창조와 섭리의 사역은 하나님의 선하심과 지혜와 능력을 너무나 분명하게 드러내기 때문에 사람에게 변명의 여지를 주지 않지만, 이것들이 구원 얻기에 필요한 지식, 곧 하나님과 그분의 뜻에 대한 지식을 충분히 베풀지는 않는다. 그래서 주님께서는 기꺼이 여러 부분과 여러 모양으로 자기 자신을 계시하시고 교회를 향한 자기의 뜻을 선포하셨다. 그리고 그 후에는 진리를 보다 더 잘 보존하고 보급하며, 육신의 부패와 사탄과 세상의 악의를 대항하여 교회를 보다 확실하게 세우고 위로하실 목적으로 **그 동일한 내용을 전부 기록하게 하셨다. 이는 성경을 절대적으로 필요하게 만든다. 하나님께서 자기 백성에게 자기 뜻을 계시하시는 이전 방식은 이제 중단되었다**"(웨스터민스터 신앙고백서 1:1).

"하나님의 자기 영광과 사람의 구원 그리고 믿음과 생활에 필수불가결한 모든 일들에 관한 하나님의 협의 전부는 성경에 명시적으로 기록되어 있거나, 합당하고 필연적인 추론을 통하여 성경에서 이끌어낼 수 있다. 이 성경에다 **성령의 새로운 계시**(new revelations of the Spirit)이든 사람의 전통이든 어떤 것이라도 어느 대에라도 덧붙여서는 안 된다. 그럼에도 우리는 말씀에 계시된 바를 이해하여 구원에 이르게 하는 데에 **성령의 내적 조명**(inward illumination of the Spirit of God)**이 필수불가결함**을 인정한다. 또한 하나님께 드리는 예배, 교회의 치리, 인류의 행위와 공동체에 공통적인 사안 등은 항상 준수해야 하는 말씀의 일반 법칙들을 따라, 본성의 빛과 신자의 분별력으로 규정해야 한다"(웨스트민스터 신앙고백서 1:6).

그러므로 오늘날의 우리는 성령의 영감(inspiration)과 계시(revelation)를 성령의 조명(illumination)하시는 사역과 구별해야 합니다. 하나님께서는 사도시대에도 계속 계시를 주셨습니다. 어떤 때는 예언 또는 방언 등으로 직접 계시를 주셨습니다. 그와 함께 어떤 사람들에게 성령의 감동하심(영감, inspiration)으로 신약성경을 기록하게 하셨습니다. 그리고 오늘날 우리가 이 완성된 성경을 읽고 묵상하며 기도할 때, 그 계시의 말씀을 깨닫도록 조명(illumination)하십니다.[20] 이제 예언과 방언의 시대에서 성경의 시대로 전환된 것입니다.

"마지막 계시의 전달수단이 언어적 도구들을 사용하는 것이었는데, 예수 그리스도의 구원사역이 완성되어서 온전한 것이 주어짐으로써 더 이상 지속될 필요가 없게 되었다. 따라서 사도들은 계시 종결을 선언했고, 이런 도구적인 은사들도 역시 종결되었다. 방언은 전환기적인 성격을 가지고 있었고, 사도적인 시대와 예언적인 시대가 끝이 나면서 동시

[20) 복음주의 신학자 그루뎀(Grudem)은 성경의 계시를 최상으로 보고, 오늘날에도 하나님께서 성경보다는 좀 더 열등한 의미에서의 계시, 즉 예언과 방언의 은사를 계속 주신다는 견해를 피력했습니다. 그는 오늘날에도 예언과 방언이 있지만 이것들이 성경의 권위보다는 열등하다는 주장을 통해 예언과 방언 지속론과 정경론에 대한 신앙의 정통성을 절충하려고 시도합니다(Grudem, *Prophecy*, 1ff; idem, *Systematic Theology*, 1016~1088). 그는 하나님의 계시를 더 우등한 것(성경)과 더 열등한 것(개인적으로 지금도 받는 예언과 방언)을 나누어 성경적 주해를 시도합니다. 그래서 심지어 더 열등한 계시에는 오류까지 존재한다는 논리로 나아갑니다. 사실 그루뎀의 견해는 오늘날 예언과 방언의 은사가 존재한다고 생각하는 사람들에게 매우 솔깃한 제안입니다. 그러나 필자가 이 책 전체에 걸쳐 논증한 바와 같이, 방언이 예언보다 더 작은 은사인 이유는 양자 간에 충돌할 때 한쪽이 더 올바르다는 차이 때문이 아니었습니다. 하나님의 계시의 말씀은 서로 충돌하거나, 우등한 계시와 열등한 계시의 차이가 존재하지 않습니다. 젠트리(Gentry)는 개혁신앙의 입장에서 그루뎀의 이러한 견해에 반박하기 위해 아예 책 한 권을 썼습니다(Gentry, *Prophecy*, 1ff). 젠트리 외에도 개혁신앙의 입장에서 그루뎀의 이러한 견해에 대한 반론으로는 Robertson, *Final Word*, 85~126; Ferguson, 『성령』, 245~256; 김재성, 『개혁주의 성령론』, 365~367, 387~399를 참고하십시오.

에 종결되었다."²¹

   그러므로 우리는 성경에 언급된 어떤 은사들이 오늘날 더 이상 존재하지 않는다는 사실에 대해 말하기를 주저할 필요가 없습니다. 사도적 은사는 오늘날 더 이상 존재하지 않습니다. 만일 오늘날에도 사도가 있다고 주장하는 사람이 있다면, 그 사람은 (단순히 견해가 다른 정도가 아니라) 정통 신앙으로부터 이탈해 있다고 확실하게 말할 수 있습니다.²² 오늘날에는 선지자 역시 더 이상 존재하지 않습니다. 직통계시로서의 예언의 은사가 주어지지 않기 때문입니다. 그 대신 우리는 완성된 성경을 가지고 있으며, 성령 하나님께서는 우리에게 이 계시의 말씀을 깨닫도록 조명(illumination)해주십니다.²³ 방언의 은사 역시 오늘날 더 이상 존재하지 않습니다. 오늘날 직통계시로서의 방언이 외국어로 주어져서 옛 언약백성(유대인)들에게 심판의 경고를 할 필요도, 할 수도 없기 때문입니다. 그 대신 우리는 완성된 성경 말씀에 기초하여 하나님께 똑똑히 알아들을 수 있는 말로 기도하고 찬양하는 시대에 살고 있기

---

21) 김재성, 『개혁주의 성령론』, 305~306. 이뿐 아니라 직통계시가 오늘날에는 더 이상 주어지지 않는다는 점을 개혁주의 성경관의 입장에서 성경과 교회사를 통해 논증한 그의 글로는 ibid, 262~423을 참고하십시오.

22) 오늘날 신사도운동이 한국 교회뿐 아니라 전(全) 세계적으로 널리 퍼져가고 있습니다. 이는 틀림없는 이단입니다. 오늘날 더 이상 사도적 은사가 없으며, 그 대신 우리는 사도적 복음을 가지고 있기 때문입니다.

23) 브럭헌(Bruggen)은 신구약 정경이 초대교회사 몇 백 년의 논쟁 이후에야 비로소 받아들여졌거나, 혹은 교회의 대표자들이 모여 그것을 성경이라고 결정하여 그 권위를 부여한 것이 아니라고 주장합니다. 오히려 매우 이른 시기부터 교회는 구약성경뿐 아니라 신약성경의 신적 권위를 (결정하거나 부여한 것이 아니라) 고백하고 받아들였다고 주장합니다. 그는 성경 본문의 자증과 함께 교회사적 증거들을 사용하여 이를 설득력 있게 논증합니다(Bruggen, 『누가 성경을 만들었는가』, 1ff).

때문입니다.[24]

도표 4. 사도시대의 교회와 오늘날의 교회 사이의 불연속성

	사도시대의 교회	오늘날의 교회
시기	옛 언약과 새 언약의 중첩기	새 언약시대
직분	교회 창설 직분(사도, 선지자) 항존 직분들이 생겨남	사도적 복음 항존 직분
(특별) 계시	직통 계시가 주어짐 (꿈과 환상, 예언과 방언 등) 성경이 기록됨	직통 계시가 없음 특별계시인 완성된 성경을 소유

교회사와 신앙의 선조들

1) 초대교회사의 속사도, 변증가, 교부들

이상과 같은 이유로 인해, 교회사 가운데 정통 신앙을 따르는 보편 교회는 언제나 예언의 은사와 방언의 은사가 이제 중단되었다고 보았습니다. 새로운 계시를 주장하거나, 예언과 방언을 강조하는 경우를 찾아볼 수 없습니다.

로저스(Rogers)는 사도시대 이후 약 300년간 속사도들과 교부들의 저작들에 방언이 어떻게 언급되거나 설명되고 있는지를 연구하고 이에 대한 소논문을 썼습니다.[25]

이 논문에서 그는 먼저 속사도(Apostolic Fathers)[26]들인 로마의 클레멘

---

24) "현대 교회는 사도시대에 발생한 일들이 오늘날에도 실제로 발생해야 한다는 개념을 벗어날 필요가 있다"(Vanderwaal, *Covenantal Gospel*, 141).

25) Rogers, "Tongues", 134~143.

26) 사도들이 예수 그리스도께로부터 직접 배운 제자라면, 속사도는 사도들에게서 직접 배운 제자들을 가리킵니다.

트(Clement of Rome), 익나티우스(Ignatius), 파피아스(Papias), 폴리캅(Polycarp)의 글과 함께 속사도시대의 저작으로 알려져 있는 바나바 서신(the Epistle of Barnabas)과 허마의 목자(the Shepherd of Hermas), 디다케(the Didache), 디오그네투스의 서신(the Epistle of Diognetus) 등을 다룹니다. 이 저작들을 모두 합치면 로마 제국의 거의 모든 중요한 지역들에 있는 교회를 수신자로 하고 있을 정도입니다. 심지어 로마의 클레멘트는 사도 바울 당시 방언 문제가 심각했던 고린도교회에, 그리고 익나티우스는 바울의 사역 가운데 방언이 발생한 에베소교회(행 19:1~7)에 서신을 보냈습니다. 그러나 이들은 방언 문제에 대해 아예 다루지도 않습니다. 그뿐 아니라 속사도시대의 저작들 모두가 방언에 대해서 교리적으로도, 목회적 사안에 있어서도 한 마디 언급이나 암시조차도 하지 않습니다. 속사도는 사도의 제자인데도 말입니다.[27]

로저스는 그 다음, 주후 2세기부터 주후 400년경까지의 인물들인 순교자 저스틴(Justin Martyr), 이레네우스(Irenaeus), 터툴리안(Tertullian), 오리겐(Origen), 크리소스톰(Chrysostom) 등을 다룹니다. 그는 이들 가운데 그 어느 누구도 방언의 은사가 계속 지속되고 있다거나, 그런 현상이 교회 안에 발생하고 있다고 주장하는 글이 없다고 단언합니다. 터툴리안 - 말년에 몬타누스주의에 빠진 - 이 몬타누스주의자인 어떤 여인이 하고 있던 신비주의적 방언 현상에 대해 언급한 적이 있을 뿐입니다. 오히려 이들의 저작들은 방언의 은사가 사도시대 이후로 끝났음을 보여주는 증거들이라고 설명합니다.[28]

---

27) Rogers, "Tongues", 134~136. 속사도 교부들의 글을 원문과 영어 번역본으로 직접 확인하려면, Lightfoot and Harmer, *Apostolic Fathers*, 1ff를 참고하십시오.
28) *ibid*, 136~143.

멕아더(Macarthur)는 교회사 초기 400~500년 동안의 저작들 중에서 방언에 대한 언급 자체가 나타나지 않으며, 그것을 언급한 유일한 사람들은 이단자 몬타누스와 그의 제자가 된 터툴리안 밖에 없다고 주장합니다.[29]

2) 16세기 개혁자들과 그 후예들

취리히의 개혁자 츠빙글리는 '예언'이라는 뜻을 가진 '프로페차이(Prophezei)'라는 이름의 모임을 만들었습니다. 이는 직통계시를 받는 것과 아무런 상관이 없었습니다. 오히려 목회자들이 성경 원어와 여러 역본들을 가지고 해석하고 적용하는 일종의 성경 연구 모임이었습니다. 고린도전서 14장의 '예언'이 이제 성경이 완성된 상태에서는 이렇게 적용되어야 할 것으로 보았기 때문입니다.

> "부어가 이해한 바와 같이 성경 강의의 처음 예는 1525년 취리히 종교개혁 때 조직된 '프로페차이(prophezei)'다. 츠빙글리는 고린도전서 14장에 있는 '예언'을 이런 것이라고 해석했다. 츠빙글리는 사도적 교회의 회복에 뜻을 두고 이것을 조직했다."[30]

칼빈은 한 세대 전에 츠빙글리가 했던 것과 유사한 모임을 제네바에 만들었습니다.[31] '회집'이라는 뜻을 가진 '콩그레가시옹(congrégation)'이라는 모임입니다. 이는 일반 성도들의 참관이 허용된 제네바 목회자

---

29) MacArthur, *Charismatics*, 169.
30) 임종구, 『칼빈과 제네바 목사회』, 55.
31) "'콩그레가시옹'의 본격적 출발은 취리히의 'prophezei'로 보는 것에 이견이 없는 것 같다" (*ibid*, 55).

들의 주간 성경연구와 토론 모임이었습니다.[32] 임종구는 부어(E. A. de Boer)의 설명을 이렇게 옮깁니다.

> "그(필자 주: 부어)는 칼빈의 제네바의 콩그레가시옹은 사도행전 2장의 성령 강림의 기적을 다른 나라 말로 복음이 소통되는 은사로 보면서 이것이 16세기 개혁교회의 상황에서, 성경 원어라는 새롭게 발견된 성경적 언어 지식으로 보고 "예언자들이 현재의 상황에 대해 성경을 적용하는 일의 직무를 감당하는 동안에, 성경에 대한 그들의 해석을 내리는 교사들은 신조의 소리를 지키는 것에 집중해야 한다"라고 말한 칼빈의 말로 제네바의 선택을 설명한다."[33]

영국의 청교도 사이에서도 츠빙글리와 칼빈이 했던 것과 유사한 성경공부 또는 성경강해 모임이 있었는데, 그들은 이를 '예언하기(Prophesying)'라고 불렀습니다.[34]

> "머지않아 청교도 사이에서는 그들이 '예언'PROPHESYINGS이라 부르는 것을 할 목적으로 모임을 가지는 관습이 자라나기 시작했다. 이 모임에서는 몇몇 성직자들이 차례로 설교한 뒤, 이 설교들을 놓고 토론하곤 했다. 이 모임은 설교자들이 더 나은 설교를 하는데 도움을 주었고, 이 설교를 듣는 사람들은 한 달 동안에 들을 만한 설교를 하루 동안에 다 듣는

---

32) ibid, 29, 54~55, 62, 77~79, 208~209, 211~212, 235~237, 247~255, 302~303, 306, 340, 364~365, 436~438, 456~457, 460~461, 469, 475~476, 480, 482, 487~490, 498.
33) ibid, 237.
34) ibid, 54.

혜택을 누렸다. 예언하기 모임은 대중들 사이에서 엄청난 인기를 얻었다. 사람들은 (여행이 느린 시대에) 먼 거리를 마다하고 모임이 열리는 곳을 찾아가 이런 엄청난 설교들을 들었으며, 살림이 넉넉한 이들은 종종 설교자들에게 저녁과 포도주를 대접함으로써 그들이 할 수 있는 모든 힘을 다해 이런 일을 후원했다. 이런 모임들은 대단히 큰 의미가 있었다. 이런 모임에서는 위에서 내려온 어떤 것보다 성경을 참고하여 자유롭게 교리를 토론했다."[35]

청교도들의 이러한 모임은 잉글랜드 최초의 장로회 탄생에 기여했습니다.

"청교도들은 칼빈주의적 개혁을 바라면서 의회를 통하여 공동기도서의 수정 법안을 제출한다. 여왕의 뜻에 따라 성직자 회의는 치리서를 자체적으로 만들어 성공회의 의식에 서명하지 않는 자들에게 강도권(설교권)을 주지 않기로 하였다. 이 때문에 설교할 수 없게 된 많은 청교도들이 공예배와는 별도로 목사의 성경 강해 집회(prophesying)를 시작하고 장로회 정치제도의 도입을 모색한다. 특정 성경 본문의 강해를 맡은 자가 다른 이의 사회로 발표하고, 참석한 목사들은 각자의 의견을 말하고, 사회자가 최종 결론을 내면서 성경 이해를 서로 도왔고, 사회자는 신자의 의무를 끈기 있게 지켜나갈 것을 권면하면서 모임을 마쳤다. 이런 집회는 대감독 파커가 농촌 교인을 위한 교육적 목적으로 도입한 강해 집회가 정치화되자 감독뿐 아니라 여왕도 이런 집회와 인도자들을 심히 혐오하였다. 청교도 목사 15명은 11명의 장로들과 함께 1572년 11

---

35) Reeves, 『꺼지지 않는 불길』, 241.

월 20일에 런던 근교(Wandsworth)에서 최초의 장로회를 조직한다. 이 소식을 들은 여왕은 분노하여 통일법의 실시를 강화하나, 이 노회는 입장을 고수하였고, 인근 지역에서도 노회들이 조직되었다. 이제 청교도는 원리와 동시에 장로정치 조직체로 태어났다."[36]

가장 저명한 청교도 신학자 중 하나인 존 오웬(John Owen)은 방언을 비롯하여 성령의 은사에 대한 방대한 주해와 분석을 했습니다.[37] 그는 사도행전의 방언과 고린도교회에서 발생한 방언을 서로 다른 것으로 구분하지 않고 둘 모두를 근거 본문으로 함께 제시했습니다. 그는 방언을 사도시대라는 특별한 시기에 존재하다가 이제는 사라진 특별 은사(extraordinary Spiritual gifts) 중 하나로 보았습니다(이 책 제 5장과 동일).[38] 그가 방언에 대해서 주해한 몇 페이지[39]는 참으로 인상적입니다. 그는 방언을 외국어로 보았고(이 책 제 1장과 동일), 복음을 선포(declare the gospel)하는 것으로 보았습니다(이 책 제 2장과 동일). 그러나 다른 한편으로 설교(preach)나 사람들을 교훈하는(instruct the people) 것이 아니라 하나님을 찬양(송영)하는(only spake forth the praises of God) 은사로 보았습니다(이 책 제 3장과 동일). 또한 그는 방언이 믿지 아니하는 자들에 대한 표적이라는 점도 강조했습니다(이 책 제 4장과 동일). 그는 고린도교회가 가짜 방언을 받았다고 보지 않았고, 고린도전서 14장의 내용을 송영의 은사인 방언의 의미와 조화시켜

---

36) 유해무, 『헌법 해설』, 34~35.
37) Owen, *The Work of the Spirit*, 420~520.
38) *ibid*, 453~474.
39) *ibid*, 472~474.

설명했습니다(이 책 제 3장과 동일). 방언의 은사에 대한 그의 설명은 필자가 이 책 전체를 통해 논증한 바와 대동소이합니다.[40]

이상의 내용은 종교개혁과 그의 후예들이 계시적 은사에 대해 어떤 견해를 가지고 있었는지 보여줍니다. 오히려 개혁자들과 로마 천주교 양쪽 모두로부터 이단으로 정죄 받은 극단적인 재침례파들 중에서는 직통계시를 받는다는 이들이 출몰했습니다.

3) 개혁주의와 복음주의 신학자들

그루뎀의 계시적 은사 지속론을 반박하기 위해 쓴 자신의 책에서, 젠트리(Gentry)는 계시적 은사들이 사도시대로 제한되었으며, 그 이후로는 종결되었다고 주장하는 개혁주의 신학자들의 이름과 글들을 소개합니다. 이들의 명단은 다음과 같습니다: 알렉산더(J. A. Alexander), 반너만(James Bannerman), 반스(Albert Barnes), 바빙크(Herman Barvinck), 보이스(James M. Boice), 벌코프(Louis Berkhof), 데이비드 브라운(David Brown), 존 브라운(John Brown), 클락(Gordon H. Clark), 콥스(Leonard J. Coppes), 다브니(Robert L. Dabney), 이디(John Eadie), 개핀(Richard B. Gaffin Jr.), 겔스트너(John H. Gerstner), 길(John Gill), 고데(Frederick L. Godet), 헨드릭슨(William Hendriksen), 매튜 헨리(Matthew Henry), 하지(Charles Hodge), 후크마(Anthony Hoekema), 카이퍼(R. B. Kuiper),

---

40) 오웬(Owen)의 은사론에 대한 박영돈 교수의 평가에 대해서는 박영돈, "존 오웬의 은사론", 383~408을 참고하십시오. 박영돈 교수는 오웬의 은사론을 매우 긍정적으로 평가하면서도 초자연적 은사(방언의 은사 포함)가 중단되었다는 그의 견해에 대해서는 동의하지 않습니다. 박영돈 교수는 이 소논문에서 방언에 대한 자신의 견해를 자세히 설명하지는 않습니다. 방언에 대한 박영돈 교수의 입장과 이에 대한 저의 평가에 대해서는 이 책 제 2장의 각주 13과 제 3장의 각주 24를 참고하십시오.

로이드 존스(D. M. Lloyd-Jones)[41], 메이첸(J. Gresham Machen), 머레이(John Murray), 팔머(Edwin H. Palmer), 펠레그린(Harold F. Pellegrin), 레이몬드(Robert Reymond), 리델보스(Herman Ridderbos), 스코트(Thomas Scott), 셰드(William G. T. Shedd), 스미스(Morton H. Smith), 쏜웰(James H. Thornwell), 워필드(Benjamin B. Warfield).[42]

그 다음, 그는 같은 입장을 취하는 복음주의 신학자들의 이름과 글을 소개합니다. 이들의 명단은 다음과 같습니다: 알포드(Henry Alford), 배리(Albert Barry), 브루스(F. F. Bruce), 버거(K. Burger), 파우세트(A. R. Faussett), 폭스(Francis Foulkes), 그왓킨(H. M. Gwatkin), 잭슨(S. M. Jackson), 길모어(George W. Gilmore), 래드(George E. Ladd), 메이어(H. A. Meyer), 모리스(Leon Morris), 마울(H. C. G. Moule), 폰 오렐리(C. von Orelli), 필립 샤프(Philip Schaff), 존 스토트(John R. W. Stott), 테리(Milton S. Terry), 빈센트(M. R. Vincent), 바인(W. E. Vine), 웨스트코트(B. E. Westcott).[43]

이상이 의미하는 바가 무엇입니까? 성경의 증거뿐 아니라 교회사 속에서도 계시적 은사의 종결은 당연시되었습니다. 오늘날 보편적인 개혁신앙을 고백하는 교회들은 모두 이를 받아들입니다. 복음주의자들의 견해는 서로 갈라지지만, 개혁신앙의 입장이 성경과 교회사 속에서 지

---

41) 방언에 대한 로이드 존스의 입장은 그의 전·후기에 따라 차이가 있습니다. 그는 처음에 방언의 종결을 주장했으나, 후기에 가서는 입장을 선회한 것으로 보입니다. 그가 사도와 선지자의 은사, 그리고 방언의 은사 종결을 주장한 것에 대해서는 Lloyd-Jones, 『성령 하나님』, 381~389을 참고하십시오. 그가 이와 반대로 주장한 부분에 대해서는 idem, 『성령의 주권적 사역』, 64~65, 98~99, 177을 참고하십시오.

42) Gentry, *Prophecy*, 75~97.

43) *ibid*, 98~107.

속된 정통 신앙이라는 사실은 자명합니다.⁴⁴

예언하기를 사모하며, 방언 말하기를 금하지 말라

이러한 이해 위에서 우리는 사도 바울이 전한 하나님의 말씀을 이해해야 합니다. 먼저 바울은 고린도교회의 예배 안에 여러 가지 요소들이 있다는 사실을 언급합니다.

> "그런즉 형제들아 어찌할꼬 너희가 모일 때에 각각 찬송시(살몬, ψαλμὸν)도 있으며 가르치는 말씀(디다켄, διδαχὴν)도 있으며 계시(아포칼립쉰, ἀποκάλυψιν)도 있으며 방언도 있으며 통역함도 있나니 모든 것을 덕을 세우기 위하여 하라"(고전14:26)

고린도교회의 예배 가운데는 오늘날의 설교와 찬송과 같은 요소들이 있었습니다. '찬송시(살모스, ψαλμός)'는 시편(Psalms) 또는 시편과 경건한 찬송(Hymns)을 의미합니다.⁴⁵ '가르치는 말씀(디다케, διδαχή)'은 기록된 하나님의 말씀을 차근차근 강해하여 교훈하는 설교였을 것입니다.⁴⁶ 그런데 고린도교회 안에는 '계시(아포칼립시스, ἀποκάλυψις)'도

---

44) "이 점에서 우리는 사도들과 그들의 안수를 받은 자들의 사망과 더불어 특별은사들은 중단되었고, 이 점은 특별 계시의 종결과 연관된다는 워필드의 입장에 동의한다"(유해무, 『개혁교의학』, 420, 각주 22).

45) 이 헬라어 단어는 '시편(Psalm)' 또는 '찬송의 노래(Song of praise)'를 의미합니다(Bauer, Lexicon, 891). 이 단어가 누가복음 20:42; 사도행전 1:20, 13:33; 에베소서 5:19; 골로새서 3:16에서는 시편을, 누가복음 24:44에서는 시편을 포함하여 좀 더 광범위한 구약성경의 시가서를 의미합니다. 무엇을 의미하든 간에, 아마도 이는 구약성경에 기록된 하나님의 계시의 말씀을 가사로 하는 노래였을 것입니다.

46) 이 헬라어 단어의 문자적 의미는 '가르침(교육, teaching)'이라는 뜻입니다. 이 단어를 포함하여 설교 사역과 관련한 헬라어 표현에 대해서는 허순길, 『개혁주의 설교』, 27~31을 참고하십시오.

있었습니다. 우리는 이미 이 단어에 대해 '제 2장 드러난 비밀'에서 살펴봤습니다. 이 단어는 '계시(revelation)', '폭로(disclosure)'라는 뜻을 가지고 있으며[47], 하나님께서 직접 계시를 내려주시는 것과 밀접한 관련을 가지고 있습니다. 이 '계시'라는 표현 바로 다음에 '방언'과 '통역'이 언급되는 것을 볼 때, 이는 예언의 은사(gift of prophecy)를 가리키는 것으로 보입니다. 이상을 다시 정리하면, 고린도교회의 예배 안에는 하나님의 말씀으로 설교하고 찬송하는 요소들과 함께 하나님께로부터 직접 계시를 받아 예언하고, 방언하고, 통역하는 요소들도 포함되어 있었습니다.

그 다음, 사도 바울은 12~14장에 이르는 전체 가르침의 결론을 내립니다.

"그런즉 내 형제들아 예언하기를 사모하며 방언 말하기를 금하지 말라[39] 모든 것을 적당하게 하고 질서대로 하라[40]"(고전14:39~40)

'예언하기를 사모하며'라는 이 표현은 모든 그리스도인들이 '제게도 예언의 은사를 주세요.'라고 기도하라는 뜻도 아니고, 또 그렇게 기도하면 주신다는 뜻도 아닙니다. 이미 '제 3장 하나님의 큰 일'에서 살핀 바와 같이, 어떤 은사를 받지 못하는 것 자체는 죄가 아니며, 또 은사는 하나님께서 그분의 주권적인 뜻을 따라 주십니다. 이는 사도 바울이 고린도전서 12:29~30에서 밝힌 바와 같습니다. 모든 사람이 사도, 선지자, 교사가 되지 못합니다. 고린도전서 12장부터 이어진 문맥 전체를 통해서 볼 때, 이 어구의 의미는 다음과 같습니다.

---

47) Bauer, *Lexicon*, 92.

'여러분은 방언을 예언의 은사보다 더 크게 생각해왔으나, 예언의 은사가 더 큰 은사입니다. 예언의 은사는 사람에게 설교하고 가르치는 은사이며, 자국어로 주어지지 않습니까? 예배 시간에 예언의 은사를 받은 사람이 하나님께로부터 (자국어로) 회중에게 말씀을 전하면 그것을 사모하여 경청하고 순종하십시오.'

그 다음, 사도 바울은 방언의 은사에 대해서도 결론을 내립니다. 그것은 '방언 말하기를 금하지 말라'입니다. 이 말씀의 의미 역시, 모든 그리스도인들이 '제게도 방언의 은사를 주세요.'라고 기도하라는 뜻도 아니고, 또 그렇게 기도하면 주신다는 뜻도 아닙니다. 이 어구의 의미는 다음과 같습니다.

'나는 더 큰 은사들과 더 작은 은사들을 혼동한, 그리고 이 은사들을 사용하는 방법에 있어서도 잘못을 범한 여러분을 교정해주었습니다. 예언이 방언보다 더 큰 은사입니다. 그리고 모든 은사는 사랑이라는 길 위에서 사용해야 합니다. 그렇다고 해서 방언을 아예 하지 말라는 뜻이 아닙니다. 방언을 하려거든 꼭 통역해야 합니다. 통역할 수 있을 때에는 억지로 방언을 금지해서는 안 됩니다.'

그 다음, 사도 바울은 교회의 공예배와 관련한 모든 논의(고전11:2~14장)[48], 특히 성령의 은사와 관련한 논의(고전12~14장)의 결론을 내립니다. 고린도전서 14:40을 요약하면, '적당하게'와 '질서 있게'입니다. 여

---

48) 고린도전서 11:2~14장이 공예배에 관한 교훈이라는 점에 대해서는 Morris, *1 Corinthians*, 39, 148; Blomberg, *1 Corinthians*, 29~30; Kistemaker, *Corinthians*, 28, 362; Hays, *First Corinthians*, 13~14, 181~182; Thiselton, *Corinthians*, 799를 참고하십시오.

기서 '적당하게(유스케모노스, εὐσχημόνως)'는 '품위 있게(decently)', '어울리게(becomingly)'라는 뜻입니다.⁴⁹ '질서 있게(카타 탁씬, κατὰ τάξιν)'는 '순서대로(in order)'라는 뜻입니다.⁵⁰ 이를 쉽게 풀이해서 쓰면 다음과 같습니다.

"내가 이제까지 전한 말씀을 한 마디로 요약하면 이렇게 됩니다. 공예배가 품위 있게 드려지도록 하십시오. 이를 위해 순서를 기다리십시오. 여러 사람이 한꺼번에 예언하거나 방언하지 마십시오. 은사에도 차서가 있습니다. 예언이 방언보다 더 큰 은사입니다. 방언을 할 때에는 통역을 함께 하십시오. 여자들은 공예배에서 가르칠 수 없습니다.⁵¹ 하나님께서 주신 모든 권위, 모든 은사에는 질서가 있습니다. 이 질서에 따라서 공예배가 시행되어야 합니다. 그때 여러분 가운데 있는 무질서(어지러움)와 분쟁이 사라지고, 화평이 찾아올 것입니다."

사도 바울이 전한 이 하나님의 말씀은 고린도교회의 잘못된 신앙과

---

49) Bauer, *Lexicon*, 327. 이 단어는 로마서 13:13과 데살로니가전서 4:12에서 "단정히"로 번역되었습니다.

50) *ibid*, 803~804. '질서(order)'라는 뜻의 이 헬라어 단어 '탁시스(τάξις)'는 개혁신앙을 고백하는 교회의 교회 질서(church order) – 교회 정치, 예배 지침, 권징조례 등 – 를 바르게 세우기 위한 중요한 성경적 근거가 되었습니다.

51) "모든 성도의 교회에서 함과 같이 여자는 교회에서 잠잠하라 저희의 말하는 것을 허락함이 없나니 율법에 이른 것같이 오직 복종할 것이요₃₄ 만일 무엇을 배우려거든 집에서 자기 남편에게 물을찌니 여자가 교회에서 말하는 것은 부끄러운 것임이라₃₅"(고전14:34~35)
이 책이 방언에 대한 주제를 다루고 있으므로 이 본문에 대한 설명은 하지 않겠습니다. 오늘날 많은 학자들이 이 본문의 바울 저작을 부인하고, 후대 첨가를 주장합니다. 이들의 주장은 전(全)세계의 많은 교회들로 하여금 여(女)장로와 여(女)목사를 공적으로 인정하도록 뒷받침했습니다. 그러나 이 본문을 빠뜨린 필사본은 없습니다. 다만, 어떤 사본들에는 이 본문이 40절 뒤에 위치해 있을 뿐입니다. 필자는 이 본문의 진정성(authenticity)을 받아들이며, 여(女)장로와 여(女)목사 제도에 찬성하지 않습니다.

관행을 교정하고, 이에 따른 문제들을 해결하기 위한 가장 적실한 처방이었습니다. 고린도교회의 공예배 중에는 기록된 말씀으로 가르치는 설교와 찬송뿐 아니라 직접 계시를 받아 가르치는 예언과 방언 - 기도와 찬송으로서 - 이 함께 시행되었습니다. 이는 그들이 옛 언약과 새 언약의 중첩, 사도들의 생존, 그리고 직통계시가 아직 주어지고 있던 시기에 살았기 때문이었습니다. 그러니 오늘날 우리는 고린도교회의 공예배 안의 요소를 오늘날에도 똑같이 시행할 수도, 해서도 안 된다는 사실을 쉽게 알 수 있습니다. 이제 직통계시로서의 예언과 방언은 더 이상 존재하지 않기 때문입니다.

연속성(Continuity): 예언과 방언의 시대에서 예배 개혁을 향하여

그렇다면, 오늘날 예언과 방언이 폐지되었다고 말하는 것으로 우리의 논의를 끝내야 합니까? 예배에서 이 둘, 아니 예언과 방언과 통역이라는 이 셋을 제외시키기만 하면 됩니까?

만일 이렇게만 말한다면, '구약의 율법이 예수 그리스도 안에서 성취되었기 때문에 오늘날에는 율법이 전혀 필요하지 않다.'라고 주장하는 것과 다를 바 없습니다. 오늘날에도 우리는 여전히 구약의 제사법을 통해 은혜를 받습니다. 구약의 각종 규례와 의식법을 통해서도 은혜를 받습니다. 이를 문자 그대로(literally) 지키는 일은 사라졌지만, 그것을 통해 우리에게 주시는 원리가 그대로 살아 있기 때문입니다.

신약시대에 우리는 한편으로는 더 이상 희생 제사(sacrifice)를 드리지 않습니다. 예수 그리스도께서 단번에(once-for-all) 우리의 희생 제물이 되셨기 때문입니다. 그러나 이제 우리는 예수 그리스도 안에서 구약의 율법을 봅니다. 옛 언약시대의 신앙의 선조들이 우리와 같은 하나님을 믿고, 우리와 같은 소망을 가진, 우리와 하나 된 보편 교회(Catholic Church)의 일원이라는 사실을 깨닫고 누립니다. 그래서 우리는 다른 한편으로, 매주 예배를 통해 이제는 "찬미의 제사"를 그분께 드립니다(히13:15). 그리고 우리 자신을 거룩한 산 제사로 그분께 드립니다(롬 12:1~2). 즉, 그리스도 안에서 성취된 율법이 이제는 우리에게 감사(thanksgiving)의 길이 된 것입니다.[52]

이 원리는 계시적 은사인 방언과 예언에 있어서도 마찬가지입니다. 이제 완성된 성경을 가지고 있으나, 우리는 이 본문이 교훈하는 성경적 원리 자체를 폐기시켜버리지 않도록 주의해야 합니다. 이에 따라 우리는 예언과 방언이 오늘날 중단되었다는 불연속성과 함께 다음과 같은 연속성에도 주의를 환기해야합니다.

1) 공예배의 필요성 :
사도시대와 동일한 삼위 하나님께 드리는 공예배가 오늘날에도 여전히 필요하며 존재합니다.

그래서 우리는 다음과 같이 고백합니다.

> "일반적으로 하나님을 예배하기 위해 적정한 비율의 시간을 구별하는 것이 자연적 법칙이거니와, 하나님께서는 자기의 말씀에서 적극적이고도 도덕적이며 항구적인 계명으로 모든 시대 모든 사람에게 부과하시사 특별히 칠일 중에 하루를 안식일로 지정하시고, 자기를 위하여 거룩하게 지키라고 하셨다. 이날은 창세로부터 그리스도의 부활까지는 한

---

52) 구약 율법의 이러한 기능, 특히 세 가지 기능에 대해서는 '부록 4. 율법의 세 기능: 금령에서 감사로'를 참고하십시오.

주간의 마지막 날이었는데, 그리스도의 부활부터는 주간의 첫날로 바뀌었으며, 성경은 그날을 주일이라 부르며 세상 끝 날까지 기독자의 안식일로 계속될 것이다"(웨스트민스터 신앙고백서 21:7).

2) 공예배에서 설교적 은사의 필요성 :
직통계시로서의 예언이 성경으로 완성되었으나, 예배 속에서 성경을 선포하는 설교적 은사가 오늘날에도 여전히 필요하며 존재합니다.

사도들의 선포가 예수 그리스도에 관한 복음을 그 핵심 내용으로 한 것과 마찬가지로, 동일한 내용을 선포하는 설교가 오늘날에도 여전히 예배 속에서 선포되어야 합니다. 이를 위해서는 하나님의 말씀을 설교하고 가르치는 은사를 받은 사람들이 있어야 합니다. 사도, 선지자는 사라지고 없으나, 회중에게 설교하고 가르치는 직무를 수행할 사람들이 여전히 필요합니다. 교회의 회중 모두가 다 이 은사를 소유하지 못합니다(고전12:29). 오직 하나님의 주권적인 뜻으로 그 은사를 받았을 뿐 아니라 내적, 외적 소명을 가지고 신학 훈련을 받아 검증된 사람만이 설교하고 가르칠 수 있습니다.

"제 158문: 누가 하나님의 말씀을 설교할 수 있습니까?
답: 충분한 은사를 갖추었을 뿐 아니라 정식으로 인정을 받아 이 직분에 부름을 받은 사람만이 하나님의 말씀을 설교할 수 있습니다.
제 159문: 그런데 부름을 받은 이들은 하나님의 말씀을 어떻게 설교해야 합니까?
답: 말씀의 사역에 수고하도록 부름 받은 이들은 올바른 교리를 설교해야 합니다. 때를 얻든지 못 얻든지 부지런하게, 사람의 지혜가 권하는

말이 아니라 성령의 나타남과 능력으로 단순명료하게, 하나님의 모든 작정을 알도록 신실하게, 청중들의 필요와 수용능력에 맞게 적용하며 지혜롭게, 하나님과 그분의 백성들의 영혼에 대한 뜨거운 사랑으로 열렬히, 하나님의 영광과 백성들의 회심과 성숙과 구원을 추구하며 진정으로 설교해야 합니다.

제 160문: 설교된 말씀을 듣는 이들에게 요구되는 것은 무엇입니까?

답: 설교된 말씀을 듣는 이들에게 요구되는 것은 다음과 같습니다. 그들은 준비된 자세와 기도로 설교에 부지런히 참여해야 하며, 그들은 바를 성경을 통해 점검해보고, 하나님의 말씀으로 받아야 합니다. 그것을 묵상하고 숙고하며, 그들의 마음속에 간직하여 그 말씀의 열매가 삶 가운데 맺히도록 해야 합니다"(웨스트민스터 대교리 제 158~160문답).

설교자는 사도들이 선포한 것과 동일한 원리로 설교하고 가르쳐야 합니다. 오늘날 한국 교회 안에서 설교는 이미 그 용어들부터 매우 왜곡되어 있습니다.

"(나는) 이렇게 생각합니다."
"이러지 않을까 합니다."

이런 표현들은 회중들로 하여금 설교를 인간의 말로 받아들이도록 조장합니다. 그러나 이보다 더 큰 문제는 설교의 내용에 있습니다. 사도들이 전한 것의 핵심은 우리 주 예수 그리스도입니다. 창세로부터 감추어져 있다가 그분 안에서 나타난 구원의 복음입니다. 이 세상에는 비밀이요, 하나님 나라의 신민(臣民)에게는 폭로된 바로 그 복음입니다. 만일 설교가 사도들이 전한 복음을 그 핵심 내용으로 하고 있다면, 수많은 쇼맨십과 (본문의 핵심과는 동떨어진) 예화들로 인해 얼룩진 강단의 권위가 바르게 세워질 것입니다. 설교자는 하나님의 말씀을 깊이 묵상하며, 눈물로 엎드려 기도하여 설교를 준비해야 합니다. 청중의 인기에 영합하는 대신, 이 복음을 듣고 순종하지 않으면 화가 있음을 선포해야 합니다. 주석가는 성경을 해석하지만, 설교자는 이 성경 말씀을 통해 교회와 회중을 해석해주어야 합니다.[53] 그래서 그들의 심령과 골수를 찔러 쪼개야 합니다(히4:12). 어떻게 부담 없는 설교가 있을 수 있겠습니까? 사도들과 선지자들은 청중들이 그 설교를 들을 때 심한 부담과 압박을 느끼도록 그들을 하나님의 심판대 앞에 세운 후, 예수 그리스도의 구원의 길을 제시했습니다. 회중이 복음을 오해하거나, 거짓 복음 또는 세속 문화의 영향으로 순결한 삶을 살지 않을 때, "경책"과 "경계"와 "권"함으로 그들을 꾸짖고, 책선했습니다.[54] 그리고 낙심한 자에게 예수 그리스도의 사죄의 복음을 전하여 소망을 안겨다주었습니다. 오늘날 더 이상 사도와 선지자는 없으나, 더 이상 직통계시로서의 예언의 은사는 없으나, 공예배 시간에 선포되는 복음적 설교와 가르침에 의해 초대교회의 공교회성(catholicity)이 오늘날에도 그대로 지속됩니다.

이뿐 아니라 회중 역시 설교를 사모해야 합니다(고전12:31, 14:39). 이는 그들도 설교해야 한다는 뜻이 아닙니다. 설교를 더 큰 은사로 생각하고, 그것을 귀하게 여겨 경청하고 순종해야 한다는 뜻입니다. 하나

---

53) 구약의 선지자들과 신약의 사도들의 설교와 글 – 성경에 기록된 – 을 보십시오. 이들은 단순히 이전에 주신 계시를 해석하는데 그치지 않았습니다. 그들은 말씀의 검을 들어 당대 백성들의 영적 어두움을 질타하여 생명의 길을 보여주었습니다.
54) "경책하며 경계하며 권하라"(딤후4:2)는 이 단어들이 설교자의 강력한 꾸짖음과 관련되어 있다는 점에 대해서는 권기현, 『선교, 교회의 사명』, 30~50을 참고하십시오.

님께서는 그분의 예언이 멸시 받는 것을 원하지 않으십니다(살전5:20). 하늘의 고귀한 말씀을 성경에 담아두셨고, 설교자라는 인간을 나팔수로 불러 경고의 나팔을 힘껏 불게 하셨습니다(겔33:1 이하). 신적 권위가 인간을 통해 울려 퍼지기에, 설교자는 하나님 앞에서 겸손하되 청중을 두려워해서는 안 됩니다. 회중은 이 하나님의 말씀 앞에 겸손히 엎드려 회개하고 돌이키며 순종해야 합니다(겔33:7,9,11). 설교의 점수를 매기고 앉아 있던 재판장의 자리(마23:2; 비교. 마5:1[55])에서 속히 내려와야 합니다. 루터가 발견한 바로 그것처럼, 재판장이신 하나님 앞 피고석에 서서 두려워 떨고 있는 자신을 발견해야 합니다(코람데오, Coram Deo). 이 하나님의 말씀 하나에 자신의 생명의 길이 달려 있음을 알고 매달려야 합니다. 그리고 바로 이 말씀 속에서 참된 생명과 의(義)를 발견해야 합니다.[56] 그것이 바로 "말씀을 신실하게 경청함(Conscionable Hearing of the Word)"입니다.

> "통상적으로 하나님을 예배하는 다른 순서로는, 경외함으로 행하는 성경 봉독, 건전한 설교, 하나님을 순종함으로 총명과 믿음과 공경으로 **말씀을 신실하게 경청함**…"(웨스트민스터 신앙고백서 21:5).

---

55) 마태복음은 예수 그리스도께서 산상수훈을 말씀하시기 위해 산에 올라가 앉으시는 장면(5:1)과 감람산 강화(Discourse on the Mount Olive) 직전에 서기관과 바리새인들이 "모세의 자리"에 앉은 것(23:2)을 비교, 대조합니다. 이 두 본문은 마태복음의 교차대구(chiasmus) 구조로 인해 서로 만납니다. 마태복음의 이 구조에 대해서는 Lund, "Matthew", 405~433; Fenton, "Matthew", 174~179; Lohr, "Matthew", 427; Derickson, "Structure", 423~427; Combrink, "Microstructure", 1~20; idem, "Structure", 61~90를 참고하십시오.

56) 루터가 발견한 이 코람데오(Coram Deo)의 의미에 대한 깊이 있는 신학적 설명으로는 유해무, 『코람데오』, 1ff를 참고하십시오.

이뿐 아니라 우리는 사도와 선지자들이 설교적 은사들을 시행할 때 자국어로 말했다는 사실을 기억해야 합니다. 구약성경은 히브리어와 (일부분은) 아람어로 기록되었습니다. 신약성경은 헬라어로 기록되었습니다. 그러나 설교는 원어를 그대로 말하는 것이 아닙니다. 그래서 우리의 예배는 평민들이 알아듣지 못하는 라틴어로 집전하던 중세의 예배와 달라야 합니다. 회중은 자국어로 번역된 성경 말씀을 읽고 들어야 합니다. 설교자 역시 성경 원어를 연구하되 자국어로 번역된 성경을 봉독하고 설교해야 합니다. 그리고 어린아이도 알아들을 수 있게 하나님의 말씀을 명료하게 선포하고 가르쳐야 합니다. 그래서 우리는 다음과 같이 고백합니다.

"히브리어(하나님의 옛 백성의 모국어)로 된 구약과 헬라어(신약 기록 당시에 가장 일반적으로 알려진 언어)로 된 신약은, 하나님께서 직접 영감하셨고, 비상한 보호와 섭리로 모든 시대에 순수하게 보존하셨기 때문에 진정하다. 그래서 종교의 모든 논쟁에서 교회는 구약과 신약에 최종적으로 호소해야 한다. 그러나 성경에 대한 권리와 흥미를 가지고 하나님을 경외하는 가운데 성경을 읽고 공부할 명령을 받은 하나님의 백성이 다 성경 원어를 알지는 못하기 때문에, **성경을 그들이 속한 각 민족의 대중어로 번역해야 한다. 그러면 하나님의 말씀이 그들 가운데 풍성하게 거하여서 그들은 하나님을 합당한 방식으로 예배하고, 또 인내와 성경의 위로를 통하여 소망을 가질 것이다**"(웨스트민스터 신앙고백서 1:8).

3) 공예배에서 기도와 찬송의 필요성 :
성경에 나타나는 것과 같은 방언이 중단되었으나, 예배 속에서 하나님께
기도와 찬송을 올려드리는 송영이 오늘날에도 여전히 필요하며, 존재합니다.

방언은 예수 그리스도에 관한 복음을 그 핵심적 내용으로 한 계시적 은사였습니다. 그러나 이는 말씀을 설교하고 가르치는 것보다는 하나님께 말하는, 즉 하나님의 큰 일을 송영하는 은사였습니다. 그러니 하나님의 계시인 동시에 기도이며 찬송이었습니다. 그리고 이는 모든 성도들이 알아들을 수 있게 통역되어야 했습니다.

오늘날 계시로서의 방언의 은사는 사라졌으나, 완성된 성경에 기초한 기도와 찬송이 오늘날에도 여전히 공예배 속에서 나타나야 합니다. 이를 위해 회복되어야 할 것 중 하나는 성경에 기록된 시와 노래와 기도를 공예배에서 찬송하는 일입니다. 그 대표적인 것이 시편을 부르는 일입니다. 시편은 하나님의 말씀이면서 동시에 찬송과 기도입니다. 인간이 "하나님의 큰 일"(행2:11)을 송영의 형태로 말하는 대표적인 모델입니다.

개혁자 칼빈이 이룬 예배의 업적 중 하나가 바로 시편 찬송입니다. 로마 천주교의 예배에서는 모든 회중이 찬송하지 못했습니다. 그러나 칼빈은 모든 성도가 다함께 찬송해야 할 것을 주장했습니다. 이를 위해 어린아이들에게 먼저 찬송을 가르쳤고, 예배 시간에 온 회중이 함께 찬송했습니다. 예배 시간에 삼위 하나님 외에 그 어느 누구에게도 칭송이 돌아가지 않도록 가르쳤습니다. 오직 삼위 하나님께서, 온 회중에 의해, 기록된 말씀으로 송영을 받으시는 예배가 지상에서 회복되었습니다. 하늘 위에서, 천사들에 의해 송영을 받으시던 그 예배가 이제 오순절에 사도들과 교회에 의해 이 땅 위에서 시행되기 시작했습니다. 그리고 칼빈과 같은 개혁자들은 중세 로마 천주교에 의해 무너진 이 새 언약의 예배를 회복했습니다. 하늘에서 이루어지던 그분의 뜻이 성부와 성자께서 보내신 성령의 능력으로 이 땅 위에서도 시행되기 시작했으며, 또 회복되었습니다. 하늘이 이 땅 위에 내려와 아로새겨지게(imprinted) 되었습니다.

17세기 웨스트민스터 회의는 신앙고백서만 작성한 것이 아닙니다. 시편 운율 작업에 착수하여 라우스판 시편 찬송[57]을 공예배와 가정예배에서 부르도록 했습니다. 이후 잉글랜드는 이를 받아들이지 않았으나, 이 시편 찬송은 스코틀랜드 장로교회의 예배를 풍성하게 했습니다.[58]

그래서 우리는 공예배의 요소 중에 '시편 부르기'가 있음을 고백합니다.

> "통상적으로 하나님을 예배하는 다른 순서로는, 경외함으로 행하는 성경 봉독, 건전한 설교, 하나님을 순종함으로 총명과 믿음과 공경으로 말씀을 신실하게 경청함, **마음의 감사가 담긴 시편 부르기**, 그리스도께서 제정하신 성례를 합당하게 집례함과 그에 상응하는 참여 등이 있다. …"(웨스트민스터 신앙고백서 21:5).

이뿐 아니라 공예배 가운데는 기도가 있습니다. 고린도교회에서 방언

---

[57] 프란시스 라우스(Francis Rous)가 번역한 시편 찬송을 가리키며, 잉글랜드 하원 의원들이 이를 선호했습니다. 한편, 잉글랜드 상원 의원들은 윌리엄 바튼(William Barton)의 번역을 선호했습니다(Ward, "예배모범", 245).

[58] 웨스트민스터 회의 시편 운율 작업에 대해서는 유해무, 『헌법 해설』, 58~60을 참고하십시오. 또한 웨스트민스터 회의의 예배모범에 있어서 시편 찬송에 대한 논의에 대해서는 Ward, "예배모범", 210~211, 225~226, 243~246을 참고하십시오.

의 은사를 받은 자들은 그것을 통역하지 않음으로써 질서를 무너뜨렸습니다. 그러나 방언의 은사가 사라진 지금, 우리는 이제 외국어로 기도할 필요가 없습니다. 그래서 우리는 다음과 같이 고백합니다.

"하나님께서는 감사와 더불어 종교적 예배의 특별한 순서인 기도를 모든 사람에게 요구하신다. 기도가 받아지려면 성자의 이름으로, 그분의 성령의 도우심으로, 그분의 뜻을 따라, 총명과 공경과 겸손과 열심과 사랑과 인내로써 하되, **목소리를 사용한다면 알아들을 수 있는 언어로 드려야 한다**"(웨스트민스터 신앙고백서 21:3).

이 원리는 대한예수교장로회(고신)의 예배지침에도 그대로 반영되었습니다.

"제 9조(공동의 찬송)
찬송은 구원받은 신자의 당연한 의무이며 은혜에 대한 감사의 표현이다(히13:15). 성도들은 찬송을 부를 때 그 **가사의 뜻을 충분히 이해**하고 곡조에 맞추어 마음을 다해야 하며, 연습을 충분히 하여 하나님께 영광이 되도록 하는 동시에 온 교회가 다함께 불러야 한다.
제 10조(찬송의 횟수)
공예배 시간의 찬송 횟수와 시간은 목사의 재량에 속하되 전 교인들이 다함께 부를 수 있어야 한다.
제 11조(대표기도)
하나님께서는 감사와 더불어 종교적 예배의 특별한 순서인 기도를 모든 사람에게 요구하신다. 기도가 받아지려면 성자의 이름으로, 그분의 성령의 도우심으로, 그분의 뜻을 따라, 총명과 공경과 겸손과 열심과 믿음과 사랑과 인내로써 하되, 목소리를 사용한다면 **알아들을 수 있는 언어로 드려야 한다.** (필자 주: 예배지침에는 이 부분에 웨스트민스터 신앙고백서 21:3을 각주로 달아놓았습니다.)…"[59]

4) 공예배에서 언약의 양면성이 나타나야 할 필요성:
예언과 방언에 하나님의 초청과 경고가 함께 있었던 것처럼, 오늘날의 설교와 기도와 찬송 가운데서도 그러한 특징이 나타나야 합니다.

구약 선지자들의 예언 사역은 이스라엘 백성들에 대한 언약 고소문(covenant lawsuit)의 기능을 했습니다.[60] 이 원리는 예수 그리스도와 사도들의 선포에 있어서도 동일합니다.[61] 그래서 사도들의 예언 활동은 백성들을 당대의 패역한 세대로부터 돌이키게 했습니다(행2:37~41). 참으로 그들은 승천하여 하늘 보좌에 앉으신 예수 그리스도와 함께 열 두 보좌에 앉아 이스라엘 열 두 지파를 심판하는 사역을 감당했습니다(마19:28; 행5:1~11). 우리는 방언 역시 하나님의 새로운 백성들을 초청하는 동시에 배교한 유대인들에 대한 심판이 임박했음을 알리는 표적이 되었다는 사실을 이미 '제 4장 심판의 불'에서 살폈습니다. 사도들은 이 예언과 방언을 통해 참으로 "사람을 낚는 어부(fishers of men)"(마4:19; 막1:17; 눅5:10)가 되었습니다.[62] 심판에 대한 경고를 통해 많은 이들을

---

59) 『헌법: 대한예수교장로회 고신총회』, 예배지침, 3:9~11.
60) 이에 대해서는 Chilton, *Vengeance*, 13~20을 참고하십시오.
61) 이에 대해서는 Vanderwaal, *Covenantal Gospel*, 115~132를 참고하십시오.
62) 사람을 낚는 행위가 구원으로의 초청일 뿐 아니라 하나님의 심판 대행이라는 점에 대해서는 예레미야 16:16; 에스겔 29:3 이하; 아모스 4:2; 하박국 1:14~17; 마태복음 13:46~50을 참고하십시오. 또한 France, *Matthew*, 147을 참고하십시오.

구원으로 인도했습니다.

오늘날의 교회 역시 하늘 보좌에 앉으신 예수님과 함께 앉아 있습니다(엡2:6). 교회는 예배 때마다 천국의 문을 (설교를 통해) 열고 닫으며, 또 (권징을 통해) 닫고 엽니다(하이델베르크 교리문답 제 31주일, 제83~85문답). 그러므로 오늘날의 예배 속에서도 이러한 언약의 양면성, 즉 구원과 심판, 복과 저주, 생명과 사망, 영생과 영벌이 풍성하게 드러나야 합니다. 가장 우선적으로는 설교에서 그것이 드러나야 하지만, 동시에 기도와 찬송 가운데서도 드러나야 합니다. 얼마나 많은 시편들이 악한 자에 대한 심판을 노래합니까? 공예배에서의 기도 역시 이러한 하나님의 공의와 사랑이 함께 드러나야 합니다.[63]

오늘날 복음주의의 영향으로 인해 개혁신앙을 고백하는 교회의 설교에서도 사랑만 강조되고, 하나님의 공의와 심판은 점점 약화되고 있는 현실입니다. 찬송과 기도에서 역시 마찬가지입니다. 예언과 방언이 회개하지 않는 언약백성들에 대한 심판 선고와 함께, 회개하여 겸손히 그 복음을 받아들이는 자에 대한 초청과 복의 특징을 지니고 있었던 것처럼, 오늘날의 설교와 기도와 찬송 가운데서도 그러한 특징이 나타나야 합니다.

우리의 예배는 어떠합니까? 참으로 하나님을 경외하는 두려움과 전율, 그와 함께 참된 즐거움의 송영이 나타나고 있습니까?

"여호와를 경외함으로 섬기고 떨며 즐거워할지어다 그 아들에게 입 맞추라 그렇지 아니하면 진노하심으로 너희가 길에서 망하리니 그 진

---

63) 오늘날의 교회 역시 하나님의 공의에 의지하는 보복을 노래하고 기도해야 한다는 점에 대해서는 Peels, 『I. 구약에서의 하나님의 보복, II. 구약에서의 저주의 기도』 1ff; Vanderwaal, *Covenantal Gospel*, 127~132를 참고하십시오.

노가 급하심이라 여호와를 의지하는 자는 다 복이 있도다"(시2:11~12)

"이러므로 하나님이 그를 지극히 높여 모든 이름 위에 뛰어난 이름을 주사, 하늘에 있는 자들과 땅에 있는 자들과 땅 아래 있는 자들로 모든 무릎을 예수의 이름에 꿇게 하시고,₁₀ 모든 입으로 예수 그리스도를 주라 시인하여 하나님 아버지께 영광을 돌리게 하셨느니라,₁₁ 그러므로 나의 사랑하는 자들아 너희가 나 있을 때뿐 아니라 더욱 지금 나 없을 때에도 항상 복종하여 두렵고 떨림으로 너희 구원을 이루라₁₂"(빌2:9~12)

그러므로 우리는 방언의 은사가 이제는 중단되었다고 말하는 것으로 그쳐서는 안 됩니다. 예언과 방언은 성경으로 완성되었고, 그 영속적인 원리는 개혁자들의 예배 속에서 부활했으며, 오늘날 개혁주의 예배 속에서 계속 이어져가고 있습니다. 이러한 측면에서 볼 때, 우리는 단순히 (방언과 예언의) 은사 중지론자가 아니라 예배 갱신론자가 되어야 합니다.

설교자들이여! 성도들을 향한 협박을 그치고, 오히려 하나님의 거룩한 공의와 사랑으로 복음의 도끼를 휘두르십시오. 예배 속에서 참으로 '예언하기(prophesying)'가 나타나도록 하나님의 나팔수가 되십시오.

성도들이여! 설교자를 향한 비난의 화살을 멈추고, 설교를 경청하십시오. 성령 하나님의 능력에 의지하여, 하늘 보좌에 계신 참 하나님과 그분의 독생자 예수 그리스도께 말하십시오. 큰 비밀, 즉 그분이 하신 큰 일을 여러분의 입에 담아 찬송과 기도로 그분께 영광을 돌려드리십시오.

"크도다 경건의 비밀(뮈스테리온, μυστήριον)이여, 그렇지 않다 하는 이 없도다 그는 육신으로 나타난 바 되시고 영으로 의롭다 하심을 입으시고 천사들에게 보이시고 만국에서 전파되시고 세상에서 믿은 바 되시고 영광 가운데서 올리우셨음이니라"(딤전3:16)

오늘도 하늘 보좌에 좌정하신 그리스도께서는 이 땅 위의 말씀 사역자들과 교회를 그분의 거룩한 군대로 삼아(딤후2:3~4) 거짓 예배자들 및 타락한 세상과 싸우십니다. 교회는 혈과 육의 싸움이 아니라 예배의 전쟁(war of worship), 예전의 전쟁(war of liturgy)을 통해 악한 영들과 싸웁니다(엡6:10~20). 우리가 드리는 이 참 예배야말로 그들에 대한 하나님의 표적이 될 것입니다.

"나는 사랑하나 저희는 도리어 나를 대적하니 나는 기도할 뿐이라₄ 저희가 악으로 나의 선을 갚으며 미워함으로 나의 사랑을 갚았사오니₅ 악인으로 저를 제어하게 하시며 대적(필자 주: 사탄)으로 그 오른편에 서게 하소서₆ 저가 판단을 받을 때에 죄를 지고 나오게 하시며 그 기도가 죄로 변케 하시며₇ 그 연수를 단촉케 하시며 그 직분을 타인이 취하게 하시며₈ 그 자녀는 고아가 되고 그 아내는 과부가 되며₉ 그 자녀가 유리 구걸하며 그 황폐한 집을 떠나 빌어먹게 하소서₁₀ 고리대금하는 자로 저의 소유를 다 취하게 하시며 저의 수고한 것을 외인이 탈취하게 하시며₁₁ 저에게 은혜를 계속할 자가 없게 하시며 그 고아를 연휼할 자도 없게 하시며₁₂ 그 후사가 끊어지게 하시며 후대에 저희 이름이 도말되게 하소서₁₃ … 여호와 나의 하나님이여 나를 도우시며 주의 인자하심을 좇아 나를 구원하소서₂₆ 이것이 주의 손인 줄을 저희로 알게 하소서 여호와께서 이를 행하셨나이다.₂₇ 저희는 저주하여도 주는 내게 복을 주소서 저희는 일어날 때에 수치를 당할지라도 주의 종은 즐거워하리이다.₂₈ 나의 대적으로 욕을 옷 입듯 하게 하시며 자기 수치를 겉옷같이 입게 하소서₂₉ 내가 입으로 여호와께 크게 감사하며 무리 중에서 찬송하리니₃₀ 저가 궁핍한 자의 우편에 서사 그 영혼을 판단하려 하는 자에게 구원하실 것임이로다.₃₁"(시109:4~13, 26~31)

"어찌하여 열방이 분노하며 민족들이 허사를 경영하는고₁ 세상의 군왕들이 나서며 관원들이 서로 꾀하여 여호와와 그 기름받은 자를 대적하며₂ 우리가 그 맨 것을 끊고 그 결박을 벗어 버리자 하도다₃ 하늘에 계신 자가 웃으심이여 주께서 저희를 비웃으시리로다₄ 그 때에 분을 발하며 진노하사 저희를 놀래어 이르시기를₅ 내가 나의 왕을 내 거룩한 산 시온에 세웠다 하시리로다₆ 내가 영을 전하노라 여호와께서 내게 이르시되 너는 내 아들이라 오늘날 내가 너를 낳았도다₇ 내게 구하라 내가 열방을 유업으로 주리니 네 소유가 땅 끝까지 이르리로다₈ 네가 철장으로 저희를 깨뜨림이여 질그릇같이 부수리라 하시도다₉ 그런즉 군왕들아 너희는 지혜를 얻으며 세상의 관원들아 교훈을 받을지어다₁₀ 여호와를 경외함으로 섬기고 떨며 즐거워할지어다₁₁ 그 아들에게 입 맞추라 그렇지 아니하면 진노하심으로 너희가 길에서 망하리니 그 진노가 급하심이라 여호와를 의지하는 자는 다 복이 있도다₁₂"(시2:1~12)

"이 예언의 말씀을 읽는 자(필자 주: 단수, 성경봉독자)와 듣는 자들(필자 주: 복수, 회중)과 그 가운데 기록한 것을 지키는 자들(필자 주: 복수, 회중)이 복이 있나니 때가 가까움이라"(계1:3)

함께 생각할 문제

1. 방언의 성격과 특징에 대해서 말해보십시오.

2. 예수님과 사도들 당대의 시대와 오늘날 우리들이 살고 있는 시대의 차이점을 말해보십시오. 그것을 아는 것이 왜 중요합니까?

3. 교회사 속에서 정통신앙의 선조들은 예언과 방언을 어떻게 이해했습니까?

4. 성경 속의 방언과 예언이 오늘날 문자 그대로(literally) 똑같이 적용될 수 없다면, 그 의미까지도 사라졌습니까? 방언과 예언이 가지고 있던 특징이 오늘날 어떻게 우리 중에 계속 살아 역사하고 있습니까?

5. 신앙고백이 방언과 예언의 은사를 어떻게 오늘날의 우리에게로 적용하고 있습니까?

6. 오늘날 성경이 절대적으로 중요하며, 우리의 신앙과 삶의 표준이 되는 이유가 무엇입니까? 그렇다면 나의 삶이 어떻게 변화되어야겠습니까?

7. 당신은 공예배 시간에 하나님께서 나에게 말씀하고 계시다는 사실을 인지하고 있습니까? 그래서 성경을 통해 말씀하시는 그분의 음성에 귀를 기울이십니까? 주일 공예배를 사모하는 마음을 가지고 나아오십니까?

8. 공예배 시간에 구원과 심판의 역사가 발생한다는 사실을 여러분은 인지하고 있습니까? 이런 역사의 현장 앞에 있는 두려움과 감사, 그리고 떨림을 항상 간직하고 있습니까?

9. 전 세계의 개혁주의 교회들이 시편(Psalms, 성경 그대로의 가사)과 성경적인 찬송가(Hymns)를 공예배 찬송으로 부르는 이유가 무엇이라고 생각하십니까? 우리가 예배 시간에 하나님을 높여드리는 찬송과 기도가 방언과 함께 가지는 공통점이 무엇입니까? 하나님께서 이 찬송과 기도를 통해 구원과 심판의 역사를 일으키신다는 사실을 인지하고 있습니까?

10. 칼빈은 어린이들에게 먼저 찬송을 가르친 후에 공예배 때 모든 성도들이 함께 찬송하게 했습니다. 왜 그렇게 했을까요?

11. 오늘날 우리는 참 교회가 수행해야 할 예배·예전의 전쟁을 어떻게 수행해야 하겠습니까?

부록 | 참고 문헌 | 성구색인

부록 1. 더 이상 사도는 없습니다: 사도시대에서 사도적 복음의 시대로(고전15:3~8; 엡2:20; 벧전1:8)

부록 2. 말세, 언제인가?(히1:1)

부록 3. 꿈과 환상에서 완성된 계시로: 성경의 절대적 중요성(히1:1~2)

부록 4. 율법의 세 기능: 금령에서 감사로

참고 문헌(Bibliography)

성구색인

부록 1

더 이상 사도는 없습니다:
사도시대에서 사도적 복음의 시대로

(고전15:3~8; 엡2:20; 벧전1:8)[1]

내가 받은 것을 먼저 너희에게 전하였노니 이는 성경대로 그리스도께서 우리 죄를 위하여 죽으시고,$_3$ 장사지낸바 되었다가 성경대로 사흘 만에 다시 살아나사,$_4$ 게바에게 보이시고 후에 열두 제자에게와,$_5$ 그 후에 오백여 형제에게 일시에 보이셨나니 그 중에 지금까지 태반이나 살아 있고 어떤 이는 잠들었으며,$_6$ 그 후에 야고보에게 보이셨으며 그 후에 모든 사도에게와,$_7$ 맨 나중에 만삭되지 못하여 난 자 같은 내게도 보이셨느니라.$_8$(고전15:3~8)

너희는 사도들과 선지자들의 터 위에 세우심을 입은 자라 그리스도 예수께서 친히 모퉁이 돌이 되셨느니라(엡2:20)

예수를 너희가 보지 못하였으나 사랑하는도다 이제도 보지 못하나 믿고 말할 수 없는 영광스러운 즐거움으로 기뻐하니(벧전1:8)

"오늘날에도 사도(Apostles)가 있습니까?" 이 질문을 받으면, 다수의 성도들은 "글쎄요? 그것을 우리가 함부로 판단할 수 있겠습니까?"라고 대답하기 일쑤입니다. 오늘날 사도 또는 사도의 후계자가 있다고 가르치는 사람들이 있습니다. 신사도운동이 전자에 해당하고, 로마 천주교가 후자에 해당합니다. 그러나 우리는 성경을 통해 분명히 말해야 합

---

1) 이 글은 필자가 기고한 기독교보 1216호(2016년 6월 18일, 제 2면, "KOSIN REFO 500" 연재) "성경으로 보는 종교개혁" (20)을 *한글개역성경*에 맞게 수정한 것입니다.

니다.

"오늘날 더 이상 사도는 없습니다. 누구든지 사도가 있다고 주장하는 자는 하나님의 말씀에 정면으로 도전하는 자입니다."

사도는 부활하신 예수님을 직접 눈으로 목격한 증인들(witnesses, 행 1:21~22[2]; 눅24:46~48[3])입니다. 그래서 바울 역시 부활하신 예수 그리스도를 자신이 직접 목격했고, 그분으로부터 직접 계시를 받아 사도로 임명되었다는 사실을 누차 언급해야 했습니다(행9장, 22장, 26장; 고전 9:1[4], 15:8[5]; 갈1:11~17[6]). **부활하신 예수님을 직접 목격하지 않은 자는 결코 사도가 될 수 없습니다.**

여기까지 읽으신 어떤 분은 이런 생각을 할지도 모릅니다. '예수님께

---

2) "이러하므로 요한의 세례로부터 우리 가운데서 올리워 가신 날까지 주 예수께서 우리 가운데 출입하실 때에[21] 항상 우리와 함께 다니던 사람 중에 하나를 세워 우리로 더불어 예수의 부활하심을 증거할 사람(필자 주: 증인)이 되게 하여야 하리라 하거늘[22]"(행1:21~22)

3) "또 이르시되 이같이 그리스도가 고난을 받고 제 삼 일에 죽은 자 가운데서 살아날 것과[46] 또 그의 이름으로 죄 사함을 얻게 하는 회개가 예루살렘으로부터 시작하여 모든 족속에게 전파될 것이 기록되었으니[47] 너희는 이 모든 일의 증인이라[48]"(눅24:46~48)

4) "내가 자유자가 아니냐 사도가 아니냐 예수 우리 주를 보지 못하였느냐 주 안에서 행한 나의 일이 너희가 아니냐"(고전9:1)

5) "맨 나중에 만삭되지 못하여 난 자 같은 내게도 보이셨느니라"(고전15:8)

6) "형제들아 내가 너희에게 알게 하노니 내가 전한 복음이 사람의 뜻을 따라 된 것이 아니라[11] 이는 내가 사람에게서 받은 것도 아니요 배운 것도 아니요 오직 예수 그리스도의 계시로 말미암은 것이라[12] 내가 이전에 유대교에 있을 때에 행한 일을 너희가 들었거니와 하나님의 교회를 심히 핍박하여 잔해하고[13] 내가 내 동족 중 여러 연갑자보다 유대교를 지나치게 믿어 내 조상의 유전에 대하여 더욱 열심이 있었으나[14] 그러나 내 어머니의 태로부터 나를 택정하시고 은혜로 나를 부르신 이가[15] 그 아들을 이방에 전하기 위하여 그를 내 속에 나타내시기를 기뻐하실 때에 내가 곧 혈육과 의논하지 아니하고[16] 또 나보다 먼저 사도 된 자들을 만나려고 예루살렘으로 가지 아니하고 오직 아라비아로 갔다가 다시 다메섹으로 돌아갔노라[17]"(갈1:11~17)

서 오늘날에도 어떤 사람에게 개인적으로 나타나셔서 그 사람을 사도로 임명하실 수도 있지 않을까?' 성경의 증거는 이런 헛된 상상력을 무너뜨립니다.

"가로되 갈릴리 사람들아 어찌하여 서서 하늘을 쳐다보느냐 너희 가운데서 하늘로 올리우신 이 예수는 하늘로 가심을 본 그대로 오시리라 하였느니라"(행1:11)

승천하신 예수 그리스도께서는 이제 개인에게 직접 오시는 대신, 장차 산 자들과 죽은 자들을 심판하러 영광 중에 오실 것입니다. 이뿐 아닙니다. 사도 바울은 고린도교회 성도들에게 이렇게 증언했습니다.

"장사지낸바 되었다가 성경대로 사흘 만에 다시 살아나사₄ 게바에게 보이시고 후에 열두 제자에게와₅ … 맨 나중에 만삭되지 못하여 난 자 같은 내게도 보이셨느니라₈"(고전15:4~5,8)

바울은 자신이야말로 부활하신 예수 그리스도를 마지막으로 직접 만난 목격자라고 증언했습니다. 사도가 성령의 영감으로 기록한 성경이 이렇게 말씀하고 있다면, 사도 바울 이후에 사는 누가 감히 자신을, 또는 다른 이를 사도라 부를 수 있겠습니까?

바로 이런 이유로 인해, 베드로가 아들처럼 여긴 마가도(벧전5:13[7]),

---

[7] "함께 택하심을 받은 바벨론에 있는 교회가 너희에게 문안하고 내 아들 마가도 그리 하느니라"(벧전5:13)

바울이 아들처럼 사랑한 디모데조차도(고전4:17[8]; 딤전1:2,18[9]; 딤후 1:2[10]) '사도'라는 호칭을 갖지 못했습니다. 그런 의미에서, 사도 베드로가 수신자들에게 증거한 이 말씀은 참으로 의미심장합니다.

> "예수를 너희가 보지 못하였으나 사랑하는도다 이제도 보지 못하나 믿고 말할 수 없는 영광스러운 즐거움으로 기뻐하니[8] 믿음의 결국 곧 영혼의 구원을 받음이라[9]"(벧전1:8~9)

이는 일찍이 부활하신 예수 그리스도께서 도마에게 하신 말씀과 그 궤를 같이 합니다.

> "예수께서 가라사대 너(필자 주: 사도 도마)는 나를 본 고로 믿느냐 보지 못하고 믿는 자들(필자 주: 복수)은 복 되도다 하시니라"(요20:29).

사도는 부활하신 예수 그리스도를 직접 목격하고 믿었습니다. 그러나 사도가 아닌 다른 이들(복수)은 보지 못하고 믿어야 하는 자들입니다. 사도 바울 역시 사람으로 구성된 건축물(성전)이 된 교회에게 이렇게 전합니다.

---

8) "이를 인하여 내가 주 안에서 내 사랑하고 신실한 아들 디모데를 너희에게 보내었노니 저가 너희로 하여금 그리스도 예수 안에서 나의 행사 곧 내가 각처 각 교회에서 가르치는 것을 생각나게 하리라"(고전4:17)

9) "믿음 안에서 참 아들 된 디모데에게 편지하노니 하나님 아버지와 그리스도 예수 우리 주께로부터 은혜와 긍휼과 평강이 네게 있을지어다[2] … 아들 디모데야 내가 네게 이 경계로써 명하노니 전에 너를 지도한 예언을 따라 그것으로 선한 싸움을 싸우며[18]" (딤전1:2,18)

10) "사랑하는 아들 디모데에게 편지하노니 하나님 아버지와 그리스도 예수 우리 주께로부터 은혜와 긍휼과 평강이 네게 있을찌어다"(딤후1:2)

"너희(필자 주: 교회)는 사도들과 선지자들의 터 위에 세우심을 입은 자라 그리스도 예수께서 친히 모퉁이 돌이 되셨느니라"(엡2:20)

이 터는 이미 예수 그리스도를 목격한 사도들에 의해 견고히 세워졌습니다.

"내게 주신 하나님의 은혜를 따라 내(필자 주: 사도 바울)가 지혜로운 건축자와 같이 터를 닦아 두매 다른 이가 그 위에 세우나 그러나 각각 어떻게 그 위에 세우기를 조심할지니라[10] 이 닦아 둔 것 외에 능히 다른 터를 닦아 둘 자가 없으니 이 터는 곧 예수 그리스도라[11]"(고전3:10~11)

터를 두 번 닦지 않는 법입니다. 그러므로 사도는 '교회 창설 직원'이지 결코 '항존 직원'이 될 수 없습니다.

"제 30조(교회 창설직원)
우리 주 예수께서 최초에 그 교회를 세상에 세우사 한 몸이 되게 하기 위하여 사도를 세우사 직권적 이적을 행할 능력을 주셔서 사역하게 하셨다(마10:1-8).
제 31조(교회 항존직원)
1. 교회에 항존할 직원은 목사와 장로와 집사이다(행20:17,28; 딤전3:1-13; 딛1:5-9). …"[11]

16세기 개혁자들의 시대에도 사도성과 관련한 양극단의 이단들이 있

---

11) 『헌법: 대한예수교장로회 고신총회』, 교회정치 4:30~31.

었습니다. 한쪽에는 교황주의자들이 있었습니다. 그들은 교황을 사도의 후계자로 내세우며, 교황의 다스림을 받지 않는 모든 자를 이단으로 규정했습니다(지금도 마찬가지입니다). 다른 한쪽에는 성령주의자들(극단적 재침례파)이 있었습니다. 그들 중 어떤 이들은 새 시대의 사도로 자칭하며, 직접 하나님께로부터 계시를 받는다고 주장했습니다. 이런 거짓 복음과 거짓 교사들은 그 가면을 바꿀 뿐 모든 시대에, 그리고 오늘날에도 동일하게 우리 가운데 등장해왔습니다. 이런 자들에게 우리는 분명히 말해야 합니다. 우리는 사도 없는 사도적 교회(the Apostolic Church)를 믿습니다. 오직 성경, 사도적 복음(the Apostolic Gospel)만이 신앙과 삶의 유일한 규칙입니다.

부록 2
말세, 언제인가?(히1:1)[12]

> "옛적에 선지자들로 여러 부분과 여러 모양으로 우리 조상들에게 말씀하신 하나님이₁ 이 모든 날 마지막에 아들로 우리에게 말씀하셨으니 이 아들을 만유의 후사로 세우시고 또 저로 말미암아 모든 세계를 지으셨느니라₂"(히1:1~2)

기독교인들은 이런 말을 종종 합니다.

"세상 돌아가는 꼴을 보니 정말 말세야. 예수님께서 오실 때가 다 되었군."

이는 '말세(末世)'가 재림에 거의 가까운 때라는 전제 위에서 하는 말입니다. 그런데 히브리서의 기자는 이러한 상식을 파괴하는 듯 보이는 말씀을 그 서두에 기록합니다.

> "옛적에 선지자들로 여러 부분과 여러 모양으로 우리 조상들에게 말씀하신 하나님이₁ **이 모든 날 마지막에 아들로 우리에게 말씀하셨으니**…₂"
> (히1:1~2)

---

[12] 이 글은 필자가 기고한 기독교보 1208호(2016년 4월 16일, 제 2면, "KOSIN REFO 500" 연재) "성경으로 보는 종교개혁" (12)를 *한글개역성경*에 맞게 수정한 것입니다.

적어도 이 구절이 뜻하는 '이 모든 날 마지막'은 예수님의 재림이 아니라 초림입니다. 이뿐 아닙니다. 히브리서 기자는 9장에서도 이렇게 말씀합니다.

> "… 이제 자기를 단번에 제물로 드려 죄를 없게 하시려고 **세상 끝에 나타나셨느니라**"(9:26)

이 역시 예수님의 초림입니다. 사실 신약성경은 매우 자주 예수님의 초림, 즉 성육신-고난과 죽음-부활-승천-성령 강림으로 이어지는 일련의 구속사역의 시기를 가리켜 '말세', '마지막 때', '세상 끝'이라고 부릅니다. 사도 베드로는 예수님을 '말세'에 오신 분이라고 소개합니다.

> "그는 창세전부터 미리 알리신바 된 자나 이 **말세**에 너희를 위하여 나타내신바 되었으니"(벧전1:20)

사도 요한은 자신이 살던 당대가 "많은 적그리스도"가 일어난 "마지막 때"라고 말씀합니다.

> "아이들아 이것이 **마지막 때**라 적그리스도가 이르겠다 함을 너희가 들은 것과 같이 지금도 많은 적그리스도가 일어났으니 이러므로 우리가 **마지막 때**인 줄 아노라"(요일2:18)

사도 바울은 고린도교회가 '말세'를 만난(직역하면, '도달한') 상태라고 경고합니다.

"저희 중에 어떤 이들과 같이 너희는 우상 숭배하는 자가 되지 말라 기록된바 백성이 앉아서 먹고 마시며 일어나서 뛰논다 함과 같으니라, 저희 중에 어떤 이들이 간음하다가 하루에 이만 삼천 명이 죽었나니 우리는 저희와 같이 간음하지 말자, 저희 중에 어떤 이들이 주를 시험하다가 뱀에게 멸망하였나니 우리는 저희와 같이 시험하지 말자, 저희 중에 어떤 이들이 원망하다가 멸망시키는 자에게 멸망하였나니 너희는 저희와 같이 원망하지 말라, 저희에게 당한 이런 일이 거울이 되고 또한 **말세**를 만난 우리의 경계로 기록하였느니라,,"(고전10:7~11)

이뿐 아니라 '말세'의 징조들 중 하나로 나타날 자들, 즉 경건의 능력을 부인하는 자들로부터 돌아서라고 디모데에게 명합니다.

"네가 이것을 알라 **말세**에 고통하는 때가 이르리니, … 경건의 모양은 있으나 경건의 능력은 부인하는 자니 이 같은 자들에게서 네가 돌아서라,"(딤후3:1,5)

또한 예수님의 형제 야고보는 '말세'에 재물을 쌓아놓았다고 부자들을 꾸짖습니다.

"들으라 부한 자들아 너희에게 임할 고생을 인하여 울고 통곡하라, 너희 재물은 썩었고 너희 옷은 좀먹었으며, 너희 금과 은은 녹이 슬었으니 이 녹이 너희에게 증거가 되며 불같이 너희 살을 먹으리라 너희가 **말세**에 재물을 쌓았도다,"(약5:1~3)

사도 베드로의 오순절 설교는 더욱 충격적입니다.

'우리는 술에 취하지 않았습니다. 선지자 요엘은 장차 **말세**가 되면 하나님께서 그분의 성령을 부어주실 것이라고 예언하지 않았습니까? 지금 여러분이 보고 듣고 있는 이 현상(방언)은 바로 그 예언이 드디어 성취된 것입니다.'(참고. 행2:15~17[13])

이상에서 알 수 있는 것은 요한, 바울, 야고보, 베드로는 자신들이 살고 있던 당대야말로 '말세'이며, 하나님의 아들 예수 그리스도께서 이 '마지막 때'를 시작하셨다고 굳게 믿고 있었다는 사실입니다. 도대체 어떻게 예수님의 초림 때를 '말세'라고 말할 수 있습니까? 히브리서는 여기에 대한 중요한 실마리를 우리에게 제공합니다.

"옛적에 선지자들로 여러 부분과 여러 모양으로 우리 조상들에게 말씀하신 하나님이, 이 모든 날 마지막에 아들로 우리에게 말씀하셨으니…"[2]
(히1:1~2)

옛 언약시대에 하나님께서는 선지자들을 통해 그분의 구원의 계시를 계속 말씀하셨습니다. 여러 시대에 걸쳐, 여러 가지 방법으로 계시를 주셨습니다. 그리고 마침내 그분의 아들 예수 그리스도를 보내 말씀하셨습니다. 선지자보다 더 큰 분을 보내 말씀하셨습니다(참고. 마11:9[14],

---

13) "때가 제 삼 시니 너희 생각과 같이 이 사람들이 취한 것이 아니라[15] 이는 곧 선지자 요엘로 말씀하신 것이니 일렀으되[16] 하나님이 가라사대 **말세**에 내가 내 영으로 모든 육체에게 부어 주리니…[17]"(행2:15~17)

14) "그러면 너희가 어찌하여 나갔더냐 선지자를 보려더냐 옳다 내가 너희에게 이르노니 선지

12:41[15]; 눅7:26, 11:32). 선지자들이 오시리라 예고한 바로 그분, 구원자를 보내 말씀하셨습니다(참고. 눅24:25~27[16], 44~47[17]; 요5:39[18]; 행7:52[19]; 벧전1:10~11, 20[20]). 주인께서는 그 포도원을 맡겨놓은 농부들에게 종들을 보내시다가, 마침내 이제 마지막으로 자기 아들을 보내셨습니다(마21:33~46; 막12:1~12; 눅20:9~18). 이스라엘 백성들이 조상 때부터 기다리고 기다리던 바로 그분, 자기의 독생자를 보내셨습니다. 그러니 정말 하나님 아버지께서는 "이 모든 날 마지막에 아들을 통하여 우리에게 말씀하셨"습니다(히1:2). 예수님 안에서, 그분과 함께 이 '마지막 때'가 개막되었습니다. 그림자(shadow) 대신 실체(reality)이신 그분이 오셨습니다. 그러니 또 다른 기회는 이제 더 이상 존재할 수 없습니다. **우리**

자보다도 나은 자니라"(마11:9; 참고. 눅7:26)

15) "심판 때에 니느웨 사람들이 일어나 이 세대 사람을 정죄하리니 이는 그들이 요나의 전도를 듣고 회개하였음이어니와 요나보다 더 큰 이가 여기 있으며"(마12:41; 참고. 눅11:32)

16) "가라사대 미련하고 선지자들의 말한 모든 것을 마음에 더디 믿는 자들이여[25] 그리스도가 이런 고난을 받고 자기의 영광에 들어가야 할 것이 아니냐 하시고[26] 이에 모세와 및 모든 선지자의 글로 시작하여 모든 성경에 쓴 바 자기에 관한 것을 자세히 설명하시니라[27]"(눅24:25~27)

17) "또 이르시되 내가 너희와 함께 있을 때에 너희에게 말한 바 곧 모세의 율법과 선지자의 글과 시편에 나를 가리켜 기록된 모든 것이 이루어져야 하리라 한 말이 이것이라 하시고[44] 이에 저희 마음을 열어 성경을 깨닫게 하시고[45] 또 이르시되 이같이 그리스도가 고난을 받고 제 삼일에 죽은 자 가운데서 살아날 것과[46] 또 그의 이름으로 죄 사함을 얻게 하는 회개가 예루살렘으로부터 시작하여 모든 족속에게 전파될 것이 기록되었으니[47]"(눅24:44~47)

18) "너희가 성경에서 영생을 얻는 줄 생각하고 성경을 상고하거니와 이 성경이 곧 내게 대하여 증거하는 것이로다"(요5:39)

19) "너희 조상들은 선지자 중에 누구를 핍박지 아니하였느냐 의인이 오시리라 예고한 자들을 저희가 죽였고 이제 너희는 그 의인을 잡아 준 자요 살인한 자가 되나니"(행7:52)

20) "이 구원에 대하여는 너희에게 임할 은혜를 예언하던 선지자들이 연구하고 부지런히 살펴서[10] 자기 속에 계신 그리스도의 영이 그 받으실 고난과 후에 얻으실 영광을 미리 증거하여 어느 시, 어떠한 때를 지시하시는지 상고하니라[11] … 그는 창세 전부터 미리 알리신 바 된 자나 이 말세에 너희를 위하여 나타내신 바 되었으니[20]"(벧전1:10~11, 20)

는 하나님의 독생자 예수 그리스도께서 세우신 이 마지막 기회, '마지막 언약'을 가리켜 '신약(새 언약)'이라 부릅니다. 그리고 그분의 오심과 함께 개막된 이 '마지막 때', '말세'를 가리켜 '신약시대'라 부릅니다.

그러니 '말세'는 '지루한 시간의 끝'이 아니라, '창세전에 계획하신 성부의 설계도가, 단번에(once-for-all) 이루신 성자의 구속으로 인해, 성령의 능력으로 건축되는 현장'을 뜻합니다. 시간의 순서상 '마지막 때(the last days)' 정도를 넘어서 **삼위 하나님께서 우리를 위해 계획하신 '궁극적이고도 결정적인 때(the ultimate and decisive days)'**가 개막되었습니다.[21] '여러 부분과 여러 모양으로' 말씀하시던 계시의 시대가 종결되고, 오직 성경으로만 말씀하시는 바로 그 시대(웨스트민스터 신앙고백서 1:1[22])! 교회야말로 이 계시(복음)를 간직한 말세의 비밀 공동체입니다(롬16:25~27[23]; 엡3:1~13).

---

21) 성경의 종말론이 '마지막 일들(the last things)'에 관한 것이라기보다는 오히려 (하나님께서 계획하신 것들이 마침내 성취되는) '궁극적인 것들(the ultimate things)'에 대한 것이라는 점에 대해서는 Thomas, "Holy God", 53~69를 참고하십시오.

22) "본성의 빛, 그리고 창조와 섭리의 사역은 하나님의 선하심과 지혜와 능력을 너무나 분명하게 드러내기 때문에 사람에게 변명의 여지를 주지 않지만, 이것들이 구원 얻기에 필요한 지식, 곧 하나님과 그분의 뜻에 대한 지식을 충분히 베풀지는 않는다. 그래서 주님께서는 기꺼이 **여러 부분과 여러 모양으로** 자기 자신을 계시하시고, 교회를 향한 자기의 뜻을 선포하셨다. 그리고 그 후에는 진리를 보다 더 잘 보존하고 보급하며, 육신의 부패와 사탄과 세상의 악의를 대항하여 교회를 보다 확실하게 세우고 위로하실 목적으로 그 동일한 내용을 전부 기록하게 하셨다. 이는 성경을 절대적으로 필요하게 만든다. 하나님께서 자기 백성에게 자기 뜻을 계시하시는 이전 방식은 이제 중단되었다"(웨스트민스터 신앙고백서 1:1).

23) "나의 복음과 예수 그리스도를 전파함은 영세 전부터 감취었다가[25] 이제는 나타내신 바 되었으며 영원하신 하나님의 명을 좇아 선지자들의 글로 말미암아 모든 민족으로 믿어 순종케 하시려고 알게 하신 바 그 비밀의 계시를 좇아 된 것이니 이 복음으로 너희를 능히 견고케 하실[26] 지혜로우신 하나님께 예수 그리스도로 말미암아 영광이 세세무궁토록 있을찌어다 아멘[27]"(롬16:25~27)

부록 3

꿈과 환상에서 완성된 계시로 : 성경의 절대적 중요성(히1:1~2)[24]

"옛적에 선지자들로 여러 부분과 여러 모양으로 우리 조상들에게 말씀하신 하나님이, 이 모든 날 마지막에 아들로 우리에게 말씀하셨으니 이 아들을 만유의 후사로 세우시고 또 저로 말미암아 모든 세계를 지으셨느니라₂"(히1:1~2)

한국 교회 안에는 자칭 꿈과 환상으로 하나님의 뜻을 받는 이들, 그리고 다른 사람들의 꿈을 해석해주는 이들이 적지 않습니다. 어떤 성도들은 이런 사람들에게 기도를 '받으러' 가기도 합니다. (하나님께 기도를 '해야'지 왜 기도를 받습니까?) 이런 사람들은 흔히 성경에 기록된 꿈과 환상 같은 현상들을 내세워 자신들의 행위를 정당화합니다. 그러나 교회사 속에서 정통 신앙을 가진 교회들은 언제나 이런 행위를 배격해왔습니다.

꿈과 환상을 통한 계시

사실 성경에는 하나님께서 꿈과 환상 등을 통해 계시하시는 장면이 자주 나타납니다. 심지어 요셉과 다니엘은 이를 경험했을 뿐 아니라 다른 이의 꿈을 해석해주기까지 합니다. 어디 이뿐입니까? 하나님께서는

---

24) 이 글은 필자가 기고한 기독교보 1215호(2016년 6월 11일, 제 2면, "KOSIN REFO 500" 연재) "성경으로 보는 종교개혁" (19)을 *한글개역성경*에 맞게 수정한 것입니다.

천사 둘과 함께 친히 아브라함을 방문하셨습니다(창18:1~2). 시내산에서는 불 가운데 강림하시고, 모세를 불러 40일 동안 대화하셨습니다(출 19:17~24, 20:21, 24:15~18). 갈멜산에서 불을 내리셨으며(왕상18:38), 호렙산에서 엘리야 앞에 강림하여 직접 대화하셨습니다(왕상19:8~18). 스가랴에게 여덟 개의 환상을 보여주셨으며(슥1:8~8장), 아예 에스겔서 전체는 하나님께서 그에게 보여주신 각종 환상으로 가득합니다.

이 모든 날 마지막에 아들을 통해 주신 계시

우리는 성경에 기록된 이 일들이 실제 역사적 속에서 발생했다고 믿어야 합니다. 그러나 이 믿음을 그 사건의 (문자 그대로의) 재현에 대한 믿음으로 오해하면 안 됩니다. 히브리서 기자는 놀라운 말씀을 전합니다.

> "옛적에 선지자들로 **여러 부분과 여러 모양으로** 우리 조상들에게 말씀하신 하나님이, 이 모든 날 마지막에 아들로 우리에게 말씀하셨으니 이 아들을 만유의 후사로 세우시고 또 저로 말미암아 모든 세계를 지으셨느니라,"(히1:1~2)

여기서 '여러 부분(폴뤼메로스, πολυμερῶς)과 여러 모양으로(폴뤼트로포스, πολυτρόπως)'를 좀 더 쉽게 표현하면, '여러 시대에 여러 가지 종류의 방법으로'라는 뜻입니다. 즉, 구약시대에 하나님께서 다양한 방식 – 꿈, 환상, 현현, 선지자의 말과 글, 기이한 현상이나 기적 등 – 으로 계시를 주셨다는 뜻입니다. 그런데 하나님께서는 드디어 '이 모든 날 마지막에는 아들을 통하여 말씀하셨다'고 합니다. 구약시대에 주신 각종 다양한 방식의 계시는 궁극적으로 독생자 예수 그리스도를 통해 계시하실 것에 대한 그림자였습니다. 예수님의 재림이 아닌 초림을 가리켜 "이 모든 날 마지막에"라는 표현이 사용되는 이유가 바로 이 때문입니다.

전환기로서의 사도시대

여기까지 읽고서 이런 질문을 떠올리는 분들도 있을 것입니다.

'예수님께서 오신 이후에도 사도들이 꿈과 환상을 보지 않았는가?'

그렇습니다. 베드로(행10:10~17[25])와 바울(행16:9~10[26], 18:9~10[27])이 그러했으며, 요한은 계시록의 대부분을 자신이 본 환상으로 진행합니다. 그러나 사도들은 구약시대 선지자들이 받은 각종 계시가 마침내 예수 그리스도 안에서 가장 환하게 드러나고 성취되었다는 사실을 잊

---

[25] "시장하여 먹고자 하매 사람이 준비할 때에 비몽사몽간에[10] 하늘이 열리며 한 그릇이 내려오는 것을 보니 큰 보자기 같고 네 귀를 매어 땅에 드리웠더라[11] 그 안에는 땅에 있는 각색 네 발 가진 짐승과 기는 것과 공중에 나는 것들이 있는데[12] 또 소리가 있으되 베드로야 일어나 잡아 먹으라 하거늘[13] 베드로가 가로되 주여 그럴 수 없나이다 속되고 깨끗지 아니한 물건을 내가 언제든지 먹지 아니하였삽나이다 한대[14] 또 두 번째 소리 있으되 하나님께서 깨끗케 하신 것을 네가 속되다 하지 말라 하더라[15] 이런 일이 세 번 있은 후 그 그릇이 곧 하늘로 올리워 가니라[16] 베드로가 본 바 환상이 무슨 뜻인지 속으로 의심하더니 마침 고넬료의 보낸 사람들이 시몬의 집을 찾아 문 밖에 서서[17]"(행10:10~17)

[26] "밤에 환상이 바울에게 보이니 마게도냐 사람 하나가 서서 그에게 청하여 가로되 마게도냐로 건너와서 우리를 도우라 하거늘[9] 바울이 이 환상을 본 후에 우리가 곧 마게도냐로 떠나기를 힘쓰니 이는 하나님이 저 사람들에게 복음을 전하라고 우리를 부르신 줄로 인정함이러라[10]"(행16:9~10)

[27] "밤에 주께서 환상 가운데 바울에게 말씀하시되 두려워하지 말며 잠잠하지 말고 말하라[9] 내가 너와 함께 있으매 아무 사람도 너를 대적하여 해롭게 할 자가 없을 것이니 이는 이 성중에 내 백성이 많음이라 하시더라[10]"(행18:9~10)

은 적이 없습니다(마5:17, 11:10~13; 눅4:21, 16:16, 24:27,44; 요1:17~18,45; 행28:23; 롬3:21~26, 16:25~26; 엡3:9~11; 벧전1:10~11,20). 그래서 그들은 성령의 영감으로 기록한 문서(성경)의 중요성을 함께 증거했습니다.

"우리 중에 이루어진 사실에 대하여, 처음부터 말씀의 목격자 되고 일꾼 된 자들의 전하여 준 그대로 내력을 저술하려고 붓을 든 사람이 많은지라, 그 모든 일을 근원부터 자세히 미루어 살핀 나도 데오빌로 각하에게 차례대로 써 보내는 것이 좋은 줄 알았노니, 이는 각하로 그 배운 바의 확실함을 알게 하려 함이로다."(눅1:1~4)

"오직 이것을 기록함은 너희로 예수께서 하나님의 아들 그리스도이심을 믿게 하려 함이요 또 너희로 믿고 그 이름을 힘입어 생명을 얻게 하려 함이니라"(요20:31)

"이 일을 증거하고 이 일을 기록한 제자가 이 사람이라 우리는 그의 증거가 참인 줄 아노라, 예수의 행하신 일이 이 외에도 많으니 만일 낱낱이 기록된다면 이 세상이라도 이 기록된 책을 두기에 부족할 줄 아노라." (요21:24~25)

"만일 누구든지 자기를 선지자나 혹 신령한 자로 생각하거든 내가 너희에게 편지한 것이 주의 명령인 줄 알라"(고전14:37)

"종말로 나의 형제들아 주 안에서 기뻐하라 너희에게 같은 말을 쓰는

것이 내게는 수고로움이 없고 너희에게는 안전하니라"(빌3:1)

"이 편지를 너희에게서 읽은 후에 라오디게아인의 교회에서도 읽게 하고 또 라오디게아로서 오는 편지를 너희도 읽으라"(골4:16)

"내가 주를 힘입어 너희를 명하노니 모든 형제에게 이 편지를 읽어 들리라"(살전5:27)

"이러므로 형제들아 굳게 서서 말로나 우리 편지로 가르침을 받은 유전을 지키라"(살후2:15)

"누가 이 편지에 한 우리 말을 순종치 아니하거든 그 사람을 지목하여 사귀지 말고 저로 하여금 부끄럽게 하라₁₄ 그러나 원수와 같이 생각지 말고 형제같이 권하라₁₅ 평강의 주께서 친히 때마다 일마다 너희에게 평강을 주시기를 원하노라 주는 너희 모든 사람과 함께 하실지어다₁₆ 나 바울은 친필로 문안하노니 이는 **편지마다 표적(쎄메이온, σημεῖον, sign)**이기로 이렇게 쓰노라₁₇ 우리 주 예수 그리스도의 은혜가 너희 무리에게 있을지어다₁₈"(살후3:14~18)

"잘 다스리는 장로들을 배나 존경할 자로 알되 말씀과 가르침에 수고하는 이들을 더할 것이니라₁₇ **성경에 일렀으되** 곡식을 밟아 떠는 소의 입에 망을 씌우지 말라(**필자 주: 신25:4**) 하였고 또 일꾼이 그 삯을 받는 것이 마땅하다(**필자 주: 눅10:7**) 하였느니라₁₈"(딤전5:17~18)

"내가 이 장막에 있을 동안에 너희를 일깨워 생각하게 함이 옳은 줄로 여기노니[13] 이는 우리 주 예수 그리스도께서 내게 지시하신 것같이 나도 이 장막을 벗어날 것이 임박한 줄을 앎이라[14] 내가 힘써 너희로 하여금 나의 떠난 후에라도 필요할 때는 이런 것을 생각나게 하려 하노라[15]"(벧후1:13~15)

"또 우리 주의 오래 참으심이 구원이 될 줄로 여기라 우리 사랑하는 형제 바울도 그 받은 지혜대로 너희에게 이같이 썼고[15] 또 그 모든 편지에도 이런 일에 관하여 말하였으되 그 중에 알기 어려운 것이 더러 있으니 무식한 자들과 굳세지 못한 자들이 다른 성경과 같이 그것도 억지로 풀다가 스스로 멸망에 이르느니라[16]"(벧후3:15~16)

"사랑하는 자들아 내가 우리의 일반으로 얻은 구원을 들어 너희에게 편지하려는 뜻이 간절하던 차에 성도에게 단번에 주신 믿음의 도를 위하여 힘써 싸우라는 편지로 너희를 권하여야 할 필요를 느꼈노니"(유3)

"이 예언의 말씀을 읽는 자와 듣는 자들과 그 가운데 기록한 것을 지키는 자들이 복이 있나니 때가 가까움이라"(계1:3)

"내가 이 책의 예언의 말씀을 듣는 각인에게 증거하노니 만일 누구든지 이것들 외에 더하면 하나님이 이 책에 기록된 재앙들을 그에게 더하실 터이요[18] 만일 누구든지 이 책의 예언의 말씀에서 제하여 버리면 하나님이 이 책에 기록된 생명나무와 및 거룩한 성에 참여함을 제하여 버리시리라[19]"(계22:18~19)

그러므로 사도시대에도 계시로서의 꿈과 환상이 존재했으나, 동시에 그 시대는 이 구원의 계시가 기록된 성경으로 완성되는 전환기이기도 했습니다.

개혁자들과 신앙고백서

취리히의 개혁자 츠빙글리는 1525년 '예언(Prophezei)'이라는 모임을 개설했습니다. 이는 꿈과 환상이 아닌 기록된 성경 원어를 연구하고 강해하는 모임이었습니다. 이후 제네바의 개혁자 칼빈 역시 이와 비슷한 성경 연구 모임인 '회집(콩그레가시옹, Congrégation)'을 개설했습니다. 청교도들도 이런 모임을 가리켜 '예언하기(Prophesying)'라 불렀습니다. 이는 정통 신앙의 선조들이 이제는 꿈과 환상 대신 완성된 계시, 기록된 계시인 성경의 시대에 살고 있다는 확고한 고백 위에 기초했기 때문에 가능한 일이었습니다.

> "… 여러 부분과 여러 모양으로 자기 자신을 계시하시고…. 그 후에는 진리를 보다 더 잘 보존하고 보급하며, … 교회를 보다 확실하게 세우고 위로하실 목적으로 그 동일한 내용을 전부 기록하게 하셨다. 이는 성경을 절대적으로 필요하게 만든다. <u>하나님께서 자기 백성에게 자기 뜻을 계시하시는 이전 방식은 이제 중단되었다</u>"(웨스트민스터 신앙고백서 1:1).

오직 성경! 그 외에 무슨 말이 필요합니까?

부록 4

율법의 세 기능: 금령에서 감사로[28]

오늘날 한국 교회의 목회자들과 성도들 중 다수는 의식적으로, 혹은 무의식적으로 구약의 율법을 가르치거나 배우기를 꺼려하는 경향을 갖고 있습니다. 이는 율법의 기능과 그 중요성을 바르게 인지하거나 적용하지 못함으로 인해 나타난 현상입니다. 필자는 아래의 세 가지 실례를 통해 구약의 율법이 어떻게 그리스도를 거쳐 오늘날의 교회·성도에게 적용되는지를 보여주기 위해 이 글을 썼습니다.

루터는 율법주의와 공로사상이 만연한 당대 천주교에 맞서 '오직 믿음(Sola Fide)'의 원리를 강조했습니다. 이를 위해, 그는 자주 율법과 복음을 대조시켜 설명했습니다. 칼빈은 이 성경적 가르침을 그대로 이어 받았으나, 율법에 대한 루터의 설명이 부족하다는 사실을 잘 알았습니다. 그래서 그는 **율법의 세 가지 기능**을 성경적으로 정립했습니다.

①율법은 먼저 **죄와 비참**을 깨닫게 합니다.

> "그러므로 율법의 행위로 그의 앞에 의롭다 하심을 얻을 육체가 없나니 율법으로는 죄를 깨달음이니라"(롬3:20)

②더 나아가 **구속자**의 필요성을 보여주어 그분께로 인도합니다.

---

[28] 이 글은 필자가 기고한 기독교보 1212~1214호(2016년 5월 21일, 28일, 6월 4일, 제2면, "KOSIN REFO 500" 연재) "성경으로 보는 종교개혁" (16), (17), (18)을 한글개역성경에 맞게 수정한 것입니다.

"이같이 율법이 우리를 그리스도에게로 인도하는 몽학선생이 되어 우리로 하여금 믿음으로 말미암아 의롭다 함을 얻게 하려 함이니라"(갈 3:24)

즉, 모든 율법은 장차 오실 예수 그리스도를 증거합니다(눅24:27,44; 요5:39; 롬3:21; 벧전1:10~11).

③그러나 이것이 끝이 아닙니다. 율법은 그리스도 안에서 성취(마 5:17~18)되는 것으로 그 기능을 다하지 않고, 이제 더 환한 빛이신 그리스도께 반사되어 교회·성도가 걸어가야 할 **감사**의 길을 제시합니다. 이후 우르시누스와 올레비아누스를 중심으로 한 개혁자들은 이 순서대로 하이델베르크 교리문답(1563년)을 작성했습니다.[29]

그러나 오늘날 한국 교회에서 구약의 율법을 설교하거나 가르치는 경우를 찾기 힘듭니다. 또는 윤리적으로 들을 뿐 이것이 어떻게 예수 그리스도로, 그리고 우리의 감사로 연결되는지 잘 알지 못합니다. 이는 16세기 재침례파처럼 율법을 적대시하거나, 또는 당시 천주교처럼 율법주의·공로주의로 기우는 결과를 양산하고 있습니다. 필자는 율법의 세 기능을 이해하여 적용하는 몇 가지 실례를 제시하려 합니다.

인신제사(레20:2; 히13:15~16)

첫 번째 실례는 **인신(人身)제사**입니다. 하나님께서는 이스라엘 백성들이 그들의 자식을 희생 제물로 바치는 것을 금하셨습니다. 이는 여호와 보시기에 심히 가증한 일이어서 이를 어기는 자에 대한 사형을 명하

---

29) 하이델베르크 교리문답의 전체 구성은 '제 1부 죄와 비참', '제 2부 구속', '제 3부 감사' 로 이루어져 있습니다.

셨습니다.

> "너는 이스라엘 자손에게 또 이르라 무릇 그가 이스라엘 자손이든지 이스라엘에 우거한 타국인이든지 그 자식을 몰렉에게 주거든 반드시 죽이되 그 지방 사람이 돌로 칠 것이요"(레20:2; 참고. 레18:21; 신12:31, 18:10; 렘19:5; 겔20:30~31, 23:37~39).

그러나 이후 유다의 사악한 왕 아하스는 이 금령에 정면으로 도전합니다(왕하16:3; 대하28:3). 이 율법은 타락한 인간이 어디까지 잔인무도해질 수 있는지를 여실히 보여줍니다. 또한 인간이 그 어떤 것으로도, 심지어 자신의 자식을 바치더라도 하나님을 기쁘시게 할 수 없다는 사실도 보여줍니다. 하나님께서는 이 율법을 통해 타락한 인간의 **죄와 비참**을 가르쳐주셨습니다.

그런데 놀라운 반전이 일어났습니다. 역사상 단 한 번, 하나님께서 인신제사를 기쁘게 받으신 사건이 발생했습니다. 자식을 바치는 희생 제사를 철저히 금하신 하나님께서 친히 자신의 독생자를 죄인들을 위한 희생 제물로 내어주셨습니다. 타락한 인간이 자신의 자식을 바치는 희생 제사는 하나님을 격노케 합니다. 그러나 의로우신 하나님께서 자신의 의로운 독생자를 단번에(once-for-all) 내어주신 이 희생 제사는 그분 자신을 만족시켰습니다(히9:11~14,25~28, 10:10~14,18). 그러므로 율법의 이 금령은 오직 단 한 분, 장차 오실 **구속자 예수 그리스도**의 오심을 증거하며, 그분 안에서 단번에(once-for-all) 성취되었습니다.

더 놀라운 사실은 이 율법이 예수 그리스도 안에서 성취되었다는 이유로 폐기처분되지 않았다는 점입니다. 더 이상의 희생 제사(sacrifice)

는 결단코 없습니다.

> "이것을 사하셨은즉 다시 죄를 위하여 제사드릴 것이 없느니라[18] 그러므로 형제들아 우리가 예수의 피를 힘입어 성소에 들어갈 담력을 얻었나니[19] 그 길은 우리를 위하여 휘장 가운데로 열어 놓으신 새롭고 산 길이요 휘장은 곧 저의 육체니라[20]"(히10:18~20).

그 대신, 이제 하나님께서는 그분의 독생자 예수 그리스도 안에서 구속함을 받은 자들이 드리는 **감사의 제사**를 기쁘게 받으십니다.

> "이러므로 우리가 예수로 말미암아 항상 찬미의 제사를 하나님께 드리자 이는 그 이름을 증거하는 입술의 열매니라[15] 오직 선을 행함과 서로 나눠 주기를 잊지 말라 이같은 제사는 하나님이 기뻐하시느니라[16]"(히 13:15~16).

그러므로 이제 우리의 예배는 '희생(sacrifice)' 제사의 반복이 아니라 그분의 구속하심에 대한 **감사(thanksgiving)**입니다. 예배의 절정인 '성찬(유카리스트, Eucharist)'은 이제 희생 제사의 반복인 미사가 아니라 '감사(유카리스티아, εὐχαριστία)'가 되었습니다. 이뿐 아니라 찬양도 (계4:9, 7:12), 기도도(빌4:6; 골4:2; 딤전2:1), 연보도(고후9:11~12), 신앙의 성장과 삶(골2:7), 심지어는 결혼과 일용할 양식까지도(딤전4:3~4) 모두 값없는 은혜에 대한 감사가 되었습니다. 그러므로 우리는 우리 인생 전체를 "거룩한 산 제사"로 그분께 드립니다(롬12:1~2; 참고. 롬 15:16; 벧전2:5).

피를 마시다(창9:4~6; 레17:10~14; 마26:27~28)

율법의 세 기능과 관련한 두 번째 실례는 **피를 먹는(마시는) 것**입니다. 여호와 하나님께서는 제사를 드릴 때뿐 아니라 이스라엘 백성들이 사는 모든 곳에서 피를 먹는 것을 금하셨습니다(레3:17, 7:26~27, 17:10~14, 19:26; 신12:13~16,21~25, 15:21~23). 이를 어길시 그 사람의 생명이 끊어지리라는 저주와 함께 말입니다(레7:27, 17:10,14). 이런 본문을 내세워 자신은 짐승의 피 – 이를테면, 선짓국과 같은 – 를 먹지 않는다고 말하는 사람이 있습니다. 이는 율법주의의 다른 얼굴입니다.

하나님께서 이 금령을 어기는 자의 생명을 끊으시겠다고 하신 것은 이것이 **생명을 빼앗는 범죄와 관련**되어 있기 때문입니다. 피를 먹지 말라는 이 율법이 처음으로 계시된 때는 노아 시대입니다.

> "그러나 고기를 그 생명 되는 피 채 먹지 말 것이니라, 내가 반드시 너희 피 곧 너희 생명의 피를 찾으리니 짐승이면 그 짐승에게서, 사람이나 사람의 형제면 그에게서 그의 생명을 찾으리라, 무릇 사람의 피를 흘리면 사람이 그 피를 흘릴 것이니 이는 하나님이 자기 형상대로 사람을 지었음이니라,"(창9:4~6)

이 금령은 살인 금지 규정과 함께 주어졌습니다. 홍수라는 거대한 심판조차도 죄의 문제를 완전히 뿌리 뽑지 못했습니다.

> "이는 사람의 마음이 계획하는 바가 어려서부터 악함이라"(창8:21)

사람들의 악한 본성이 그대로 남아 있는 한, 그들은 다시 가인처럼,

그리고 가인의 후손 라멕처럼 다른 사람들의 생명을 **빼앗을** 것입니다. 이 때문에 하나님께서는 죄를 억제하는 한 규례를 세우셨습니다. 그것이 바로 이 금령을 통해 주어진 살인 금지 규정과 이에 대한 심판 선고입니다. 이 규례로 인해 세상(과 인간)은 하나님께서 죄의 문제를 완전히 뿌리 뽑을 때까지 하나님의 섭리로 보존될 것입니다. 하나님께서 이 규례와 함께 무지개를 언약의 눈에 보이는 증거로 주셨습니다. 그러므로 이 금령은 **인간의 죄와 비참**을 깨닫게 합니다(롬3:20).

그런데 하나님께서는 모세를 통해 이 금령이 가진 또 하나의 중요한 의미를 가르쳐주셨습니다.

> "무릇 이스라엘 집 사람이나 그들 중에 우거하는 타국인 중에 어떤 피든지 먹는 자가 있으면 내가 그 피 먹는 사람에게 진노하여 그를 백성 중에서 끊으리니₁₀ 육체의 생명은 피에 있음이라 내가 이 피를 너희에게 주어 단에 뿌려 **너희의 생명을 위하여 속하게 하였나니 생명이 피에 있으므로 피가 죄를 속하느니라**₁₁ 그러므로 내가 이스라엘 자손에게 말하기를 너희 중에 아무도 피를 먹지 말며 너희 중에 우거하는 타국인이라도 피를 먹지 말라 하였나니₁₂ 무릇 이스라엘 자손이나 그들 중에 우거하는 타국인이 먹을 만한 짐승이나 새를 사냥하여 잡거든 그 피를 흘리고 흙으로 덮을지니라₁₃ 모든 생물은 그 피가 생명과 일체라 그러므로 내가 이스라엘 자손에게 이르기를 너희는 어느 육체의 피든지 먹지 말라 하였나니 모든 육체의 생명은 그 피인즉 무릇 피를 먹는 자는 끊쳐지리라₁₄"(레17:10~14)

"… 너희의 생명을 위하여 속하게 하였나니 생명이 피에 있으므로 피가

죄를 속하느니라"(11절)

하나님께서는 동물의 피를 먹지 못하게 하는 대신, 짐승의 생명을 취하여 그 피를 제단(altar)에 뿌리게 하셨습니다. 다른 사람의 피를 흘리는 죄인에 대한 심판을 선고하신 하나님께서는 짐승의 피 흘림을 통한 속죄를 약속하셨습니다. 그러므로 이 금령은 **단순한 금지 규정을 넘어 장차 오실 '구속자'를 바라봅니다.** 죄를 억제하는 정도가 아니라 완전한 속죄의 피를 흘려 죄의 문제를 단번에(once-for-all) 해결하실 우리 주 예수 그리스도를 증거합니다(롬3:23~26; 히10:18~20, 12:24, 13:10~12,20; 요일1:7; 계1:5~6). 이처럼 율법은 우리를 그리스도에게로 인도하는 몽학선생(파이다고고스, παιδαγωγὸς)이 됩니다(갈3:24~25). 이 금령이 구속자 그리스도의 피 흘리심을 통해 단번에(once-for-all) 성취되었으므로 이제 더 이상 피를 먹는 것을 금기시하면 안 됩니다. 이는 그리스도의 피를 능욕하는 행위입니다(행15:20,29은 레19:26에 근거한 이교적 행위이므로 금지한 것이지 율법의 문자주의적 이행이 아닙니다).

우리를 위해 피 흘리신 예수 그리스도 안에서 성취되자마자 이 금령은 **감사의 법**으로 새롭게 기능하기 시작합니다.

> "또 잔을 가지사 사례하시고 저희에게 주시며 가라사대 너희가 다 이것을 마시라[27] 이것은 죄 사함을 얻게 하려고 많은 사람을 위하여 흘리는 바 나의 피 곧 언약의 피니라[28]"(마26:27~28)

우리는 단번에(once-for-all) 피 흘림의 제사를 성취하신 예수 그리스도의 언약의 피를 이제는 제사(sacrifice)가 아닌 감사(thanksgiving)의 식탁에서 기쁘게 마십니다. 다른 사람의 생명을 빼앗기 위해서가 아니라 오히려 구속자의 생명을 항상 새롭게 덧입기 위해서 말입니다(요6:53~58). 이 생명의 피를 마신 후, 우리는 세상으로 나아가 우리를 위해 피 흘리신 그분을 오실 때까지 증거하여(참고. 고전11:25~26) 영적으로 죽은 자들을 끊임없이 살려냅니다. 처음부터 살인한 자 마귀(요8:44)를 따라 살인을 즐기던 우리는 이제 "살려주는 영"이신 예수(고전15:45)와 성령(요6:63) 안에서 생명 수여자(life-giver)로 살아갑니다. 할렐루야!

정결한 동물, 부정한 동물(레11장; 신14:2~21; 행10:9~16; 고후6:14~18)

율법의 세 기능과 관련한 세 번째 실례는 **정결한 동물, 부정한 동물에 관한 규례**입니다. 하나님께서는 정결한 동물과 부정한 동물을 구별하시고, 이스라엘 백성들은 오직 정결한 동물만을 먹도록 하셨습니다(레11장; 신14:2~21). 오늘날에도 성경에서 먹으라는 동물만 먹으면 건강에 좋다는 식의 주장을 하는 이들을 심심찮게 볼 수 있습니다. 이들은 - 자신들이 의식하든 그렇지 않든 - 실질적 율법주의자들입니다. 반대로, 구약의 이런 규례를 아예 무가치한 것 또는 하찮은 것으로 치부하여 그 의미를 가르치거나 배우려고 하지 않는 사람들도 있습니다. 이들은 - 자신들이 의식하든 그렇지 않든 - 실질적 율법 폐기론자들입니다.

우리가 가장 먼저 생각해야 할 것은 동물의 규례가 정결법인 동시에 음식법이라는 사실입니다. 정결법의 핵심은 '**접촉**'입니다. 부정한 것과 접촉하면 부정해지고, 정결한 것과 접촉하면 정결해집니다. 그런데 정결법 중 음식법은 어떻습니까? 이스라엘은 그 대상을 먹어 하나가 됩니다. 그래서 사실 이는 접촉을 넘어 '**연합**(union)'으로 나아갑니다. 신명기의 동물법은 이스라엘이 "여호와의 성민(聖民)"이라는 말씀으로 시작하고 끝납니다(신14:2,21). 즉, 그들은 이 동물법을 통해 구별된 거룩한 백성임을 입증해야 합니다.

> "너는 너의 하나님 여호와의 성민이라 여호와께서 지상 만민 중에서 너를 택하여 자기의 기업의 백성을 삼으셨느니라₂ 너는 가증한 물건은 무엇이든지 먹지 말라₃ … 무릇 정한 새는 너희가 먹을지니라₂₀ 너희는 너희 하나님 여호와의 성민이라 무릇 스스로 죽은 것은 먹지 말 것이니 그것을 성중에 우거하는 객에게 주어 먹게 하거나 이방인에게 팔아도 가하니라 너는 염소 새끼를 그 어미의 젖에 삶지 말지니라₂₁"(신 14:2~3,20~21)

레위기 11장의 동물법은 더 구체적입니다. **정결한**(clean) **동물**과 **부정한**(unclean) **동물**뿐 아니라 **가증한**(혐오스런, abominable) **동물**까지 분류하며,[30] 후반부에서는 '기는' 동물에 대한 매우 구체적인 설명으로 나아갑니다. 이는 자연스럽게 창세기의 첫 범죄를 회상시켜줍니다. 뱀은 원래 들짐승(창3:1)이었으나, 기어 다니게 될 것이라는 저주를 받았습니다(창3:14). 부정한 동물을 '접촉'한 상태에서 하나님과의 '연합'을 시도하는 자에 대한 사형 선고는 이를 더욱 뒷받침합니다.

---

30) 정결한 동물 중에서도 희생 제물로 바칠만한 동물은 그 가운데 소수입니다. 그러므로 구약의 율법은 사람, 지역, 동물 모두에게 거룩성의 차이를 두고 있습니다. 가장 거룩한 것부터 그렇지 않는 것까지를 기본적으로 나열하면 아래와 같이 됩니다.
①사람: 대제사장, 제사장, 레위인, 이스라엘 백성, 이방인
②지역: 지성소, 성소, 회막 성전 뜰, 예루살렘, 가나안 땅, 이방 지역
③동물: 희생 제물, 정결한 동물, 부정한 동물, 가증한 동물

"만일 누구든지 부정한 것 곧 사람의 부정이나 부정한 짐승이나 부정하고 가증한 아무 물건이든지 만지고 여호와께 속한 화목제 희생의 고기를 먹으면 그 사람도 자기 백성 중에서 끊쳐지리라"(레7:21).

율법은 사람이 동물로 인해 부정해지거나 가증해질 수 있다는 사실을 보여줌으로써 동산을 침입하여 유혹한 동물(뱀)로 인해 하나님 앞에서 사형 선고를 받은 인간을 반추하게 합니다. 즉, **죄를 깨닫게 합니다(롬 3:20, 제 1기능)**.

"그러므로 율법의 행위로 그의 앞에 의롭다 하심을 얻을 육체가 없나니 율법으로는 죄를 깨달음이니라"(롬3:20)

율법은 여기서 한걸음 더 나아가 **장차 오실 구속자를 대망하게 합니다(롬3:21~22; 갈3:24, 제 2기능)**.

"이제는 율법 외에 하나님의 한 의가 나타났으니 율법과 선지자들에게 증거를 받은 것이라[21] 곧 예수 그리스도를 믿음으로 말미암아 모든 믿는 자에게 미치는 하나님의 의니 차별이 없느니라[22]"(롬3:21~22)

"이같이 율법이 우리를 그리스도에게로 인도하는 몽학선생이 되어 우리로 하여금 믿음으로 말미암아 의롭다 함을 얻게 하려 함이니라"(갈 3:24)

하나님께서는 부정한 동물 중에서 가증한 동물이 있는 것처럼, 정결한 동물 중에서 희생 제물로 바칠만한 동물(양, 염소, 소, 비둘기 등)이 있다는 사실도 보여주셨습니다. 첫 사람 아담은 동물(뱀)의 유혹으로 인해 타락했으나, 하나님께서는 동물의 희생 제사를 통해 이스라엘을 죄로부터 회복하시는 대역전의 규례를 제정하셨습니다. 마치 아담과 하와에게 가죽옷을 지어 입히신 것처럼 말입니다(창3:21). 그러므로 구약의 동물법은 "세상 죄를 지고 가는 하나님의 어린 양"(요1:29,36; 벧전1:19; 계5:6~14, 7:9~17)이 오실 것에 대한 그림자입니다. 죄의 문제를 완전히 해소하지 못하는 황소와 염소의 피(히10:4) 대신, 자신의 피를 흘려 우리를 구원해주실 예수 그리스도에 대한 약속입니다(히10:12~14,19~20, 13:12). 짐승으로 대변되는 모든 악한 권세(계17:1~13)에 맞서 싸워 승리할 "어린 양" 예수 그리스도(계17:14)에 대한 예고편입니다.

그러므로 어린 양 예수 그리스도의 완전한 희생 제사가 드려진 이후에 사는 우리들은 이제 더 이상 정결한 동물과 부정한 동물, 먹는 동물과 못 먹는 동물을 구분할 필요도, 그렇게 해서도 안 됩니다. 이는 그리스도의 피를 모욕하는 행위입니다. 사도 베드로에게 온갖 동물들이 담긴 보자기 환상을 보여주신 후, 하나님께서는 유대인과 이방인 모두가 그리스도 안에서 하나 되는 새 시대의 시작을 선포하셨습니다.

"이튿날 저희가 행하여 성에 가까이 갔을 그 때에 베드로가 기도하려고 지붕에 올라가니 시간은 제 육시더라,⁹ 시장하여 먹고자 하매 사람이 준비할 때에 비몽사몽간에,¹⁰ 하늘이 열리며 한 그릇이 내려오는 것을 보니 큰 보자기 같고 네 귀를 매어 땅에 드리웠더라,¹¹ 그 안에는 땅에 있는 각색 네 발 가진 짐승과 기는 것과 공중에 나는 것들이 있는데,¹² 또 소리가 있으되 베드로야 일어나 잡아 먹으라 하거늘₁₃ 베드로가 가로되 주여 그럴 수 없나이다 속되고 깨끗지 아니한 물건을 내가 언제든지 먹지 아니하였삽나이다 한대₁₄ 또 두번째 소리 있으되 하나님께서 깨끗케 하신 것을 네가 속되다 하지 말라 하더라₁₅ 이런 일이 세번 있은 후 그 그릇이 곧 하늘로 올리워 가니라₁₆"(행10:9~16)

"… 베드로야 일어나 잡아먹어라₁₃ … 하나님께서 깨끗하게 하신 것을 네가 속되다 하지 말라…₁₅"(행10:13,15)

"혼인을 금하고 식물을 폐하라 할 터이나 식물은 하나님이 지으신 바니 믿는 자들과 진리를 아는 자들이 감사함으로 받을 것이니라₃ 하나님의 지으신 모든 것이 선하매 감사함으로 받으면 버릴 것이 없나니₄ 하나님의 말씀과 기도로 거룩하여짐이니라₅"(딤전4:3~5).

그러나 구약의 이 동물법은 폐기처분되지 않고, 오히려 그리스도 안에서 더욱 영광스럽게 확장되어 우리에게 적용됩니다. 가장 먼저, 우리는 어린 양의 피로 정결케 되었음을 **세례**로 확인합니다(히10:19~22). 그 다음, 어린 양 예수 그리스도의 살과 피를 먹고 마십니다(고전5:7, 11:23~26, **성찬**). 마지막으로, 우리는 이제 세상으로 나가 '성민(聖民)' 의 **구별된 삶으로 감사의 제사를 하나님께 바칩니다(롬12:1; 히13:15; 하이델베르크 교리문답 제 43문답, 제 3기능).**

"그러므로 형제들아 내가 하나님의 모든 자비하심으로 너희를 권하노니 너희 몸을 하나님이 기뻐하시는 **거룩한 산 제사**로 드리라 이는 너희

의 드릴 영적 예배니라"(롬12:1)

"이러므로 우리가 예수로 말미암아 항상 **찬미의 제사**를 하나님께 드리자 이는 그 이름을 증거하는 입술의 열매니라15 오직 선을 행함과 서로 나눠 주기를 잊지 말라 이같은 제사는 하나님이 기뻐하시느니라16"(히 13:15~16)

"제 43문: 그리스도의 십자가의 제사와 죽으심에서 우리가 받는 또 다른 유익은 무엇입니까?
답: 그리스도의 죽으심의 공효(功效)로 우리의 옛사람이 그와 함께 십자가에 달리고 죽고 장사되며, 그럼으로써 육신의 악한 소욕(所欲)이 더 이상 우리를 지배하지 못하게 되고, 오히려 우리 자신을 그분께 **감사의 제물**로 드리게 됩니다"(하이델베르크 교리문답 제 43문답).

Bibliography

참고 문헌

1. 원어 성경, 영어와 한글번역 성경

BHS

MT 2

NA 27

UBS 4

ESV

KJV

NASB

NKJV

한글개역성경

한글개역개정성경

2. 사전

Bauer, W. *A Greek-English Lexicon of the New Testament and Other Early Christian Literature*, trans. and ed. by W. F. Arndt and F. W. Gingrish, *Griechisch-Deutsches Wörterbuch zu den Schriften des Neuen Testaments und der übrigen urchristlichen Literatur*, 2nd ed., Chicago: The University of Chicago Press, 1979.

Gesenius, W. and Kautzsch, E. ed. by *Gesenius' Hebrew-Chaldee Lexicon to the Old Testament*, trans. by S. P. Tregelles, Grand Rapids, Michian: Eerdmans, 1949.

Green, J. B., Marshall, I. H., and McKnight, S. ed. by *Dictionary of Jesus and the Gospels*, Downers Grove, IL: Inter Varsity Press, 1992.

Hawthorne, G. F., Martin, R. P., and Reid, D. G. ed. by *Dictionary of Paul and His Letters*, Downers Grove, Illinois: Inter Varsity Press, 1993.

Hollday, W. L. ed. by 『구약성경의 간추린 히브리어, 아람어 사전』[*A Concise Hebrew And Aramaic Lexicon of the Old Testament: Based upon the Lexical Work of Ludwig Koehler And Walter Baumgartner*], 손석태·이병덕 공역, 서울: 참말, 1994.

Kittel, G. and Friedrich, G. *TDNT*, Grand Rapids, MI: Eerdmans, 1964~1976.

이순한 『신약성서 헬라어 낱말·분해 사전』, 서울: 한국기독교교육연구원, 1993.

3. 논문, 단행본, 기타

Aune, D. E. *Revelation 1-5*, *WBC*, Dallas: Word, Incorporated, 1997.

Alexander, T. D. 『에덴에서 새 예루살렘까지: 요한계시록 21-22장으로 보는 성경의 맥』 [*From Eden to the New Jerusalem*], 배용덕 역, 서울: 부흥과개혁사, 2012.

Barton, S. C. "Family", *DJG* : 226~229.

Bavinck, H. *Reformed Dogmatics Vol. 3: Sin and Salvation in Christ*, trans. by J. Vriend, Grand Rapids, MI: Baker Academic, 2006.

Beale, G. K. *The Temple and the Church's Mission: A Biblical Theology of the Dwelling Place of God, NSBT 17*, Leicester: Apollos; Downers Grove, IL: Inter Varsity Press, 2004.

────── *A New Testament Biblical Theology: The Unfolding of the Old Testament in the New*, Grand Rapids, MI: Baker Academic, 2011.

Beale G. K. and Carson, D. A. ed. by *Commentary on the New Testament Use of the Old Testament*, Grand Rapids, MI: Baker Academic, 2007.

Blomberg, C. L. "Matthew", in *Commentary on the New Testament Use of the Old Testament*, ed. by G. K. Beale and D. A. Carson, Grand Rapids, MI: Baker Academic, 2007, 1~109.

Boersma, T. *Is the Bible a Jiqsaw Puzzle…: An Evaluation of Hal Lindsey's Writings*, St. Catharines, ON: Paideia, 1978.

Boice, J. M. *Daniel: An Expositional Commentary*, Grand Rapids, MI: Baker Books, 1989.

Bruggen, J. van 『누가 성경을 만들었는가: 신구약 성경의 마무리와 권위에 대한 연구』 [*Wie maakte de bijbel: Over afsluiting en gezag van het Oude en Nieuwe Testament*], 김병국 역, 서울: 총신대학교출판부, 1997.

Calvin, John *Institutes of the Christian Religion*.

―― *Daniel, GSC*, London: The Banner of Trut Trust, 1993.

Carver, E. I *When Jesus Comes Again*, Phillipsburg, NJ: Presbyterian and Reformed Pub., 1979.

Chantry, W. J. *Signs of the Apostles: Observations on Pentecostalim Old and New*, 2nd ed., Carlisle, PA: The Banner of Truth Trust, 1976.

Chilton, D. *Paradise Restored: A Biblical Theology of Dominion*, Tyler, TX: Reconstruction, 1985.

―― *The Days of Vengeance: An Exposition of the Book of Revelation*, Fort Worth, TX: Dominion, 1987.

―― *The Great Tribulation*, Fort Worth, TX: Dominion, 1987.

Combrink, H. J. B. "The Microstructure of the Gospel of Matthew", *Neotestamentica* 16 (1982): 1~20.

―― "The Structure of the Gospel of Matthew as Narrative", *TB* 34 (1983): 61~90.

Davies, W. D. and Allison, D. C. *A Critical and Exegetical Commentary on the Gospel according to Saint Matthew: Commentary on Matthew 8-18, Vol. II, ICC*, Edinburgh: T&T Clark, 1991.

―― *A Critical and Exegetical Commentary on the Gospel according to Saint Matthew: Commentary on Matthew 19-28, Vol. III, ICC*, Edinburgh: T&T Clark, 1997.

Deddens, K. 『예배, 하나님만을 향하게 하라』[*Where Everything Points to Him*], 김철규 역, 서울: SFC, 2014.

Derickson, G. W. "Matthew's Chiastic Structure and Its Dispensational Implications", *BS* 163 (2006): 423~437.

Dooren, G. van 『언약적 관점에서 본 예배의 아름다움』, 안재경 역, 서울: SFC 출판부, 1994.

Fenton, F. C. "Inclusio and Chiasmus in Matthew", in *Studia Evangelica, Vol. 1*, ed. by K. Aland and F. L. Cross, Berlin: Akandmie-Verlag, 1959, 174~179.

Fesko, J. V. *Last Thing First: Unlocking Genesis 1-3 with the Christ of Eschatology*, Ross-shire, Scotland: Christian Focus Pub., 2007.

Ferguson, S. B. 『성령』[*The Holy Spirit: Contours of Christian Theology*], IVP 조직신학 시리즈, 김재성 역, 서울: IVP, 1999.

France, R. T. *The Gospel of Matthew, NICNT*, Grand Rapids, MI: Eerdmans, 2007.

Gaffin, R. B. Jr. *Perspectives on Pentecost: Studies in New Testament Teaching on the*

Gifts of the Holy Spirit, Phillipsburg, NJ: Presbyterian and Reformed Pub. 1979.

Gentry, K. L. Jr. *The Beast of Revelation*, Tyler. TX: Institute for Christian Economics, 1989.

—— *Before Jerusalem Fell: Dating the Book of Revelation: An Exegetical and Historical Argument for a Pre-A.D. 70 Composition*, San Francisco; London; Bethesda: Christian Universities Press, 1997.

—— "The Great Tribulation Is Past", in *The Great Tribulation: Past or Future?: Two Evangelicals Debate the Question*, Grand Rapids, MI: Kregel, 1999.

—— *The Charismatic Gift of Prophecy: a Reformed Response to Wayne Grudem*, Eugene, OR: Wipf and Stock Pub., 1999.

—— "Tongues-Speaking: The Meaning, Purpose, and Cessation of Tongues" in *Nourishment from the Word: Select Studies in Reformed Doctrine*, Ventura, CA: Nordskog Publishing Inc. 2008, 55~78.

Grudem, W. A. *The Gift of Prophecy in the New Testament and Today*, Eastbourne: Kingsway, 1988.

—— *Systematic Theology*, Leicester, IVP, 1994.

Hart, D. G. and Muether, J. R. *With Reverence and Awe: Returning to the Basics of Reformed Worship*, Phillipsburg, NJ: P&R, 2002.

Hendriksen, W. *Exposition of Paul's Epistle to the Romans, NTCWH*, Grand Rapids, MI: Baker Book House, 1981.

Hodge, Charles 『고린도전서』, 헨드릭슨 주석 시리즈, 서울: 아가페출판사, 1985.

Holland, T. S. *Contours of Pauline Theology: A Radical New Survey of the Influences on Paul's Biblical Writings*, Ross-shire, Scotland: Christian Focus Pub., 2004.

—— *Romans: The Divine Marrage: A Biblical Theological Commentary*, Milton Keynes, UK: Pickwick Pub., 2011.

Horton, M. 『개혁주의 예배론: 하나님의 드라마로서의 예배 회복』[*A Better Way: Rediscovering the Drama of God-Centered Worship*], 윤석인 역, 서울: 부흥과개혁사, 2012.

Jeremias, J. *The Parables of Jesus*, revised 3rd ed., trans. by S. H. Hooke, London: SCM, 1972.

Johnson, T. L. ed. by *Leading in Worship: A Sourcebook for Presbyterian Students and Ministers Drawing upon the Biblical and Historic Forms of the Reformed Tradition*, Oak Ridge, TN: The Covenant Foundation, 1996.

Johnson, T. L., Godfrey, W. R., Pipa, J. A. Jr., Smith, M. H., Schwertley, B., Shaw, B. and Blair C., *The Worship of God: Reformed Concepts of Biblical Worship*, Fearn: Mentor, 2005.

Jordan, J. B. *Through New Eyes: Developing a Biblical View of the World*, Tennessee: Wolgemuth & Hyatt, 1988.

Kaiser, Otto 「이사야 II」[*Der Prophet Jesaja*], 한국신학연구소 학술부 역, 국제성서주석 시리즈 20, 서울: 한국신학연구소, 1991.

Keel, O. *The Symbolism of the Biblical World: Ancient Near Eastern Iconography and the Book of Psalms*, trans. by T. J. Hallett, Winona Lake, IN: Eisenbrauns, 1997.

Kik, J. M. *An Eschatology of Victory*, Phillipsburg, NJ: Presbyterian and Reformed Pub., 1971.

Kim, S.(김세윤) *The "Son of Man" as the Son of God*, Tübingen: Mohr, 1983.

Kimball, W. R. *What the Bible Says about the Great Tribulation: Future or Fulfilled?*, Phillipsburg, NJ: P&R, 1983.

Kline, M. G. *Image of the Spirit*, Grand Rapids, MI: Baker Book House, 1980.

─── 「하나님 나라의 서막: 언약적 세계관을 위한 창세기적 토대」[*Kingdom Prologue: Genesis Foundations for a Covenantal Worldview*], 김구원 역, 서울: 개혁주의 신학사, 2007.

─── 「하나님 나라의 도래: 창세기에서 요한계시록까지 모형들을 통한 하나님 나라의 구속사적 연구」[*God Heaven and Har Magedon: A Covenantal Tale of Cosmos and Telos*], 이수영 역, 서울: 개혁주의신학사, 2010.

Köstenberger, A. J. "John", in *CNTUOT*, 415~512.

Letham, R. *The Lord's Supper: Eternal Word in Broken Bread*, Phillipsburg, NJ: P&R, 2001.

Lightfoot, J. B. and Harmer, J. R. *The Apostolic Fathers*: Revised Texts with Short Introductions and English Translations, New York: Macmillan and Co., [1891] [1893] 1898.

Lohfink, G. *Jesus and Community: The Social Dimension of Christian Faith*, trans. by J. P. Galvin, London, SPCK, 1985.

Lohr, C. H. "Oral Techniques in the Gospel of Matthew", *CBQ* 23 (1961): 403~435.

Longman III, T. *Daniel, NIVAC*, Grand Rapids, MI: Zondervan, 1999.

─── 「우리 안에 거하시는 하나님」[*Immanuel in Our Place: Seeing Christ in Israel's*

worship], 권대영 역, 서울: CLC, 2003.
Lloyd-Jones, D. M. 『성령 하나님』[God the Holy Spirit], 로이드 존스 성경교리 강해 시리즈 2, 이순태 역, 서울: CLC, 2000.
──── 『성령의 주권적 사역』[The Sovereign Work of the Holy Spirit], 정원태 역, 서울: CLC, [1990] 2007.
Lund, N. W. "The Influence of Chiasmus upon the Structure of the Gospel according to Matthew", *ATR* 13 (1931): 405~433.
MacArthur, J. F. Jr. *The Charismatics: A Doctrinal Perspective*, Grand Rapids, MI: Zondervan, 1978.
──── *1 Corinthians*, The MacArthur New Testament Commentary, Chicago: Moody Press, 1984.
──── 『무질서한 은사주의』[Charismatic Chaos], 이용중 역, 서울: 부흥과개혁사, 2008.
Marshall, I. H. "Son of Man", *DJG* : 775~781.
Morris, P. and Sawyer, D. *A Walk in the Garden: Biblical Iconographical and Literary Images of Eden*, Sheffield: JSOT, 1992.
O'Brien, P. T. "Mystery", *DPL* : 621~623.
Osborne, G. R. *Revelation, BECNT*, Grand Rapids, MI: Baker Academic, 2002.
Owen, John *The Work of the Spirit*, The Works of John Owen, Vol. IV, Edinburgh, the Banner of Truth Trust, 1967.
Pao, D. W. and Schnabel, E. J. "Luke", *CNTUOT* : 251~414.
Peels, H. G. L. 『I. 구약에서의 하나님의 보복, II. 구약에서의 저주의 기도』, 개혁 신앙 강좌 2, 서울: 성약, 2004.
Reeves, M. 『꺼지지 않는 불길: 시대의 개혁자들, 종교개혁의 심장을 발견하다』[*The Unquenchable Flame*], 박규태 역, 서울: 복 있는 사람, 2015.
Ridderbos, H. N. *Paul: An Outline of His Theology*, trans. by J. R. de Witt, *Paulus: Ontwerp van zijn theologie*, Grand Rapids, MI: Eerdmans, 1975.
──── *Matthew*, trans. by R. Togtman, *BSC*, Grand Rapids, MI: Zondervan, 1987.
Robertson, O. P. *The Final Word: A Biblical Response to the Case for Tongues and Prophecy Today*, Carlisle, PA: The Banner of Truth Trust, 1993.
Rogers, C. L. Jr. "The Gift of Tongues in the Post Apostolic Church (A.D. 100-400)", *BS* 122 (1965): 134~143.
Ryken, P. G., Thomas, D. W. H. and Duncan III, J. L. ed. by 『개혁주의 예배학:

예배 개혁을 위한 비전』[Give Praise to God: A Vision for Reforming Worship], 김병하·김상구 공역, 서울: 개혁주의신학사, 2012.

Snodgrass, K. "Parables", *DJG*, 591~601.

Sproul, R. C. *The Last Days according to Jesus: When Did Jesus Say He Would Return?*, Grand Rapids, MI: Baker Books, 1998.

Stein, R. H. *An Introduction to the Parables of Jesus*, Philadelphia: The Westminster Press, 1981.

―― 『예수님께서는 무엇을, 어떻게 가르치셨는가』, 오광만 역, 서울: 여수룬, 1991.

Thomas, G. J. "A Holy God among a Holy People in a Holy Place: The Enduring Eschatological Hope", in *Eschatology in Bible & Theology: Evangelical Essays at the Dawn of a New Millennium*, ed. by K. E. Brower and M. W. Elliott, Downers Grove, IL: Inter Varsity Press, 1997, 53~69.

Timmer, J. *The Kingdom Equation: A Fresh Look at the Parables of Jesus*, Grand Rapids, MI: CRC Pub., 1990.

Trueman, C. R. 『교리와 신앙: 교회에게 버림받은 성경적 신앙고백』[*The Creedal Imperative*], 김은진 역, 21세기 리폼드 시리즈 15, 서울: 지평서원, 2015.

Vanderwaal, C. *Isaiah – Daniel*, Search the Scriptures, Vol. 5, St. Catharines, ON: Paideia, 1978.

―― *Matthew – Luke*, Search the Scriptures, Vol. 7, St. Catharines, ON: Paideia, 1978.

―― *The Covenantal Gospel*, Neerlandia, AB, CA; Pella, IA, USA: Inheritance Pub., 1990.

Walker, P. W. L. *Jesus and the Holy City: New Testament Perspectives on Jerusalem*, Grand Rapids, MI: Eerdmans, 1996.

Ward, R. S. "웨스트민스터 예배모범", in 『웨스트민스터 총회의 실천: 성경해석과 예배모범』[*Scripture And Worship: Biblical Interpretation and the Directory for Public Worship*], 곽계일 역, *WARFS* Vol. 3, 서울: R&R, 2014, 155~304.

Watts, R. E. *Isaiah's New Exodus in Mark*, Grand Rapids, MI: Baker Academic, 1997.

―― "Mark", *CNTUOT* : 111~249.

Wright, N. T. *Jesus and the Victory of God*, Christian Origin and the Question of God Vol. 2, Minneapolis: Fortress, 1996.

간하배(Conn, Harvie M.) 『다니엘서의 메시야 예언』[*The Messianic Prophesies of Daniel*], 최홍배·정정숙 공역, 서울: 개혁주의신행협회, 1995.

고재수(Gootjes, N. H.) 『구속사적 설교의 실제』, 서울: CLC, 1987.

권기현 "방언은 지상에서 사용되지 않는 천상의 언어인가?", 『진리와 학문의 세계 23 (2011, 봄)』: 156~175.
―――― 『선교, 교회의 사명』, 경산, 경북: 도서출판 R&F, 2011.
기동연 『성전과 제사에서 그리스도를 만나다: 구약 성경에 나타난 제의 제도』, 서울: 생명의 양식, 2008.
김재성 『개혁주의 성령론 : The Glory and Blessing Reformed Doctrine of the Holy Spirit』, 서울: CLC, 2014.
박영돈 『일그러진 성령의 얼굴: 한국교회 성령운동 무엇이 문제인가』, 서울: IVP, 2011.
―――― "존 오웬의 은사론", 『개혁신학과 교회 26 (2012)』: 383-408.
박윤선 『로마서』, 박윤선 성경주석 시리즈, 서울: 영음사, 1982.
변종길 『우리 안에 계신 성령』, 서울: 생명의 말씀사, 2003.
송영목 『요한계시록』, 서울: SFC, 2013
안재경 『예배, 교회의 얼굴: 교회가 제대로 된 얼굴을 가질 때까지』, 여수, 전라남도: 그라티아, 2014.
오광만 『하나님의 비밀, 그리스도』, 서울: 생명나무, 2012.
유해무 『개혁교의학: 송영으로서의 신학』, 고양, 경기도: 크리스챤다이제스트, 1997.
―――― 『신학: 삼위일체 하나님을 향한 송영』, 개혁 신앙 강좌 8, 서울: 성약, 2007.
―――― 『코람데오: 시편 51편을 통해서 본 루터의 십자가의 신학』, 여수, 전남, 그라티아, 2012.
―――― 『헌법 해설: 웨스트민스터 신앙고백서/ 대소교리문답서』, 서울: 대한예수교 장로회 총회출판국, 2015.
임종구 『칼빈과 제네바 목사회』, 서울: 부흥과개혁사, 2015.
정장복 『그것은 이것입니다』, 서울: 예배와 설교 아카데미, 2000.
최갑종 『바울 연구 I: 생애와 사상』, 서울: CLC, 1992.
―――― 『예수·교회·성령: 누가와 바울의 성령론에 관한 연구』, 서울: CLC, 1992.
한정건 『이사야의 메시아 예언 I: 임마누엘의 메시아』, 서울: CLC, 2006.
허순길 『개혁주의 설교』, 서울: CLC, 1996.
―――― 『교회 절기 설교』, 서울: CLC, 1996.
―――― 『구속사적 신약설교』, 서울: SFC, 2005.
홍창표 『하나님 나라와 비유』, 수원: 합동신학대학원 출판부, 2004.
황창기 "사랑이 최고의 은사인가?: 고린도전서 12:27-31을 중심으로", 『그리스도 중심의 성경 이해』, 서울: 이레서원, 2000, 203-220.

헌법개정위원회 ed. by 『헌법: 대한예수교장로회 고신총회』, 개정판, 서울: 대한예수교장로회 총회출판국, 2011.

성구색인

| 창세기

2:8	58	11:7	58	23:20	69
2:10	58	11:7~9	58	24:15~18	263
2:24	80	11:9	30, 58	28:36~39	56
3:1	277	12:1~3	33	32:25~29	54
3:8	58	12:3	52		
3:14	277	18:1~2	263		레위기
3:21	279	18:17~19	33	3:17	273
4:8	160	28:12~13	58	7:21	278
4:10	160, 177			7:26~27	273
4:10~12	159		출애굽기	7:27	273
4:17	33	1:22	153	11장	276, 277
8:21	273	4:22	165	17:10	273
9:4	273	4:22~23	129, 133, 153	17:10~14	273, 274
9:4~6	273	7:19	153	17:11	275
10장	31, 32, 33	12:16	133	17:14	273
10~11장	56	12:29~30	153	18:21	271
10:5	32, 55	13:2	133	19:26	273, 275
10:20	32, 55	13:12	133	20:2	270, 271
10:31	32, 55	14:31	125	23:15~21	133
11장	17, 33	14:31~15:1	123	24:19~20	152
11:1~9	32, 54	15:1~18	94, 125	25:23	179
11:3	32	19:5~6	165, 178		
11:4	33	19:17~24	263		민수기
11:4~8	32	20:21	263	6:5	206
		21:23~25	152	6:19~20	206

성구색인 **291**

24:17~19	177		사무엘하			22:1	132
			7:21~23	123	49:14	168
	신명기		22장	125	68:18	109
3:23~24	123		22:1~51	94	78편	117
6:4~9	56				103:20~21	94
10:21	125			열왕기상	109:4~13	245
12:13~16	273		18:38	263	109:26~31	245
12:21~25	273		19:8~18	263	114:1	34
12:31	271				114:1~2	170
14:2	277			열왕기하	118:22	26
14:2~3	277		16:3	271	150:3~5	132
14:2~21	276				150:6	132
14:20~21	277			역대상		
14:21	277		17:19~22	124		이사야
15:21~23	273				1:1	148
18:9~14	67			역대하	5:30	177
18:10	271		24:20~22	160	6:3	94
19:19~21	152		24:22	159, 177	8:14~15	25, 26
25:4	266		28:3	271	11:9	26
28:48~49	170				13:9~10	177
28:49	34			욥기	28장	152, 164
30:11~14	167, 168		1~2장	94, 129	28:1	148
33:9	54		2:4	152	28:1~10	148
			38:7	128, 129	28:3	148
	사사기				28:5	149
5:20	177			시편	28:7	148, 149
			1:1~2	132	28:10	149, 153
	사무엘상		1:5	132	28:11	22, 25, 140,
2:1~10	94		2:1~12	245		147, 148, 150,
2:1~11	125		2:11~12	243		151, 153, 163,
			18편	125		165, 169, 170,

	172	24:1~10	184	37:21~23	68
28:11~12	34	28:1~4	183	39:29	46
28:11 이하	52	28:10~11	183		
28:13	149, 153, 154	31:33~34	46	**| 다니엘**	
28:14	148, 149	31:34	68	2:4~7:28	36
28:15	168	33:3	66	3:4	36
28:16	25, 26	33:4~13	68	3:7	36
28:18	168	33:4 이하	68	3:29	37
32:15	46	33:7~8	68	4:1	37
33:19	34, 172	33:14~22	68	5:19	37
34:3~4	177	33:23~26	68	6:25	37
38:17	101			7장	35
40:2	68	**| 에스겔**		7:1~8	35
40:3	68, 69	3:4~7	171	7:13	40
44:3	46	3:5~6	34	7:13~14	35, 39, 40
58:8	177	16:62~63	68	7:14	35, 37, 40, 41
58:10	177	20:30~31	271	7:17	35
59:20	68	23:37~39	271	7:23	35
59:21	46	24:3~12	183		
60:20	177	29:3 이하	241	**| 호세아**	
61:1	176	32:7~15	177	11:1	133, 153, 165
61:1~3	46	33:1	116		
		33:1 이하	236	**| 요엘**	
| 예레미야		33:7	236	2:10	177
4:23	177	33:9	236	2:21	125
4:28	177	33:11	236	2:28	125
5:15	34	33:32~33	26	2:28~29	46
5:15~17	171	34:12	177	2:28~31	177
13:16	177	36:24~25	68	2:28~32	50, 124, 125
16:16	241	36:25~27	46	2:28 이하	176
19:5	271	37:1~14	46	2:31	173

| 2:31~32 | 174 | 1:21 | 68, 101 | 13:10 | 186 |
| 2:15 | | | 133, 153 | 13:11 | 77, 82 |

| 아모스

3:10~12	175	13:11~17	187, 190
4:2	241	3:11	49	13:17	77, 82
5:18~20	177	3:11~12	155	13:34~35	186
8:2~10	177	4:1~11	94	13:46~50	241
		4:12	207	14장 이하	187

| 미가

4:12 이하	207	14:12~13	207
7:6	54	4:19	241	14:13 이하	207
		5:1	236	14:19	115, 131

| 하박국

5:17	147, 214, 265	15:36	131
1:14~17	241	5:17~18	270	16:3	145
2:14	26	6:9~13	131	16:16	76, 85
2:20	58	7:12	147	16:18	85
3:1~19	94	10:1~8	254	16:21	157
		10:20	76	16:27~28	38, 39

| 스바냐

10:34	54	17:24~27	201
1:4~15	177	10:34~36	177	19:28	38, 39, 241
		11~12장	187	19:29	54, 179

| 스가랴

11:9	156, 259, 260	21:9	115
1:8~8장	263	11:10	84	21:33~46	26, 161, 260
3:9	68	11:10~13	265	21:35~36	197
13:1	68	11:11~13	207	21:37~39	197
		11:11~14	201	21:39	167

| 말라기

11:13	147	21:40~46	197
3:1	68, 69	12:28	30	21:42	26
		12:31~32	205	22:1~14	163

| 마태복음

12:41	156, 260	22:5~6	196
1:1~17	68	12:46~50	54, 129	22:7~14	197
1:11~12	68	13장	187	22:14	163
1:17	68	13:3~23	186	22:40	147

23:2	236	2:5	111	1:14	94
23:29~36	196	2:9~12	111	1:46~55	94, 125
23:29~39	160	3:28~29	205	1:49	125
23:31	165	3:31~35	54	1:64	115
23:35~36	177	4:1~20	186	1:67~79	94
23:36	197	4:11	77, 82	2:7	133
23:37~38	151	4:12	186	2:9	127
24:1~2	201	6:30 이하	207	2:13~14	127, 128
24:34	197, 202	6:41	115, 131	2:20	128
26:26	115	8:6	131	2:21	201
26:27~28	273, 275	8:7	115	2:22~24	201
26:63~64	38, 39	8:29	76	2:23~24	133
27:1~2	157	8:31	157	2:28	115
27:46	132	10:29~30	54, 179	2:34	133
27:51	204	11:9	115	3:9	175
28:10	54, 129	12:1~12	26, 161, 260	3:16	49
28:18~20	41, 85	12:8	167	3:16~17	155, 175
		12:10	26	3:21 이하	207
		12:25	95	4:1~13	94

| 마가복음

1장	69	13:1~2	201	4:21	265
1:1	68	13:10~11	76	5:10	241
1:2	84	13:30	202	7:24	84
1:2~3	68	14:22	115	7:26	156, 260
1:2~5	68	14:61~62	38	7:27	84
1:3	68	15:34	132	7:28	201, 207
1:4~8	69	15:38	204	8:4~15	186
1:7~8	155	16:19~20	41	8:10	77, 82, 186
1:8	49			8:19~21	54
1:9 이하	69		누가복음	9:10 이하	207
1:14 이하	207	1:1~4	214, 265	9:16	115, 131
1:17	241	1:2	75	9:20	76

9:22	157	24:30	115, 131	6:1~15	111
9:52	84	24:44	147, 227, 265, 270	6:11	131
10:7	266			6:23	131
10:21~24	77	24:44~47	260	6:35	111
10:24	77	24:46~48	251	6:37	18
11:2~4	131	24:49	46	6:39~40	18
11:20	30	24:50~51	115	6:44	18
11:32	156, 260	24:53	115	6:53~58	276
12:10	205			6:63	18, 276
12:13	115	**| 요한복음**		7:37~39	50
12:49	54	1:1	58	8:44	276
12:49~50	54	1:12~13	54	11:25~26	111
12:49~53	177	1:14	58, 201, 204	14~16장	127, 189
16:16	147, 265	1:15	155	14:6	59
16:16~17	207	1:16~18	58	14:12~14	126
18:29~30	54	1:17~18	265	14:12~17	189
19:29~30	180	1:27	155	14:24	101
19:38	115	1:29	279	14:26	34, 46, 56, 76
20:9~18	260	1:30	155	15:26	46, 56
20:9~19	161	1:36	279	15:26~27	76
20:9~20	26	1:45	265	16:13~14	46, 56, 76
20:15	167	1:51	58, 119	16:14	134
20:17	26	2:19~21	204	18:35	178
20:42	227	2:19~22	58, 201	19:26~27	54
21:5~6	201	3:30	207	20:29	106, 253
21:32	202	4:22	167	20:31	214, 265
22:7~13	201	4:35~38	133	21:24~25	214, 265
22:66~70	38	5:13~15	129		
23:45	204	5:24~25	30	**| 사도행전**	
24:25~27	260	5:28~29	30	1:4~5	46
24:27	265, 270	5:39	260, 270	1:5	49

1:8	106, 128	2:16~21	50, 124	5:32	106
1:9~11	39	2:20	177	5:42	108, 205
1:11	252	2:22~23	157	6:1~6	110
1:20	227	2:32	106	6:3~7	180
1:21~22	106, 251	2:33	41, 50, 76, 125	6:12~13	110
1:22	106	2:33~36	53	6:13	106
2장	34, 43, 44, 47,	2:36	41, 157	7:35	128
	48, 52, 56, 57,	2:37	178	7:38	128
	65, 69, 120,	2:37~41	241	7:51~53	158
	127, 164, 175,	2:38	45, 126	7:52	260
	180, 222	2:38~39	51, 76	7:53	94, 128
2:1~4	49, 54, 175,	2:40	126, 178	7:58	106
	177, 203	2:40~41	179	8장	52
2:1~13	120	2:43	56, 178	8:1	205
2:3	54	2:46	204	8:5	110
2:4	30, 42, 54, 121,	3:13~15	157	8:14~17	43
	132	3:15	106	8:40	110
2:6	43	3:22~26	156	9장	251
2:8	41, 43, 141,	4:10~11	158	9:15	76
	143	4:11	26	10장	43, 44, 47, 52,
2:8~11	168	4:12	59		65, 69, 121
2:9~11	42	4:16	56	10:9~16	107, 276, 280
2:11	41, 43, 46, 86,	4:22	56	10:10~17	264
	92, 120, 121,	4:27~28	159	10:13	280
	125, 128, 131,	4:30	56	10:15	280
	132, 140, 163,	4:32~37	179	10:39	106
	203, 238	5:1~11	59, 241	10:39~41	106
2:13	120, 164	5:3	107	10:41	106
2:14	120	5:4	108	10:44~45	45
2:15~17	259	5:9	107	10:44~48	44, 122
2:15~21	173	5:12	56	10:45	47

10:46	46, 131, 140, 212	16:9~10	264	26장	251
		17:1~3	205	26:16	75, 106
10:46~47	128	17:10	205	26:17~18	76
10:47	45, 47, 48	17:17	205	27:23~24	107
10:47~48	45	18:4	205	27:35	131
11장	44, 47	18:9~10	264	28장	206
11:2~3	44	18:9~11	107	28:17~23	205, 206
11:15	45, 47, 122	18:18	206	28:23	147, 265
11:15~17	45, 48	18:19	205	28:24~28	206
11:15~18	44	18:22~23	48	28:25~31	180
11:17	46, 47	19장	48, 52, 65, 69		
11:18	46	19:1~7	220	**| 로마서**	
11:27~28	107	19:2	48, 51	1:5	76
13:1	108	19:3	51	1:16	206, 212
13:1~2	107	19:4	49	2:9~10	212
13:5	205	19:5~6	52	3:1~2	166, 203
13:14~15	205	19:6	48, 212	3:20	269, 274, 278
13:15	147	19:8	203	3:21	147, 270
13:25~29	158	20:17	254	3:21~22	278
13:31	106	20:17~35	107	3:21~26	265
13:33	227	20:28	254	3:23~26	275
14:1	205	21장	48	3:27	128
14:3	56	21:8	110	4:11	145
14:23	48	21:10~11	107	5:8	101
15:12	56	21:24~26	206	5:12~21	130
15:20	275	22장	251	6:1~23	68, 101
15:29	275	22:15	106	6:3	133
15:32	107	22:20	106	6:3~4	119
16~21장	125	22:21	76	6:6~14	168
16:1~3	206, 207	24:14	147	6:18	168
16:6~10	107	24:18	206	6:22	168

7:1~3	69, 168	16:26	71	8:10	141
8:1~2	46, 69			8:12	103
8:15	129	**| 고린도전서**		9:1	106, 251
8:23	133	1:1	75	10:1	119
9:4	129	1:7	103	10:2	119, 133
9:4~5	166	1:10~11	103	10:7~11	258
9:33	20, 25, 26	1:10~13	58, 60	10:11	50
10:6~8	168	1:22	145	10:16	115
10:17	166	1:23	25	10:23	141
10:18	168	2:1	75, 77	11:2~14장	229
11:13	76	2:7	75, 77, 78, 81	11:18	103
11:17 이하	191		83	11:22	103
11:21	134	3:3	103	11:23~26	280
11:25	77	3:9	141	11:24	131
11:25~26	78	3:9~11	210	11:25~26	276
12:1	280, 281	3:10~11	107, 213, 254	12장	92, 93, 96, 97,
12:1~2	232, 272	3:16~17	58, 178, 204		110, 111, 141,
12:3~8	72	3:21	103		228
12:3~13	141	4:1	75, 77, 78, 81	12~14장	95, 114, 228,
12:14	115	4:6	103		229
13:13	230	4:12	115	12:4	101
13:14	128	4:17	253	12:4~11	92
14:19	141	4:18~19	103	12:4~31	60, 72
15:2	141	5:2	103	12:8	114
15:16	272	5:7	280	12:12	92, 101
15:18	56	6:2	130	12:12~13	92, 119
15:19	145	6:3	130	12:12~31	116
16:25	71, 77	6:6~8	103	12:12 이하	141
16:25~26	76, 84, 265	6:19	58	12:22	93
16:25~27	70, 71, 77, 83,	6:19~20	178, 204	12:22~23	93
	261	8:1	141	12:22~27	95

12:25	58, 93			221, 224	14:21~22	140, 170
12:25~31	87	14:1		114	14:22	22, 54, 144,
12:27	92	14:2		64, 65, 66, 67,		145, 146, 147,
12:28	93, 95, 96, 104,			69, 71, 76, 77,		164, 188, 203
	105, 110, 111,			80, 81, 130,	14:22~23	191
	114			140, 186, 188	14:23	72
12:28~30	94, 105, 110	14:2~3		114	14:26	14, 73, 141,
12:29	114, 233	14:3		140, 141		196, 227
12:29~30	95, 100, 228	14:3~5		116	14:26~33	87
12:29~31	58	14:4		21, 22, 72, 73,	14:26 이하	21, 22, 57, 73
12:30	72, 101			116, 140, 141	14:27	73
12:31	92, 93, 94, 95,	14:4~5		131	14:27~28	22, 60, 72
	96, 97, 99, 102,	14:5		60, 72, 141	14:27~30	142
	103, 104, 105,	14:6		114	14:28	72, 73
	131, 141, 235	14:7		116, 131	14:33	18, 58
13장	92, 93, 95, 96,	14:8		54, 116	14:34~35	230
	97, 99, 100,	14:12		141	14:37	214, 265
	102, 104, 105,	14:12~13		141	14:39	21, 235
	110	14:13		72, 141	14:39~40	22, 196, 228
13~14장	98	14:14		114	14:40	73, 229
13:1	94, 96	14:14~15		115, 131, 140,	15장	30
13:1~3	94, 96, 110	14:14~17		74	15:1~4	77, 80
13:2	77, 80, 81, 94,	14:15		114	15:1~11	85
	96	14:16		73, 114, 131,	15:1 이하	76
13:3	94			141	15:3~8	80, 213, 250
13:8	215	4:16~17		72, 114	15:4~5	252
13:8~12	215	14:17		141, 142	15:8	251, 252
13:13	100	14:18		143	15:8~9	106
14장	14, 56, 72, 74,	14:19		60, 114, 142	15:12	80
	96, 97, 104,	14:21		22, 25, 52, 146,	15:20	133
	111, 114, 141			147	15:20~22	80

15:23	133	5:2~4	206	4:7~16	72, 141
15:45	80, 276			4:11	108
15:47~49	80		에베소서	4:11~16	108
15:51	77, 80, 81	1:9	77, 78	4:12	141
16:22	101	1:10	55, 58, 119	4:13~16	27
		1:22~23	119	4:16	141
	고린도후서	2:1	30	4:29	141
5:1	141	2:5	30	5:19	117, 227
6:14~18	276	2:5~6	130	5:31	80
9:11~12	272	2:6	31, 58, 119, 242	5:32	77, 80
10:8	141			6:10~20	244
11:2~3	129	2:8~9	86	6:19	77, 79
12:12	56, 145	2:11~22	54		
12:19	141	2:15	130		빌립보서
13:10	141	2:20	26, 107, 213, 250, 254	2:9~11	41
				2:9~12	243
	갈라디아서	2:20~22	58, 178, 204, 210	3:1	214, 266
1:2	206			4:6	272
1:11~17	251	2:21	141		
1:11~19	106	3:1~13	261		골로새서
2:3	207	3:2	71	1:13	30
2:8~9	76	3:3	77	1:19	58
2:9	106	3:3~4	71, 79	1:25	71
2:11~14	206	3:4	77	1:26	71, 77, 78
2:18	141	3:7~10	79	1:26~27	79, 83
3:16	33	3:8~9	76	1:27	77, 78
3:19	94, 128	3:9	77, 78, 83	2:2	77, 78
3:24	270, 278	3:9~11	265	2:7	272
3:24~25	275	4:4~6	119	3:16	227
3:27	119, 133	4:6	58	4:2	272
4:4	201	4:7~10	109	4:3	77, 79

4:3~4	79
4:16	214, 266

| 데살로니가전서

2:15~16	159
4:12	230
5:11	141
5:20	236
5:27	214, 266

| 데살로니가후서

2:7	77, 79, 84
2:9	56, 145
2:15	214, 266
3:14~18	214, 266
3:17	145

| 디모데전서

1:2	253
1:18	253
2:1	272
2:5	59
2:7	76, 108
3:1~13	254
3:9	77, 79
3:16	77, 79, 85, 244
4장	79
4:3~4	272
4:3~5	280
5:1~2	54
5:17~18	214, 266

| 디모데후서

1:2	253
1:11	108
1:14	107
2:1~2	107
2:3~4	244
2:19	107, 211
3:1	258
3:5	258
4:2	110, 235
4:5	110
4:6	108

| 디도서

1:5	48
1:5~9	254

| 히브리서

1:1	50, 214, 256
1:1~2	50, 77, 155, 214, 215, 256, 259, 262, 263
1:2	260
1:3	41
1:7	128
1:14	130
2:2	94, 128
2:7	128
2:9	128
4:12	235
5:12	108

6:2	107
6:19~20	204
8:5	94
8:13	208
9장	257
9:11~14	271
9:25~28	271
9:26	50, 257
10:4	279
10:10~14	271
10:12~14	279
10:18	271
10:18~20	272, 275
10:19~20	204, 279
10:19~22	280
11:20~21	115
11:39~40	77
12:2	41
12:22~23	133
12:23	133
12:24	275
13:10~12	275
13:12	167, 279
13:15	232
13:15~16	270, 272, 280
13:20	275

| 야고보서

1:18	133
2:25	84
3:9	115

5:1~3	258	1:1	106	4:10~11	94
		1:7	275	5:6~14	279
| 베드로전서		2:18	50, 257	5:8~14	94
1:5	50	3:18	101	5:9	55
1:8	106, 107, 213,	4:8	101	5:10	178
	250	4:10	101	6:3~4	54
1:8~9	253	4:20	101	6:9~11	159, 177
1:10~11	260, 265, 270			7:9	55
1:10~12	77	**| 요한삼서**		7:9~17	279
1:12	76, 77	4	27	7:11~12	94
1:19	279			7:12	272
1:20	50, 257, 260,	**|유다서**		8:1~5	177
	265	3	214, 267	8:5	54
2:4	58			10:7	77, 82, 83
2:4~5	204	**| 요한계시록**		10:11	55
2:5	58, 178, 272	1:3	84, 85, 214,	11:9	55
2:6	26		245, 267	11:15~18	94
2:6~8	25, 26	1:5	101	13장	55, 56
2:7	26	1:5~6	275	13:2	55
2:9	177	1:6	178	13:3	55
2:9~10	178	1:20	77, 82, 84, 178	13:4~8	55
4:8	101	2~3장	84	13:7	55
5:13	252	2:1	84	13:11~18	56
		2:8	84	13:13	56
| 베드로후서		2:12	84	13:14	56
1:13~15	214, 267	2:18	84	13:14~15	56
3:15	214	3:1	84	13:16	56
3:15~16	267	3:7	84	14:6	55
3:16	214	3:14	84	15:3~4	125
		4:8	94	17:1~13	279
| 요한일서		4:9	272	17:5	77, 82, 84

17:7	77, 82, 84
17:14	279
17:15	55
18:20	159
18:24	159
19:1~10	94
20:6	178
21~22장	211
21:12~14	211
22:18~19	214, 267